"九五"国家重点图书

国际工程管理教学丛书

INTERNATIONAL PROJECT MANAGEMENT TEXTBOOK SERIES

国际工程估价

ESTIMATING FOR INTERNATIONAL PROJECT

杜 训 主 编
黄如宝 副主编

中国建筑工业出版社

图书在版编目（CIP）数据

国际工程估价/杜训主编．—北京：中国建筑工业出版社，1996.9（2011.8重印）
（国际工程管理教学丛书）
ISBN 978-7-112-02887-0

Ⅰ.①国… Ⅱ.①杜… Ⅲ.①对外承包-价格-评估 Ⅳ.①F752.68

中国版本图书馆CIP数据核字（2011）第175880号

本书根据国际工程估价的通用规则，密切结合我国对外承包工程实际，系统地阐述了国际工程估价的一般理论和方法，并通过实际案例，阐述工程估价理论和方法在国际工程承包中应用等问题。

本书主要内容包括：国际工程估价概论，国际工程估价的准备，国际工程询价，工程量计算的原理，工程量计算规则，国际工程估价的方法，国际工程标价评估与决策，电子计算机在工程估价中的应用等。

本书可以作为大专院校国际工程管理专业和建筑管理工程专业的教材或参考书，亦可作为国际工程管理人员及建设系统经济管理人员的培训教材。

* * *

责任编辑　郦锁林

国际工程管理教学丛书
INTERNATIONAL PROJECT MANAGEMENT TEXTBOOK SERIES
国际工程估价
ESTIMATING FOR INTERNATIONAL PROJECT
杜　训　主　编
黄如宝　副主编

*

中国建筑工业出版社出版、发行（北京西郊百万庄）
各地新华书店、建筑书店经销
北京市密东印刷有限公司印刷

*

开本：787×1092毫米　1/16　印张：13¼　字数：320千字
1996年9月第一版　2011年9月第十次印刷
定价：26.00元
ISBN 978-7-112-02887-0
（20965）

版权所有　翻印必究
如有印装质量问题，可寄本社退换
（邮政编码100037）

国际工程管理教学丛书编写委员会成员名单

主任委员

　　王西陶　中国国际经济合作学会会长

副主任委员（按姓氏笔画排列）

　　朱传礼　国家教育委员会高等教育司副司长
　　陈永才　对外贸易经济合作部国外经济合作司原司长
　　　　　　中国对外承包工程商会会长
　　　　　　中国国际工程咨询协会会长
　　何伯森　天津大学管理工程系原系主任，教授（常务副主任委员）
　　姚　兵　建设部建筑业司、建设监理司司长
　　施何求　对外贸易经济合作部国外经济合作司司长

委员（按姓氏笔画排列）

　　于俊年　对外经济贸易大学国际经济合作系主任，教授
　　王世文　中国水利电力对外公司原副总经理，教授级高工
　　王伍仁　中国建筑工程总公司海外业务部副总经理，高工
　　王西陶　中国国际经济合作学会会长
　　王硕豪　中国水利电力对外公司总经理，高级会计师，国家级专家
　　王燕民　中国建筑工程总公司培训中心副主任，高工
　　刘允延　北京建筑工程学院土木系讲师
　　汤礼智　中国冶金建设总公司原副总经理、总工程师，教授级高工
　　朱传礼　国家教育委员会高等教育司副司长
　　朱宏亮　清华大学土木工程系副教授，律师
　　朱象清　中国建筑工业出版社总编辑，编审
　　陆大同　中国土木工程公司原总工程师，教授级高工
　　杜　训　全国高等学校建筑与房地产管理学科专业指导委员会副主任，东南大学教授
　　陈永才　对外贸易经济合作部国外经济合作司原司长
　　　　　　中国对外承包工程商会会长
　　　　　　中国国际工程咨询协会会长
　　何伯森　天津大学管理工程系原系主任，教授

吴　燕　国家教育委员会高等教育司综合改革处副处长
张守健　哈尔滨建筑大学管理工程系副教授
张远林　重庆建筑大学副校长，副教授
张鸿文　中国港湾建设总公司海外本部综合部副主任，高工
范运林　天津大学管理学院国际工程管理系系主任，教授
姚　兵　建设部建筑业司、建设监理司司长
赵　琦　建设部人事教育劳动司高教处副处长，工程师
黄如宝　上海城市建设学院国际工程营造与估价系副教授，博士
梁　鑑　中国水利电力对外公司原副总经理，教授级高工
程　坚　对外贸易经济合作部人事教育劳动司学校教育处副处长
雷胜强　中国交远国际经济技术合作公司工程、劳务部经理，高工
潘　文　中国公路桥梁建设总公司原总工程师，教授级高工
戴庆高　中国国际工程咨询公司培训中心主任，高级经济师

秘书（按姓氏笔画排列）
吕文学　天津大学管理学院国际工程管理系讲师
朱首明　中国建筑工业出版社副编审
李长燕　天津大学管理学院国际工程管理系副系主任，讲师
董继峰　中国对外承包工程商会对外联络处国际商务师

序

对外贸易经济合作部部长 吴 仪

欣闻由有关部委的单位、学会、商会、高校和对外公司组成的编委会编写的"国际工程管理教学丛书"即将出版，我很高兴向广大读者推荐这套教学丛书。这套教学丛书体例完整、内容丰富，相信它的出版能对国际工程咨询和承包的教学、研究、学习与实务工作有所裨益。

对外承包工程与劳务合作是我国对外经济贸易事业的重要组成部分。改革开放以来，这项事业从无到有、从小到大，有了很大发展。特别是近些年贯彻"一业为主，多种经营"和"实业化、集团化、国际化"的方针以来，我国相当一部分从事国际工程承包与劳务合作的公司在国际市场上站稳了脚跟，对外承包工程与劳务合作步入了良性循环的发展轨道。截止到1995年底，我国从事国际工程承包、劳务合作和国际工程咨询的公司已有578家，先后在157个国家和地区开展业务，累计签订合同金额达500.6亿美元，完成营业额321.4亿美元，派出劳务人员共计110.4万人次。在亚洲与非洲市场，我国承包公司已成为一支有较强竞争能力的队伍，部分公司陆续获得一些大型、超大型项目的总包权，承揽项目的技术含量不断提高。1995年，我国有23家公司被列入美国《工程新闻记录》杂志评出的国际最大225家承包商，并有2家设计院首次被列入国际最大200家咨询公司。但是，从我国现代化建设和对外经济贸易发展的需要来看，对外承包工程的发展尚显不足。一是总体实力还不太强，在融资能力、管理水平、技术水平、企业规模、市场占有率等方面，与国际大承包商相比有明显的差距。如，1995年入选国际最大225家承包商行列的23家中国公司的总营业额为30.07亿美元，仅占这225家最大承包商总营业额的3.25%；二是我国的承包市场过分集中于亚非地区，不利于我国国际工程咨询和承包事业的长远发展；三是国际工程承包和劳务市场竞争日趋激烈，对咨询公司、承包公司的技术水平、管理水平提出了更高的要求，而我国一些大公司的内部运行机制尚不适应国际市场激烈竞争的要求。

商业竞争说到底是人才竞争，国际工程咨询和承包行业也不例外。只有下大力气，培养出更多的优秀人才，特别是外向型、复合型、开拓型管理人才，才能从根本上提高我国公司的素质和竞争力。为此，我们既要对现有从事国际工程承包工作的人员继续进行教育和提高,也要抓紧培养这方面的后备力量。经国家教委批准,1993年,天津大学首先设立了国际工程管理专业,目前已有近10所高校采用不同形式培养国际工程管理人才,但该领域始终没有一套比较系统的教材。令人高兴的是,最近由该编委会组织编写的这套"国际工程管理教学丛书"填补了这一空白。这套教学丛书总结了我国十几年国际工程承包的经验,反映了该领域的国际最新管理水平,内容丰富,系统性强,适应面广。

我相信,这套教学丛书的出版将对我国国际工程管理人才的培养起到重要的促进作用。有了雄厚的人才基础,我国国际工程承包事业必将日新月异,更快地发展。

1996年6月

前 言

无论是国际还是国内建筑市场，承包商要想通过投标战胜众多竞争对手而获得工程项目承包权，除了具备强大的实力、信誉和活动能力外，在很大程度上取决于能否对市场行情在充分了解的基础上，提出有竞争力的报价。所谓有竞争力的报价是指该投标报价合理，既不过多地超过竞争对手并能为业主接受，又能在中标后顺利地完成合同标的并获得合理的利润。实践表明，要完成一个工程项目最终费用究竟是多少？在工程完工前，谁也不可能准确地计算，只能是参照有关定额和已有的经验进行估算。但是，可以肯定，对于一个有实际经验的估价师来说，在对工程项目所在地区和竞争对手有关情况做了详细调查和询价、对工程项目本身有全面了解并对工程项目可能出现的各种风险进行分析之后，采用一定的程序，运用比较合理的计算方法，工程估价的准确性必然会提高。因此，详细、准确、全面的询价为合理地进行工程估价奠定了良好的基础，而正确的估价又为投标报价提供有力的依据。可见，投标报价是一个由询价、估价和报价所组成的复杂过程。

国际工程估价作为投标报价的一个重要组成内容，不仅受到承包商的重视，同时也受到业主的重视。他们都各自聘请估价师为其服务，以维护各自的利益。因此，本书在对估价师的地位和作用进行论述时，也分析了估价师为业主服务时的工作内容。但是，本书的重点还是论述作为承包商的估价师如何进行一个工程项目估价的程序和方法。

近十几年来，我国在竞争激烈的国际工程承包市场上，已基本站稳了脚跟，承包业务有了较大的发展。截至1993年的18年间，我国对外承包企业签订的国际工程合同数约45140个，其中工程承包项目合同为8815个；合同金额约320.5亿美元，其中工程承包金额约254.2亿美元。但是，从整个国际工程承包市场来看，我国在1993年的国际工程承包合同金额仅占其3%左右。这与我国有3400万建筑职工的建筑业是不相称的。要使我国国际工程承包有进一步发展，除了要有相应的资金、技术和设备外，还要有一大批包括估价师在内的懂技术、善经营、能估价的管理人员。因此，尽快培养一批既有理论又有丰富实际经验的估价师和工程管理人员，才能适应国际工程承包的新形势。

本书是根据国际工程估价的特点和我国多年对外工程投标报价的经验，结合作者的教学和工程实践并参阅了大量国内外有关资料归纳而成。系统地阐述了国际工程估价发展过程、估价的准备工作、工程量计算原理和规则、询价和估价的方法、投标报价分析与决策以及计算机在工程估价中应用等内容。本书的编写指导思想是：理论与实际相结合，并力求使本书具有可读性和可操作性。因此，本书既可作为国际工程管理专业和建筑管理工程专业本、专科生的教材或参考书，亦可作为从事国际工程承包和劳务合作的技术、管理人员参考之用。

全书共分8章，第1、5章由屠希云、谢颖编写，第2章由黄如宝编写，第3、6章由杜训编写，第4章由屠希云编写，第7章由李启明编写，第8章由袁永松、黄如宝编写。最后由杜训统稿，正、副主编讨论定稿。

在编写本书过程中，我们得到天津大学何伯森教授、上海城市建设学院国际工程营造与估价系主任王伟庆副教授的大力支持和帮助，中建一局副局长兼四公司总经理袁正旺高级工程师、副总经济师周建忠高级工程师也为作者调查研究和参与工程实践给予很大的支持，还参阅并引用了不少专家、学者的论著和有关资料，在此不一一列举，谨向他们表示衷心的感谢！

由于作者的理论水平和工程实际经验有限，书中难免有不当之处，敬请读者批评指正。

杜 训
1996年3月于东南大学

目 录

前言
第1章　国际工程估价概论 ………………… 1
　第1节　国际工程估价的概念 …………… 1
　第2节　估价师的地位和作用 …………… 4
　第3节　估价师的工作内容和范围 ……… 6
　第4节　估价师的素质要求 ……………… 11
第2章　国际工程估价的准备 ……………… 14
　第1节　估价的工作程序 ………………… 14
　第2节　招标文件的研究 ………………… 18
　第3节　工程现场调查 …………………… 24
　第4节　确定影响估价的其他因素 ……… 27
第3章　国际工程询价 ……………………… 32
　第1节　询价的范围和渠道 ……………… 32
　第2节　分包询价 ………………………… 34
　第3节　有关询价的国际贸易的基本
　　　　　知识 …………………………… 36
　第4节　生产要素的询价 ………………… 48
第4章　工程量计算原理 …………………… 51
　第1节　工程量计算的依据 ……………… 51
　第2节　工程量清单的作用与形式 ……… 60
　第3节　工程量清单的编制 ……………… 64
　第4节　工程量计算的方法 ……………… 71
第5章　工程量计算规则 …………………… 77
　第1节　地下结构工程 …………………… 77
　第2节　钢筋混凝土结构工程 …………… 90
　第3节　钢结构工程 ……………………… 101
　第4节　屋面工程 ………………………… 104
　第5节　楼梯工程 ………………………… 108
　第6节　门工程 …………………………… 118
　第7节　窗工程 …………………………… 123
　第8节　装饰工程 ………………………… 128
第6章　国际工程估价的方法 ……………… 135
　第1节　工程项目估价费用的组成 ……… 135
　第2节　分项工程单价计算 ……………… 138
　第3节　分摊费用及开办费用的计算 …… 148
　第4节　分项工程单价分析与计算 ……… 157
第7章　国际工程标价评估与决策 ………… 172
　第1节　标价评估及分析 ………………… 172
　第2节　报价技巧和决策 ………………… 176
第8章　电子计算机在工程估价中
　　　　的应用 …………………………… 189
　第1节　概述 ……………………………… 189
　第2节　定额库的建立 …………………… 192
　第3节　工程估价程序设计 ……………… 193
　第4节　英国工程估价软件（Cato 2000）
　　　　　简介 …………………………… 196
参考文献 …………………………………… 201
跋 …………………………………………… 202

第1章 国际工程估价概论

当今国际工程的估价中存在着两大体系：英国皇家特许测量师协会（RICS）和国际咨询工程师联合会（FIDIC）。本书以英国RICS制定的估价方法为基础，介绍了国际工程承包中的估价方法和程序。本章从估价在英国的起源和发展阐述了估价的概念，并从业主的估价师即独立的专业估价师和承包商的估价师这两个角度分别介绍了现代估价的含义，估价师不同的地位和作用，以及他们各自的工作内容。同时还简单地介绍了RICS和FIDIC两大组织，并就RICS对估价师的入会要求和行为规范作了说明。

第1节 国际工程估价的概念

一、背景资料

国际工程估价是国际工程承包中的一个重要环节。无论对业主还是承包商而言，都直接影响到工程的成功与否。没有准确的估价，业主不可能以合理的价格获得最好的承包商，而承包商则可能失去承包权，或者即使获得承包权但却无利可言甚至赔本。

估价的过程包括两大部分：工程量计算和定价。它们的计算都遵循一定的规则。国际工程通常采用的估价体系有两种，分别由英国皇家特许测量师协会（Royal Institute of Chartered Surveyor，以下简称RICS）和国际咨询工程师联合会（Federation Internationale des Ingenieurs Conseils，简称FIDIC）制定。RICS是一个以英国为主的估价组织，估价在英语中为Quantity Surveying，香港、新加坡等地将其译为工料测量，把估价师Quantity Surveyor 译为工料测量师。在美国、日本等地估价称为Cost Engineering，而将估价师称为Cost Engineer—成本工程师。不论是估价师、工料测量师，还是成本工程师，他们的工作性质相差不多，只是翻译上的不同。

（一）RICS

RICS创立于1868年3月23日，当时称为测量师协会（Surveyor's Institution）。到当年的11月共有会员131位，准会员19位。除了工料测量师外，还包括产业测量师、土地测量师、房地产管理人员、房地产拍卖师等。

1878年英国议会通过城市管理和建筑法规（补充法规）（The Metropolis Management and Building Acts L Amendment），这是第一个在议会通过的承认测量师协会法律地位的法规。随后有大约15个一般公共法规（Public General Acts）认可了测量师作为一种独立的职业在社会上的存在。1881年维多利亚女王特允了测量师协会可以使用"皇家特许"的名义，并在1921年赐予了皇家庇护。1930年测量师协会更名为特许测量师协会（Chartered Surveyor's Institution），1946年再次更名为皇家特许测量师协会即RICS直至现在。

在过去的100多年来，RICS不断地扩大发展，从1868年不到200名的会员发展至今已有60000名会员和超过21000名准会员（包括实习生和学生）。每年有5000多人申请成为协会的实习生、会员和转成高级会员。大约有4000多人参加在英国和世界各地的60个考试中心举行的专业考试。同时RICS还拥有200多种涉及测量的理论和实践的出版物，包括书籍、论文、表格、传单等。

在任何时候，世界上总有1/10的RICS的成员在工作之中，他们主要分布在英联邦国家和地区、欧洲、中东和太平洋地区。RICS在世界各地有19个分会，它们都由当地的获得RICS认可的注册测量师组成的。另外还有23个国家和地区有RICS的通讯会员。许多英国的测量师事务所在海外均设有分公司，参与当地的建设。如威宁谢测量师事务所（Davis Landon & Seal Chartered Quantity Surveyor）作为英国最大的测量师事务所之一在澳大利亚、新加坡、香港等地均设有分公司，并且成为当地最大的事务所之一。威宁谢在中国大陆亦设有分公司，它在上海的办事处亦成为上海最大的测量师事务所之一。

RICS与其会员保持着紧密的联系，随时向其会员提供最新的资料、信息，召开会议、讲座，出版专业杂志等提高会员的专业水准，并且通过严格的入会考试保持协会良好的声誉。可以说RICS是世界上最古老和最权威的专业组织，其会员遍布各地。因而，其估价体系在国际工程承包中被广泛地采用。本书的工程量计算等部分就是按照RICS制定的方法来编写的。

（二）FIDIC

FIDIC是被世界银行认可的国际咨询服务机构，总部设在瑞士洛桑。它的会员在每个国家只有一个，即该国的独立的咨询工程师协会。目前已拥有50多个代表不同国家和地区的咨询工程师专业团体会员国，其中包括所有工业发达国家和25个以上的发展中国家。FIDIC下属四个地区成员协会：亚洲太平洋地区成员协会（ASPAC）；欧洲共同体成员协会（CEDIC）；非洲成员协会集团（CAMA）和北欧成员协会集团（RINORD）。FIDIC还下属许多专业委员会，如业主咨询工程师关系委员会（CCRC），土木工程合同委员会（CECC），电气机械合同委员会（EMCC），职业责任委员会（FLC）等。各专业委员会编制了许多规范性的文件，目前国际工程承包中采用的"土木工程施工合同条件"，"电气与机械工程合同条件"和"业主-咨询工程师标准服务协议书"是最主要的文件范本。FIDIC的文件范本大多以英国文件范本为基础，沿用英国的传统作法和法律体系，这种情况在1983年后有所改变，文件中的概念和语言不再过于英国化了。可以说FIDIC代表了世界上很多的咨询工程师，与RICS一样，FIDIC是国际上具有权威性的咨询工程师组织。

二、估价的起源及其发展

估价的含义和所包含的内容可以从估价的起源和发展中了解到。估价的起源和发展可以分成五个阶段：17世纪前、17世纪至19世纪、19世纪、第二次世界大战前和二战后。

（一）17世纪前

估价的根源可以追溯至中世纪的行会。当时的手工艺人受到当地行会的控制。行会负责监督管理手工艺人的工作，有否资格入会，并且提供福利，如生病时的工资，照顾行会成员的遗孤等，以此维护行会的工作质量和价格水准。那时建筑师尚未成为一种独立的职业。大多数的建筑除了宗教、军队的以外都比较小，且设计简单。业主一般请当地的工匠来负责房屋的设计和建造，而对于那些重要的建筑，业主则直接购买材料，雇佣工匠或者雇佣一个主要的工匠，通常是石匠来代表其利益负责监督项目的建造，工程完成后按双方事先协商好的总价支付，或者先确定一个单位单价，然后乘以实际完成的工程量。

到了14、15世纪，随着经济的发展，人们对房屋、教堂、公共建筑等的要求也随之提高。镶板墙、精制的石膏天花、华丽的装饰等新的建筑形式逐渐成为一种时尚，遍及整个欧洲大陆，尤其是意大利。学习意大利的建筑形式成为当时教育的一部分。建筑师开始成为一种独立的职业。伊尼哥·琼斯（Lnigo Jones）（1573～1652）被普遍认为是第一个专业建筑师。他曾在意大利学习过，为女王设计的格林威治的建筑对后来的建筑形式有着深远的影响。

（二）17世纪至19世纪

1666年伦敦市发生了一场极为严重的火灾。由于市区房屋大都为木结构而且采用共同墙的体系，让大火烧毁了80%，约13000幢房屋。伦敦的重建工作需要作整体规划和大量的不同工种的工匠，这些都需要建筑师的设计和协调。随着大量工匠涌入伦敦市，使得原有的行会制度彻底地破裂了，工匠开始直接与建筑师接触。

工匠们很快发现，由于建筑师往往受过较好的教育，使得他们在与建筑师协商造价时常常处于劣势。因此，他们转而雇佣其他受过教育，有技术的人来替他们计算工程量与建筑师协商单价。

当工匠们雇佣的计算人员越来越专业化时，建筑师觉得有必要雇佣一个计算人员代表自己的利益与工匠们的计算人员对抗。同时，建筑师也有了更多的时间和精力去关心他们的基本职责——设计工作。这样有关工程造价事宜就由新兴的工程计算人员来承担了。这些人员就是估价师。

（三）19世纪

历时23年之久的英法战争（1793～1815）几乎耗尽了英国的财力，国家负债严重，货币贬值，价格飞升。战后，政府决定节约在房屋建造上的开支。当时英国军队需要大量的军营，为了节约成本，特别成立了军营筹建办公室专门负责军营的设计和施工。由于工程数量多，又要满足建造速度快，价格便宜的要求，军营筹建办公室决定每一个工程由一个承包商负责，由该承包商负责统筹工程中各个工种的工作，并且通过竞争报价的方式来选择承包商。这种承包方式刚刚实行时，因为存在着质量不够理想、施工中纠纷、变更较多等原因未能获得普遍的认可，但却有效地控制了费用的支出。而同时期的白金汉宫和温莎城堡由于分别直接雇佣了不同的工种人员，造成了费用的严重超支。这时，竞争性的招标方式开始被认为是达到物有所值的最佳方法。

竞争性招标需要每个承包商在工程开始前根据图纸进行工程量的计算，然后根据工程情况做出估价。开始时，每个参与投标的承包商各自雇佣估价师来计算工程量，后来，为了避免重复地对同一工程进行工程量计算，参与投标的承包商联合起来雇佣一个估价师。建筑师为了保护业主和自己的利益再另行雇佣自己的估价师。

这样在估价领域里有了二种类型的估价师。一种受雇于业主或业主的代表建筑师；另一种则受雇于承包商。到了19世纪30年代，计算工程量、提供工程量清单发展成为业主估价师的职责，所有的投标都以业主提供的工程量清单为基础，从而使得最后的投标结果具有可比性。这样做的另一个好处是业主的估价师可以代表业主在实际工程进行中调整合同造价，例如工程中发生设计变更等。但工程量清单仍然被认为是为承包商编制的，因而在承包商拿到第一次工程款时要支付业主估价师编制工程量清单的费用。

（四）20世纪第二次世界大战前

直到1939年第二次世界大战爆发前，整个建筑业的设计和生产的格局一直没有很大的变化。估价领域也是同样，最大的事件即是在1922年出版了第一本标准工程量计算规则，使得所有工程的工程量计算有了统一的标准和基础，加强了工程量清单的使用，进一步促进竞争性投标的发展。

（五）20世纪第二次世界大战后

二战结束后，建筑业迎来了新的发展机会。二战中积压下来的各种类型房屋的修缮工作，以及在战争中遭到破坏的建筑的整修和重建工作，使得各种建筑材料紧缺，资金紧张，从而使业主更加注意控制工程的造价，使得估价工作得到迅速地发展，并且限制建筑师只能在适当的造价范围内进行设计，同时也促进了新的施工方法和技术。

1950年，英国的教育部为了控制大型教育设施的成本，采用了分部工程成本规划法（Elemental Cost Planning）。随后RICS的成本研究小组（RICS Cost Research Panel）也提出了其他的成本分析和规划的方法，例如比较成本规划法等。成本规划法的提出大大改变了估价工作的意义，使估价工作从原来被动的工作状况转变成主动，从原来设计结束后做估价转变成与设计工作同时进行。

1964年RICS成本信息服务部门（RICS Building Cost Information Service，简称BCIS）又在估价领域跨出了一大步。BCIS颁布了划分建筑工程分部工程的标准方法，这样使得每个工程的成本可以以相同的方法分摊到各分部中，从而方便了不同工程的成本比较和成本信息资料的贮存。

到了70年代末，建筑业有了一种普遍的认识，认为在对各种可选方案进行估价时仅仅考虑初始成本是不够的，还应考虑到工程交付使用后的维修和运行成本。这种"使用成本"或"总成本"论进一步地拓展了估价工作的含义，从而使估价工作贯穿了项目的全过程。

第2节 估价师的地位和作用

一、不同服务对象时估价师的地位和作用

在建筑业中估价师受雇于不同的机构。RICS在1989年9月的一份报告中公布了这样的数据：在英国的受雇佣的注册估价师中，有55%在私人估价师事务所工作，18%在政府部门，在承包商处工作的有19%，在商业或工业公司工作的有6%，还有余下的2%在教育界。从总体上讲，估价师主要服务于两类人：一是业主；二是承包商。

（一）业主雇佣的估价师

建筑业的业主经常改变，他们一般没有建筑方面的专门知识，因而他们委托在私人估价师事务所和政府部门中的估价师为他们提供工程造价和合同等方面的建议。估价师获得业主的委托有多种途径，一般业主在任命建筑师时同时任命了估价师；有时估价师是通过建筑师的推荐，如果业主对建筑不熟悉，大多会同意；但有时估价师有自己的客户网络，先得到任命再推荐建筑师。无论采用何种途径，要获得最经济合理的设计方案和项目估算，估价师必须尽早地参与项目。

无论在项目的初始阶段还是施工阶段，业主和建筑师都极大地依靠估价师在工程成本、财务、法律方面的知识和经验。从立项时的开发评估、可行性研究到准备工程量清单、招标文件、开标评标。选定中标者后，估价师还要代表业主与承包商协商中期付款、变更估价、索赔、工程决算等。估价师的决定经常会影响到承包商的财务状况和能否盈利，有时甚至会严重影响。因而，虽然估价师是受业主的雇佣保护业主的利益，但作为一个独立的专业人士，估价师必须保持公正和合理。

作为为业主服务的估价师应随时记住两点。首先，公正是一个主观的概念，对一方公正的决定可能对另一方是不公正的；其次，一旦业主和承包商鉴定了合约，估价师必须按合同办事，不得擅自行事。在实际工程中经常会遇到这样的情况：承包商按照建筑师的口头指令做了某项工作，如果合约中规定只有具有书面指示的工作才能付款的话，那么在未得到建筑师的书面指示前估价师不得付款，虽然看上去对承包商有些不公平，但估价师只能这么做，他不能因为同情某一方面而影响他的判断。

虽然在为业主服务的专业顾问中，一直是以建筑师为主，由建筑师带领各专业顾问，但建筑师总会认真地考虑估价师提出的建议。建筑师和估价师之间紧密有效的合作会给工程带来很大的成功。至今仍然没有一种职业可以代替估价师的地位。

（二）承包商雇佣的估价师

作为承包商的估价师，其地位和作用与业主的估价师有所不同，他应该忠实于他的雇主，更具有商业头脑，有时一个工程甚至承包商公司的成功与否都要部分取决于估价师的工作。业主的估价师要保持公正，但承包商的估价师主要代表承包商，为承包商争取更多的利益。虽然有时承包商也会聘请私人或政府部门独立的估价师，但往往会给估价师带来困惑。通常估价师会有几个工程同时开展，在一个工程中扮演公正的角色，另一个工程中又极力地维护承包商的利益，尤其是若遇到同一个建筑师，会使他处于尴尬的境地。因此，谨慎的承包商都有自己的估价师。

承包商的估价师应善于谈判。从合同签订前开始不断地与业主的估价师协商价格直到工程决算或合同索赔。每一次结算他都要确信对他的雇主——承包商是一次合理的或有利的交易。同时承包商的估价师还是项目的财务管理者。每一份合同的执行，他都应评价其财务状况，判断有否亏损。他还要负责分包商的合同与付款，解决合同纠纷以及其他管理工作。

当然，为不同的承包商服务时，估价师的地位和作用也有所不同。小的承包商希望所雇佣的人是个通才，往往给予很大的责任，相应地其地位与作用也较大。而大的承包商实力较强，雇佣较多的估价师，有的甚至有两个估价部门，一个负责工程量，一个负责报价，这样估价师的工作面相对较窄。

随着建筑业的发展，承包商的估价师的地位将越来越高。首先，随着设计施工一体化和管理合同的广泛应用，需要承包商的估价师尽早地参与项目，当然，其作用也随之扩大；其次，由于竞争激烈，承包商更加依靠估价师的经验和能力来减少亏损，增加盈利；第三，估价师自身出色的工作证明了他的作用并为自己提供了更多的机会。目前，承包商的估价师已经开始进入承包商企业的最高领导层，这证明了估价师对未来工作的重要性。大多数大型承包商企业中，至少有一名主管是估价师出身，他可能主持估价部门的工作，也可能是财务部门的主管。许多中型企业也意识到估价师的重要作用，他们正在给予那些主管估价师以更多的权力，充分发挥他们在企业中的作用。

二、不同发包方式下估价师的地位和作用

在不同的发包方式下，估价师的地位和作用也有所不同。现代建筑业中使用较为广泛的发包方式有：传统方式、交钥匙和设计施工一体化以及管理合同等三大类。

（一）传统方式

传统的发包方式的使用已有100多年的历史了，至今仍是最广泛使用的发包方式。简单地讲，它是指业主委托建筑师设计，估价师作成本预算和控制，然后再雇佣承包商施工的方法。

上一部分所讲的不同服务对象时估价师的地位与作用正是以传统的发包方式为前提。在传统的发包方式下，业主和承包商都雇佣自己的估价师，其地位与作用可参见上一部分。本书所讲的估价亦是指传统的发包方式下的国际工程估价。

（二）交钥匙和设计施工一体化

80年代初，业主越来越感到传统发包方式下设计与施工分离带来的问题，如设计质量不够理想，现场监督不严，工期拖延，造价得不到控制。而且，由于与业主的合约关系众多，各方利益难以协调。1983年英国房产联合会（British Property Federation，BPF）出版了一本手册，极力地推广设计，施工一体化的发包方式。该方式将设计和施工交给同一个机构实行。发包通常采用议标或邀标的方式，要承包商提出项目建议书，由承包商提出方案设计和估算，业主在此基础上定标。设计施工一体化的实施大大减少了业主估价师的工作，他不必再准备传统的工程量清单，而只需作一个初步的估算并与承包商协商达成一个定价的标准，以便业主改变要求时可以参照估价。

与业主的估价师相反，承包商的估价师的作用却大大地提高了。他除了对设计提供成本上的建议外，还要帮助承包商选择施工方案、合同形式、准备所需的文件、考虑施工速度、推荐最合适的付款方式。

交钥匙工程比设计施工一体化更进一步，业主除了付工程款外，其余的工作均由承包商承担。

（三）管理合同

80年代管理合同的发包方式因其项目启动快、工期短等特点开始受到业主的欢迎。业主在雇佣建筑师、估价师的同时，也雇佣了管理承包商使得他在施工方面的经验有利于建筑师和估价师的工作。管理承包商自己不承担施工，他将工程分成不同部分，分别由分包商承担。设计也是分步完成。完成一部分设计后，由估价师准备工程量清单和招标文件进行招标选择分包商。在管理合同中，以建筑师为主领导估价师和其他顾问，代表业主与管理承包商配合。估价师的地位和作用与传统的方式相差不多，但地位更高一些。

第3节 估价师的工作内容和范围

一、估价师的工作内容

估价师的工作可以称为项目造价管理，其工作内容涉及到项目的全过程。从图1-1中我们可以看到估价师的工作内容以及如何对项目造价进行管理。

（一）业主雇佣的估价师工作内容

1. 开发评估

现今专业服务的界限已越来越模糊。会计师开始介入建筑工程充当项目经理，建筑师更为多元化地提供专业服务（如房地产），估价师则受到了来自银行的竞争。但是，估价师们并未对此等闲视之,他们在许多新的领域内发挥技能,开发评估就是其中之一。

估价师为开发商准备开发预算和其他涉及到开发评估的工作。业主也希望估价师能提供更为广泛的服务,特别是项目的初始阶段和规划阶段。有些业主要求估价师提供财务预测、现金流量分析、敏感性分析或其他的服务。

2. 合同前成本控制

估价师在建筑工程项目初期的工作包括用平方米估算法、单位估算法,比较法等初步估算法计算出工程的大致成本,让业主对可能的造价有一个初步的了解。在整个初步设计阶段,业主的估价师需要不断地向设计师提供有关成本方面的建议,对不同的施工方法进行成本比较。制定成本规划也是估价师在合同前的工作之一,用成本来控制设计,有时业主还要求在制定成本规划的同时进行价值分析。另外,随着生命周期成本这个概念的广泛使用,除了初始成本以外,估价师还要考虑到维修、运行成本等。

3. 税收和财务规划

对业主而言,估价师是工程税收方面理想的顾问人选。一般的会计师对工程的了解不多,对错综复杂的工程税收问题很难提供建议。而估价师凭借其专业知识,充分利用资金、政府对开发的补贴及税收上

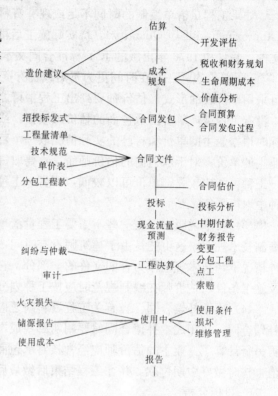

图 1-1 估价师的工作内容

的优惠条件,可以使一个原本不可行的项目变成一个成功的项目。但估价师必须熟悉最新的法规条例。

估价师还应向业主就项目融资的资金来源和方法提供建议,确保有足够的项目资金。通常这需要估价师与其他的财务顾问和基金管理人员有密切的合作。

4. 合同发包

合同发包是估价师的一项重要的工作,有些估价师则专门从事合同发包的工作。

随着建筑业的发展,发包方式也越来越多,除了传统的发包方式以外,设计、施工一体化,管理合同等也被广泛地使用。工程条件的不同,业主的要求不同时,其适用的发包方式也不同。如果业主缺乏经验和估价师的帮助,往往会导致错误地使用发包方式。所有的业主,不论是政府工程还是私人的,都极其关心进度、成本、质量这三大目标。如果最为关心的是成本,那么应该选择一个成本能够确定的投标者而不是目前标价最低的投标者。估价师正是利用在发包方面的专业知识帮助业主选择合适的发包方式和承包商。

5. 合同文件

合同文件的编制是估价师的一个主要工作内容。文件编制的内容根据项目性质、范围和规模的不同而不同。一般可以分成以下四种:

（1）工程量清单　虽然工程量清单现在的形式受到较多的指责，但是在标准的工程量计算规则的基础上编制的清单比原来的更为合理，其存在的必要性不可否认。因而，编制工程量清单仍然是估价师的主要工作。在英国大于100000英镑的工程都要编制工程量清单。工程量清单的精确性取决于建筑师或工程师设计图纸的具体程度。

如果工程量清单编制的时间不足或现有资料不够时，可以编制一个大致的工程量清单（Approximate Bill of Quantity），待实际施工后再重新计算工程量。该种清单亦可用作招标文件，并且和1976年出版的JCT标准合同文本中采用大致工程量的合同配套使用。

（2）单价表　一般在时间更为不足或现有资料更为不够，连大致工程量都不能计算时，可采用单价表的形式。估价师要列出工程中可能发生的项目名称并对其进行描述，单价表中没有工程量，单价由承包商的估价师填报。或者业主的估价师先算出单价，承包商在投标时根据业主的单价和自己的实际情况取一个百分比得到投标单价，可能高于也可能低于业主的单价。对于承包商的估价师而言，要取得一个百分比是比较难的，因为承包商的某一工种可能比较强，单价可以较低，而另一工种比较弱，单价较高，估价师必须在各个工种中取得平衡。

（3）技术说明书　在一些不需要工程量清单的小型工程中，估价师有时要代替建筑师编制技术规范。这可能是由于建筑师没有时间，也可能是估价师对工程需求更为精通。这种情况下，技术规范作为合同文件的一部分，它和图纸一样，必须说明工程的性质、范围及施工条件。估价师在编制规范时应按工种划分并尽可能地对工程项目进行说明。

（4）成本补偿合同　当有关工程资料缺乏以至于单价表都无法编制时，一般采用成本补偿合同。使用成本补偿合同时要阐明哪些成本可以按实计算，哪些已经包含在费率中不再另行计算了。业主的估价师应经常核对承包商费用支出的原始记录，计算已完工程的价值，按时做好中期付款，并在工程结束后做最后的决算。

6. 投标分析

投标分析是选择承包商的关键步骤，估价师在此阶段起着重要的作用。除了检查回标文件中错误和不一致的地方，建筑师和工程师还常常依靠估价师对承包商的选择提出建议和推荐。有时还需要估价师能发挥谈判的才能，特别是只邀请了一个承包商议标或者中标条件还需进一步协商时，估价师参与谈判更为重要。

7. 合同管理

估价师在合同管理方面的工作有时会被忽略或低估。其实对项目的成本管理直到最终证书签发后才算结束。估价师的工作内容应该根据承包商选择的方式、合同价格确定的方法，以及代表业主或承包商的利益等方面来确定。

合同管理的工作主要可以分成三个部分：现金流量、财务状况和索赔。业主的估价师应该准备现金流量表并且用来监督对承包商的付款进度。在整个合同过程中估价师应通过编制月度或季度的成本报表来了解项目的财务状况。在成本报告中，对可能影响预算的事件要提出警告，尽早地确定设计变更、延误、可变条款中重新估价的项目等所带来的对财务上的影响。一般情况下，工程项目完全按照计划完成的较少，成本、造价变动经常发生。因此，工程决算中允许造价进行调整。承包商的估价师要准备合同索赔，业主的估价师对这些索赔要进行估价核实。

另外，估价师还参与总承包合同或分包合同的中止工作，任命破产方财产清点人、接收入等。

8. 工程决算

在工程项目结束后，业主的估价师根据原合同和工程施工中的签证、变更、中期付款等与承包商的估价师计算出工程的最后决算。

(二) 承包商雇佣的估价师工作内容

承包商雇佣估价师的最初目的是为了确保他能及时地、合理地得到已完工程的工程款。实际工程中，承包商估价师的工作包括报价、谈判签订合约、现场测量、分包商工程款的结算、合同纠纷与索赔、财务报告等等。

1. 报价

在大型承包商企业中，通常会设有两个相对独立的部门：工程量计算和报价。小一些的承包商企业中两个部门一般合二为一。估价师因而必须担当双重角色，但其主要工作是报价。在这一阶段，如果出现错误，特别是主要项目的报价错误，则其损失是难以弥补的。成功的报价依赖于估价师对合同和施工方法的熟悉，对市场价格和竞争对手的了解。

2. 谈判签订合约

承包商的估价师要不断地与业主的估价师谈判协商，从一个项目的单价到工程项目总价，从合同形式到某一条合同条款。因此，他要熟悉所有的标准合同、合同法及相关的案例。作为承包商企业中的合同专家，应随时跟上法律法规的变化，并且能清晰地表达自己的观点。

3. 现场测量

承包商估价师工作中的一部分即是现场测量。不论是内部结算，还是与业主估价师做中期付款；工程结算都应去现场实地测量。这样不仅使估价师能精确知道工程量，还有利于他熟悉工程，提高技能。

4. 财务管理

定期地做财务报告是承包商估价师的另一项工作内容。每隔一段时间，估价师要检查工程财务状况，判断有否亏损，若有亏损能否避免，原因何在？并且写成报告提交企业管理人员。报告中还要指出工程中不够有效的工作方法，报价时的错误以及不恰当的采购政策等不足之处。

有时承包商的估价师还要准备月生产总值，利润预测，预计成本和收入等。

5. 中期付款

承包商估价师一项基本任务是准备中期付款。虽然JCT标准合同中规定由业主的估价师准备，但实际中常由承包商的估价师来做。中期付款好比是承包商的生命线，任何的不足都可能带来资金周转上的困难。因而承包商的估价师必须确保清款合理，并且搞清楚承包商已完成的所有工作（其中包括所有相关分包商的工作），建筑师已认可的更改，成本增加以及可以计算的已堆放在现场的材料等。

6. 对分包商的管理

承包商估价师的另一项重要的工作是与不同类型的分包商合作。对于承包商任命的分包商，在报价时估价师已经向其询过价了，一旦分包商进驻工地，估价师应按分包合同条款进行工程量计算、估价，确认设计变更引起的工程量增加或减少。另外对分包商的财务管理也逐渐成为承包商估价师的工作之一。

虽然指定分包商是由业主和建筑师任命的，但是承包商负有管理责任。因而，在接受指定分包商时，承包商的估价师应确保承包商的利益受到了合理的保护。

7．现场成本分析

为了控制实际建造成本，承包商的估价师通常作现场成本分析，其方法是将实际成本与原计划成本比较，发现不够理想的地方时，采取措施进行改正。现场成本分析一般针对费用大的项目。

8．工程决算

承包商估价师的另一项重要工作是与业主达成工程决算的协议。与中期付款一样，准备工程决算也应是业主估价师的工作。但实际上是双方相互协商达成的。工程量计算方面可能会因对工程量计算规则的理解不同而稍有分歧，对于合同文件中没有事先确定的单价的协商往往会产生一些问题。如果承包商觉得根据合同条款还没有得到足够的付款的话，那将会是一场耗时的谈判。总之，工程结算对承包商的估价师而言是一项很花费时间的工作，有的估价师的工作就可能是专门谈判工程决算。

二、估价师工作的范围

估价师可以服务于不同类型的工程项目，主要包括、建筑工程项目、建筑工程设备、工业项目和土木工程。

（一）建筑工程项目

大量的估价师服务于建筑工程项目，这是估价师传统的服务内容。虽然新的合同形式和发包方式使估价师的工作方式有所转变，但他们在建筑工程项目中的作用却比过去更为重要。首先估价师是成本方面的专家，他向业主提供成本上的建议，同时估价师还进行成本控制。事实证明，没有估价师的参与往往会导致造价的失控。

现在，估价师不仅从建筑师那里得到大量的工作，而且更多地被业主直接雇佣参与项目，估价师在建筑工程中得到越来越多的权力和责任。

（二）建筑工程设备

虽然建筑工程设备是建筑工程的一部分，但却有其特殊性。一般情况下，设备部分大都以分包工程款的形式编入工程量清单。这样做的原因主要是：设备工程师在清单编制时尚不能提供估价师所需的详细资料；估价师必须精通设备方面的知识才能报价。目前建筑工程设备采用清单形式已越来越普遍，这样增加了估价师的工作。

对造价控制必须包括整个工程，只对某一部分控制是不够的，而且设备工程的造价占整个工程造价的比例也越来越大。因而，对估价师的要求也越来越高。从事设备工程的估价师必须精通工程设备的技术和术语，能准确地理解工程图纸。

（三）土木工程

土木工程的规模和范围通常很大，而且设计需要解决自然界和地质上的问题，要解决这些问题的花费很多。因而工程师必须提供一个在预算造价内令人接受的方案，正如在建筑工程中，估价可以通过成本规划来控制造价和设计。由于土木工程涉及到自然地面土质问题，通常会包括大量的不确定因素和临时工程，其工作量有时甚至会占一个土木工程的主要部分。

由于土木工程本身的性质和施工方法不同，它的工程量计算规则和合同条件与建筑工程的均不同。土木工程通常采用《土木工程工程量计算规则》（Civil Engineering Standard

Method of Measurement），由于土木工程的施工方法比较单一并且大量地使用机械设备和临时工程设施，因而工程量清单中的项目相对较少而工程量则很大，而且由于包含了大量的不确定因素，土木工程的工程量清单中通常为估价工程量，在实际完成后再重新计算。

估价师在土木工程项目中的职责与建筑工程项目中的相似，除了工程量计算规则和合同条件不同以外，估价师还须熟悉土木工程的施工方法、规则、点工工资计算方法等。土木工程师协会为此出版了"土木工程协会手册"（The Handbook of the Federation of Civil Engineering）和"土木工程程序"（Civil Engineering Procedure）指导参与土木工程的人员。

在土木工程中，估价师已被广泛地接受为工程师设计小组的成员。自本世纪初，估价师已被土木工程承包商雇佣对工程造价进行分析和估价。虽然现在工程师也对成本进行估价，但估价师通过教育和培训所拥有的技能和专长不是他人可以替代的。投资者必须在工程开工前知道大约的造价，估价师可以为工程提供不同方案的造价比较。投标后，估价师还可以提供对投标的分析报告，合同签定后，还可以做工程决算包括工程量重新计算、变更、索赔等。

（四）工业项目

工业项目包括石化工厂、油田和煤田、钢厂、水泥工厂、能源中心或其他类似的工业工程项目。相对于建筑工程、土木工程等专业而言，估价师涉及工业项目领域时间较短，但已被业主和承包商普遍地认为是很有价值的项目组成员。在拥有很多专家的工业项目中，估价师以其丰富的实践经验、商业头脑、造价方面的知识和法律知识为业主提供了许多建议。

在工业界中，估价师被称为造价工程师，在美国和欧洲的很多国家中，专业的造价工程师被广泛地雇佣，而且被认为是一个正在发展中的行业。RICS的造价工程师协会制定了工业工程项目的工程量计算规则（Standard Method of Measurement for Industrial Engineering Construction，简称SMMIEC）。

工业工程项目的计算方法与其他方法相似，但更多地用数字表示并且采用不同的分析方法。通常工程量清单是根据设计单位提供的图纸编制的，也可以使用技术规范或单价表或成本补偿合同。

在工业项目中工作的估价师必须能灵活地接受新的计算方法、造价分析方式和合同，而且他的工作范围要比建筑工程更大。

第4节 估价师的素质要求

一、对估价师知识结构的要求

随着建筑业的发展，估价工作的内容日益增多，其范围也日趋广阔，估价师的地位也不断的提高，从最初单纯的准备工程量清单，发展为业主的成本顾问，并且开始尝试项目经理的角色。因此，要求估价师具有各方面知识的复合型人才，对其知识结构的要求主要表现在经济、法律、技术、管理等四个方面。

（一）经济方面

由于估价师是工程项目的经济、财务顾问。因此，他必须学习宏观经济、微观经济、土地经济学等方面的课程，掌握工程量计算、单价制定、标高值确定的方法，同时还应运用成本分析、可行性研究、开发评估等技能为业主提供成本、利润等经济上的建议。

（二）法律方面

由于新的发包方式、新技术和新材料等的使用，使得工程中越来越多地使用分包商、供应商，合约关系更为复杂，同时各种建筑法规也日益增多。因此，要求估价师具有法律知识。对一般的法律法规有基本的了解，对侵权法、合同法等与建筑工程密切相关的法律要精通。这样可以便于合同文件的准备，并对合同纠纷、索赔、争议等提供建议及解决方法。

（三）技术方面

作为从事建筑业的估价师必须了解建筑施工技术、方法和过程，这样才能更好地理解图纸、施工组织设计、施工安排、准确地预测施工中可能会遇到的困难，合理准确地编制费用项目，估算造价，同时这也为估价师发展其他技能提供了基础。

（四）管理方面

作为现代估价师，掌握组织管理人员和工程项目的知识是十分必要的。在项目发包过程中，估价师要运用其专业知识，影响项目小组中的其他成员，组织好发包事宜，并且管理好合同文件，充分利用合同条件、条款。随着估价师地位的进一步提高，更多的估价师开始担任项目经理。因此，管理方面的知识对估价师是必不可少的。

二、RICS 的入会资格

估价师如何才能加入 RICS 成为注册的估价师呢？首先必须获得大学入学资格或者得到教育委员会认可的相同的资格，相当于我国高中毕业通过会考的程度。然后必须获得两种资格，它们分别是学术上的和实践上的。

（1）学术上的资格：指通过业余、全日制或函授的课程进行书面学习并通过 RICS 协会的专业考试，或者取得协会认可的学位或文凭。

（2）实践上的资格：指获得学术上的资格后通过 3 年在估价领域的工作，可以参加协会每年举行的专业资格考试（Assessment of Professional Competence，简称 APC），APC 考试是评估候选人在实践中获得的专业经验的考试。

若成功地完成学术上的要求和通过 APC 考试，候选人即可申请成为 RICS 的会员，使用 ARICS 的称号。成为会员后仍然需要学习协会的规章、规定，并且每三年要接受至少 60 小时的专业进修（Continue Professional Development，简称 CPD）。专业进修的形式包括课程、会议、讨论、研讨会以及对某些具体实际操作中的技术问题的学习，从而使会员能掌握新技术、新方法和更新思想。

作为一般会员，具有了十二年的经历，或者在私人事务所中担任经理五年，或者在政府部门中担任相应职务五年，或者有五年以上一般会员的资格并且获得了相关专业的硕士学位，都可以申请转成高级会员，但年龄至少大于 30 岁。高级会员可以使用 FRICS 区别于其他一般会员。

三、RICS 会员的行为规范

任何组织的成员都需要遵守一定的规章制度。RICS 的会员也是一样，一旦成为会员，就必须遵守《行为规范》（The Rules of Conduct）。《行为规范》的宗旨在于防止会员的不正当行为，保护雇主的利益，并维护协会在社会中的地位和形象。

《行为规范》除了制定一系列符合法律要求的行为准则之外，还涉及了协会中纪律检查委员会的权力及行使程序（Disciplinary Powers & Proceduses），对帐目的要求（Member's Accounts Regulations），强制性专业赔偿保险（Compulsory Professional Indemnity Insurance），协会的标志及会员称号的使用 (Designations) 等。

同时，协会中设立有专门部门为《行为规范》的实施提供建议。如监督检查委员会 (Monitoring and Investigation Committee) 主要检查会员是否符合对协会帐目的要求以及强制性专业赔偿保险的要求，并且对专业人员的不当行为的起诉作初步的认定。专业行为委员会 (Professional Conduct Committee) 负责调查会员的不当行为，并且认定会员有否违反规范，如情节严重将提交纪律检查委员会判定罚款、停职或吊销会员资格。

思 考 题

1. 请描述估价师为业主和承包商服务时的地位和作用。
2. 简明叙述工料测量的发展过程。
3. 作为一名估价师，应该具有什么样的知识结构和能力？
4. 你认为估价师的职业前景如何？

第2章 国际工程估价的准备

本章从国际工程估价的工作程序入手，介绍了估价的准备工作，着重阐明要从投标须知及附录、合同、技术规范、图纸和工程量清单等方面对招标文件进行研究分析；要对工程项目所在国的国情和所在地区的情况以及业主和竞争对手的情况进行调查；并要充分考虑施工总进度计划、施工方法、分包计划、资源安排等因素对估价的影响。本章还特别对投标班子的人员配备和要求、分工和合作等组织工作作了说明。

第1节 估价的工作程序

国际工程估价是正确进行投标报价决策的重要依据，其工作内容繁多，工作量大，而时间往往十分紧迫，因而必须周密考虑，统筹安排，遵照一定的工作程序，使估价工作有条不紊、紧张而有序地进行。估价工作在投标者通过资格预审并获得招标文件后即开始，其工作程序如图2-1所示。

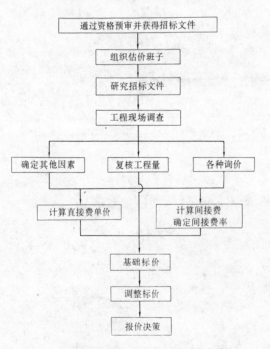

图2-1 国际工程估价工作程序

本章仅对研究招标文件、工程现场调查和确定影响估价的其他因素三个环节作具体阐述，而询价、估价与报价则在其他章节作专门阐述。

一、估价班子的组织

（一）估价班子组织的原则

国际工程估价，不论承包方式和工程范围如何，都必然涉及承包市场竞争态势、生产要素市场行情、工程技术规范和标准、施工组织和技术、工料消耗标准或定额、合同形式和条款以及金融、税收、保险等方面的问题。因此，需要有专门的机构和人员对估价的全部活动加以组织和管理，组织一个业务水平高、经验丰富、精力充沛的估价班子是投标获得成功的基本保证。

理想的估价班子的成员——估价师，应是懂技术、懂经济、懂商务、懂法律和会外语的多面手，在第1章第4节中已有详细介绍。这样的估价班子人员精干、工作效率高，提高估价工作的连续性、协调性和系统性。但是，这样各方面知识都很精深且能力强的专门人才是比较少的。因此，在我国，除了对估价班子负责人或注册估价师尽可能按上述要求配备之外，对估价班子的一般成员主要考虑的是在某一方面有专长。一般来说，估价班子的成员应由经济管理类人才、专业技术类人才、商务金融类人才、合同管理类人才组成。

（二）估价人员的素质要求

所谓经济管理类人才，是指直接从事工程估价的人员。他们不仅对本公司各类分部分项工程工料消耗的标准和水平了如指掌，而且对本公司的技术特长和优势以及不足之处有客观的分析和认识，对竞争对手和生产要素市场的行情和动态也非常熟悉。他们能运用科学的调查、统计、分析、预测的方法，对所掌握的信息和数据进行正确的处理，使估价工作建立在可靠的基础之上。另外，他们对常见工程的主要技术特点和常用施工方法也应有足够的了解。

所谓专业技术类人才，主要是指工程设计和施工中的各类技术人员（在国际工程承包中，有可能要求承包商完成部分设计工作），如建筑师、结构工程师、电气工程师、机械工程师等。他们应掌握本专业领域内最新的技术知识，具备熟练的实际操作能力，能解决本专业的技术难题，以便在估价时能从本公司的实际技术水平出发，根据投标工程的技术特点和需要，选择适当的各项专业实施方案。

所谓商务金融类人才，是指从事金融、贸易、采购、保险、保函、贷款等方面工作的专业人员。他们要懂税收、保险、涉外财会、外汇管理和结算等方面的知识，特别要熟悉工程所在国有关方面的情况，根据招标文件的有关规定选择有关的工作方案，如材料采购计划、贷款计划、保险方案、保函业务等。

所谓合同管理类人才，是指从事合同管理和索赔工作的专业人员。他们应熟悉国际上与工程承包有关的主要法律和国际惯例，熟悉国际上常用的合同条件，充分了解工程所在国的有关法律和规定。他们能对招标文件所规定采用的合同条件进行深入分析，从中找出对承包商有利和不利的条款，提出要予以特别注意的问题，并善于发现索赔的可能性及其合同依据，以便在估价时予以考虑。

以上是对估价班子各类人员个体素质的要求。一个估价班子仅仅做到个体素质好往往是不够的，各类专业人员既要有明确分工，又要能通力合作，及时交流信息。为此，估价班子的负责人就显得相当重要，他不仅要具有比估价班子一般人员更全面的知识和更丰富的经验，而且要善于管理、组织和协调，使各类专业人员都能充分发挥自己的主动性和积极性以及专业特长，按照既定的工作程序开展估价工作。

另外，作为承包商来说，要注意保持估价班子成员的相对稳定，以便积累和总结经验，不断提高其素质和水平，提高估价工作的效率，从而提高本公司投标报价的竞争力。一般来说，除了专业技术类人才要根据投标工程的工程内容、技术特点等因素而有所变动之外，其他三类专业人员应尽可能不作大的调整或变动。

二、招标文件的研究

（一）招标文件应包括的内容和分工研究

招标文件包括投标者须知、通用合同条件、专用合同条件、技术规范、图纸、工程量清单，以及必要的附件，如各种担保或保函的格式等。这些内容可归纳为两个方面：一是投标者为投标所需了解并遵守的规定，二是投标者投标所需提供的文件。

招标文件除了明确了招标工程的范围、内容、技术要求等技术问题之外，还反映了业主在经济、合同等方面的要求或意愿，是承包商投标的主要依据。因此，对招标文件进行仔细的分析研究是估价工作不可忽视的重要环节。

由于招标文件内容很多，涉及多方面的专业知识，因而对招标文件的研究要作适当的分工。一般来说，经济管理类人员研究投标者须知、图纸和工程量清单；专业技术类人员研究技术规范和图纸以及工程地质勘探资料；商务金融类人员研究合同中的有关条款和附件；合同管理类人员研究合同条件，尤其要对专用合同条件予以特别注意。由上可知，不同的专业人员所研究的招标文件的内容可能有部分交叉，他们各自的出发点虽不尽相同，但目标却是共同的，都是为了吃透招标文件，找出应注意的问题。因此，互相配合、及时交换意见就显得相当重要。例如，专业技术人员研究图纸侧重分析工程的技术要求和特点，考虑选择适当的施工方法；而经济管理类人员研究图纸则主要是为了复核工程量。如果专业技术人员发现设计存在不合理之处或需要采取特别的施工措施，应及时通知经济管理类人员，以便在估价时考虑。

（二）招标文件中经常出现的问题

招标文件中一般都明确规定，不允许投标者对招标文件的各项要求进行随意取舍、修改或提出保留。估价人员在对招标文件进行反复深入的研究之后，往往会发现许多问题，这些问题大致可归纳为以下三类：

第一类是发现的明显错误、含糊不清或互相矛盾之处以及明显对投标者不利或不合理之处。

第二类是对投标者有利的，可以在估价时加以利用或在合同履行过程中提出索赔要求的。

第三类是投标者准备通过修改招标文件的某些条款或希望补充某些规定，以使自己在履行合同时能处于较主动的地位的。

估价师在研究招标文件之后，应将所发现的所有问题分类列出，单独写成一份备忘录，并对不同类的问题制定相应的对策。通常，对第一类问题，应与工程现场调查所发现的问题在标前会议上一起向业主提出质询，根据业主的答复再在估价时进一步考虑。对第二类问题在投标时是不提的，但可在估价和报价时通过采用适当的方法（如不平衡报价法）加以利用。第三类问题则留待合同谈判时使用。也就是说，首先要使业主对本公司的投标感兴趣，当业主邀请投标者谈判时，再把这些问题根据当时情况有选择地拿出来谈判，以达到既能中标承包工程又能在一定程度改善自己地位的目的。

研究招标文件的具体内容在本章第2节详述。

三、工程现场调查

（一）工程现场调查的重要性

工程现场调查是估价前极其重要的一项准备工作。投标者在估价前必须认真、全面、仔细地对工程现场进行调查，以了解工地及其周围的政治、经济、地理、地质、气候、法律等方面的情况。这些内容在招标文件中是不可能全部包括在内的，也是招标文件所不能替代的，而对估价和报价的结果却有着至关重要的影响。

工程现场调查是投标者必须经过的投标程序。业主在招标文件中会明确注明投标者进行工程现场调查的时间和地点。按照国际惯例，投标者所提出的报价一般被认为是在审核招标文件后并在工程现场调查的基础上编制出来的。一旦报价提出以后，投标者就无权因为现场调查不周、情况了解不细或其他因素考虑不全面而提出修改报价、调整报价或给予补偿等要求。因此，工程现场调查既是投标者的权利又是投标者的责任，必须慎重对待。

（二）工程现场调查应注意的问题

工程现场调查所要了解的情况很多，而时间却往往十分紧迫。因此，工程现场调查之前一定要作好充分准备。首先，应仔细研究招标文件，但工程现场调查所安排的时间往往不容许估价人员全面、深入地研究招标文件，这就要求估价师在研究招标文件时分两阶段进行。第一阶段针对工程现场调查所要了解的内容对招标文件的内容进行研究，主要是工作范围、专用合同条件、设计图纸和说明等。第二阶段再对招标文件进行全面研究和分析。其次，为使工程现场调查有的放矢，防止遗漏并提高效率，应拟订尽可能详细的调查提纲，确定重点要解决的问题，调查提纲应尽可能标准化、规格化、表格化，以减少工程现场调查的随意性，避免因选派的工程现场调查人员的不同而造成调查结果的明显差异。

工程现场调查的费用由投标者自行承担。业主应对工程现场调查进行统一组织并作总体性的介绍，业主还应协助办理工程现场调查人员出入工程所在国境签证和居留许可证。

工程现场调查的具体内容在本章第3节详述。

四、确定影响估价的其他因素

国际工程估价除了要考虑招标工程本身的内容、范围、技术特点和要求、招标文件的有关规定、工程现场情况等因素之外，还受许多其他因素影响。其中最主要的是承包商自己制定的工程实施计划，包括施工总进度计划、施工方法、分包计划、资源安排等。

（一）施工总进度计划

国际工程估价中的间接费并不是简单地按直接费的某一固定比例计取，而是尽可能分别列项计算，其中有许多费用与时间长短有关。显然，施工总进度计划不同，间接费的数额就不同，就直接影响到估价的最终结果。因此，国际工程估价必须以既定的施工总进度计划为前提。

（二）施工方法

同一分部分项工程可以采用不同的施工方法，而不同的施工方法需要不同的施工机械、辅助设备、劳动力，相应的费用有时会有较大差异。尤其是土方工程、基础工程、围护和降低地下水措施、主体结构工程、混凝土搅拌和浇注方法等，施工方法对估价的影响相当大。施工方法的选择既要考虑技术上的可行性，满足施工总进度计划的要求，又要考虑其经济性。

（三）分包计划

分包是国际工程承包中的常见形式。分包商企业通常规模较小，但在某一分部分项工程领域具有明显的专业特长，如某些对手工操作技能要求较高或需要专用施工机械设备的分部分项工程。总包商或主包商企业一般规模较大，综合施工能力较强，且具有较高的施工管理水平。选择适当的分包商有利于总包商或主包商将自身优势与不同专业分包商的优势结合起来，降低工程报价，提高竞争能力。由此可见，分包是影响工程估价的重要因素之一。

（四）资源安排

资源安排是由施工进度计划和施工方法决定的。资源安排涉及劳动力、施工机械设备、材料和工程设备以及资金的安排。资源安排合理与否，对于保证施工进度计划的实现、保证工程质量和承包商的经济效益有重要意义。

上述四方面因素的具体问题将在本章第 4 节详述。

五、询价、估价与报价

（一）询价

询价是国际工程估价非常重要的一个环节。在国际市场中，建筑材料、施工机械设备（购置或租赁）的价格有时差异较大，"货比三家"对承包商总是有利的。但询价时要特别注意两个问题：一是产品质量必须可靠并满足招标文件的有关规定，二是供货方式、时间、地点、有无附加条件和费用。如果承包商准备在工程所在地招募劳务，则劳务询价是必不可少的。劳务询价主要有两种情况：一种是成建制的劳务公司，相当于劳务分包，一般费用较高，但素质较可靠，工效较高，承包商的管理工作较轻；另一种是在劳务市场招募零散劳动力，根据需要进行选择，这种方式虽然劳务价格低廉，但有时素质达不到要求或工效较低，且承包商的管理工作较繁重。估价师应在对劳务市场充分了解的基础上决定采用哪种方式，并以此为依据进行估价。分包商的选择往往也需要通过询价来决定。如果总包商或主包商在某一地区有长期稳定的任务来源，这时与一些可靠的分包商建立相对稳定的总分包关系可能是有益的，分包询价工作也可以大大简化。

（二）估价

估价与报价是两个不同的概念，实践中却常常将两者混为一谈。

估价是指估价师在施工总进度计划、主要施工方法、分包商和资源安排确定之后，根据本公司的工料消耗标准和水平以及询价结果，对本公司完成招标工程所需要支出的费用的估价。其原则是根据本公司的实际情况合理补偿成本。不考虑其他因素，不涉及投标决策问题。

（三）报价

报价则是在估价的基础上，考虑本公司在该招标工程上的竞争地位（要分析竞争对手的情况），从本公司的经营目标出发，确定在该工程上的预期利润水平。不难看出，报价实质上是投标决策问题，还要考虑运用适当的投标技巧或策略，与估价的任务和性质是不同的。因此，报价通常是由承包商主管经营管理的负责人作出。

询价、估价与报价的具体内容将在本书的其他章节详述。

第 2 节 招标文件的研究

研究招标文件是为了正确理解招标文件和业主的意图，是使投标文件满足招标文件要求、投标有效的前提。估价人员应对投标者须知、合同条件、技术规范、图纸和工程量清单分别进行研究分析。以下分别阐述在这几方面应注意的问题。

一、投标者须知

投标者须知反映了招标者对投标者投标的要求，估价师要特别注意以下几点：

（一）招标项目资金来源

进行国际公开招标的工程大多是政府投资项目。这些项目的建设资金可通过多种形式解决，例如，可以是某国政府提供资金，也可以某国地方政府或部门提供资金，或者是中央政府和地方政府或部门共同提供资金。可以是本国资金，也可以是外国政府或国际金融机构贷款，或是本国与外国或国际金融机构共同提供资金。估价师通过了解项目的资金来源可以了解招标项目资金提供的机构、建设资金是否落实，还应了解资金提供机构的有关规定。

（二）投标担保

投标担保是对招标者的一种保护。若投标者在投标有效期内撤销投标，或在中标后拒绝在规定时间内签署合同，或拒绝在规定时间内提供履约保证，则招标者有权没收投标担保。投标担保一般由银行或其他担保机构出具担保文件（保函），金额一般为投标价格的1％～3％，或业主规定的某一数额。估价人员要注意招标文件对投标担保形式、担保机构、担保数额和担保有效期的规定，其中任何一项不符合要求，均可能被视为对招标文件未作出根本反应而判定为废标。

（三）投标书的编制和提交

投标者需知中对投标书的编制和提交有许多具体的规定，例如，投标书的密封方式和要求，投标书的份数和语种，改动处必须签名或盖章，投标书的每一页均需由投标签字人签字，工程量清单和单价表的每一页页末写明合计金额、最后一页末写明总计金额，等等。估价师必须注意每一个细节，以免被判为废标。若邮寄提交投标书，要充分考虑邮递所需要的时间，以确保在投标截止时间之前送达。

（四）投标货币

招标文件中一般对投标货币都有明确规定，不外乎三种形式：一种是单一货币报价，通常是工程所在国货币、资金提供机构所提供的货币、国际上最常用的某种货币（如美元）；第二种是投标者自行选定某种货币报价，如投标者所在国货币（当然必须是国际流通的硬通货）；第三种是混合货币报价，如根据材料、设备采购来源地的货币、工程所在国货币、投标者本国货币分别对相应的内容报价。但不论采用哪种形式，评标时往往都要按规定的汇率，如投标截止日之前28天的国际外汇市场的汇率换算成单一货币。估价人员了解投标货币的规定，首先是避免因投标货币选用不当而被判为废标。其次，若招标文件规定投标货币即为中标后合同付款的货币，则投标货币的选择就显得更为重要，保守的做法是选择币值稳定的货币以避免汇率风险，冒险的做法是利用汇率投机。

（五）更改或备选方案

估价师必须注意投标需知中对更改或备选方案的规定。一般来说，招标文件中的内容不得更改，如有任何更改，该投标书即不予考虑。但下列情况除外。

如果投标者认为有必要对其投标书提出限制条件或例外情况时，可将此类附加的内容作为一个可供业主选择的建议方案，附上详细说明，列举理由及其优缺点，并按原规定报价，随同规定的招标文件一起提交。

有时，业主可能在招标文件中鼓励投标者提出不同方案投标。这时，投标者所提出的方案一定要具有比原方案明显的优点，如降低造价、缩短工期等。

必须注意的是，在任何情况下，投标者都必须对招标文件中的原方案报价，相应的投标书必须完整，符合招标文件的所有规定。

（六）评标所考虑的因素

对于大型、复杂的建设项目来说，在评标时，除考虑投标价格，还需考虑其他因素，有时在招标文中明确规定了评标所考虑的各种因素，如投标价格、工期、施工方法的先进性和可靠性、特殊的技术措施等。但招标文件并不一定确定各评标因素的权重。因此，估价师要对各评标因素的相对重要性有一个客观的分析,把估价的计算工作与技术方案很好地结合起来。需要说明的是,除少数特殊工程之外,投标价格一般都是最重要的因素。

二、合同分析

合同分析应从以下三个方面着手:

(一) 合同背景分析

承包商仅与业主签订一个施工承包合同,但业主却要与不同对象签订许多合同。作为承包商来说,不可能也没有必要了解业主整个项目的合同结构,共签了多少合同。但是,却非常有必要了解与自己承包施工工程内容有关的其他合同,如业主与设计单位签订的设计合同、业主与材料和设备厂商签订的材料和设备供货合同、业主与其他承包商(如设备安装、装修等)签订的施工承包合同,等等。需要了解业主委托监理的方式,是由承担设计的建筑师或工程师实施监理,还是委托专业化、社会化的监理公司实施监理。

另外,还要对合同的法律背景进行分析。国际工程承包中常用的一些合同条件大多是以某一国的法律为基础的。认识这一点,对于正确理解和运用本工程所规定采用的合同条件的条款是很重要的。而且,合同争端的处理与合同的法律基础有密切关系。但是,承包商对工程所在国的法律不必十分精通,这有两个原因:一是在承包工程中,合同是第一性的,任何时候都应以全面完成合同为原则;二是要熟悉或精通别国的法律是十分困难的,如果遇到重大的合同争端或法律问题,应请合同专家或律师咨询。尽管如此,承包商应当了解该国法律的特点和基本情况,用以指导合同的实施和索赔工作。

(二) 合同形式分析

合同形式分析涉及两方面问题:

1. 承包方式

主要有以下几种方式:

(1) 分项承包 同时有若干个承包商承包同一工程的不同分项,各承包商与业主签订分项承包合同。

(2) 施工总包 由一个承包商承包整个工程的施工任务,该承包商与业主签订施工总包合同,总包商再与分包商签订分包合同。

(3) 设计与施工一揽子承包或交钥匙工程。

(4) 管理承包 承包商不承担具体的施工任务而只承担施工管理任务,但并不是咨询公司。

承包方式不同,估价的内容和方法就不同,估价师应能胜任任何一种承包方式条件下的估价工作。本书所述的估价工作是针对分项承包和施工总包而言。

2. 计价方式

合同的计价方式亦称为支付方式或结算方式,通常分为以下三种方式:

(1) 总价合同。

(2) 单价合同。

(3) 成本补偿合同。

这三种合同各有若干具体的表现形式,详见本系列教材中《国际工程合同管理》一书。

合同的计价方式不同,承包商所承担的风险就不同,在估价中所考虑的风险因素的多少和风险费的大小就不同。一般来说,总价合同中的固定总价合同对承包商的风险最大,而成本补偿合同中的成本加百分率酬金合同对承包商的风险最小。

合同的计价方式与招标时设计所达到的深度有关,通常由业主在招标文件中明确规定,投标者并无选择的余地。估价人员所能做的工作,一是根据规定的合同计价方式考虑合理的风险费(率);二是在合同大类中选择相对有利的计价方式(若招标文件未规定得非常具体的话),例如,若招标文件仅规定采用总价合同,则选调值总价合同;三是作为备选方案,提出改变合同计价方式后的不同报价,如:将固定总价合同改为调值总价合同,则降低5%。

(三) 合同条款分析

估价阶段的合同条款分析相对来说较为粗略,除了要考虑合同语言、验收和保修、违约责任、货币和汇率、合同争端处理等条款外,主要是分析与估价结果直接有关的条款,有以下几个方面:

1. 承包商的任务、工作范围和责任

这是估价最基本的依据,通常由工程量清单、图纸、工程说明、技术规范所定义。在分项承包时,要注意本公司与其他承包商,尤其是工程范围相邻或工序相衔接的其他承包商之间的工程范围界限和责任界限;在施工总包或主包时,要注意在现场管理和协调方面的责任;另外,要注意为业主管理人员或监理人员提供现场工作和生活条件方面的责任。

2. 工程变更及相应的合同价格调整

工程变更几乎是不可避免的,承包商有义务按规定完成,但同时也有权利得到合理的补偿。工程变更包括工程数量增减和工程内容变化。一般来说,工程数量增减所引起的合同价格调整的关键在于如何确定调整幅度,这在合同条款中并无明确规定。估价师应预先估计哪些分项工程的工程量可能发生变化、增加还是减少、其幅度大小,并内定相应的合同价格调整计算方式和幅度。至于合同内容变化引起的合同价格调整,究竟调还是不调、如何调,都很容易发生争议。估价师应注意合同条款中有关工程变更程序、合同价格调整前提等规定。

3. 付款方式、时间

估价师应注意合同条款中关于工程预付款、材料预付款的规定,如数额、支付时间、起扣时间和方式;还要注意工程进度款的支付时间、每月保留金扣留的比例、保留金总额及退还时间和条件。根据这些规定和预计的施工进度计划,估价师可绘出在本工程上的现金流量图,计算出占用资金的数额和时间,从而可计算出需要支付的利息数额并计入估价。如果合同条款中关于付款的有关规定比较含糊或明显不合理,应要求业主在标前答疑会上澄清或解释,最好能修改。

4. 施工工期

合同条款中关于合同工期、工程竣工日期、部分工程分期交付工期等规定,是投标者制订施工进度计划的依据,也是估价的重要依据。但是,在招标文件中业主可能并未对施工工期作出明确规定,或仅提出一个最迟期限,而将工期作为投标竞争的一个内容,相应的开竣工日期仅是原则性的规定。估价要注意合同条款中有无工期奖的规定,工期长短与估价结果之间的关系,尽可能做到在工期符合要求的前提下报价有竞争力,或在报价合理的前提下工期有竞争力。

5. 业主责任

通常,业主有责任及时向承包商提供施工场地(符合开工条件要求)、设计图纸和说明,及时作出承包商履行合同所必须的决策,及时供应业主负责采购的材料和设备,办理有关手续、及时支付工程款等。投标者所制订的施工进度计划和作出的估价都是以业主正确和完全履行其责任为前提的。业主责任即承包商的除外责任,明确这一点对维护承包商利益是十分必要的。虽然估价师在估价中不必考虑由于业主责任而引起的风险费用,但是,应当考虑到业主不能正确和完全履行其责任的可能性以及由此而造成的承包商的损失。因此,估价师要注意合同条款中关于业主责任措辞的严密性以及关于索赔的有关规定。

三、技术规范分析

(一)国际上常用的技术规范

工程技术规范是按工程类型来描述工程技术和工艺的内容和特点,对设备、材料、施工和安装方法等所规定的技术要求,有的则是对工程质量(包括设备和材料)进行检验、试验和验收所规定的方法和要求。

招标文件中所规定的技术规范反映了业主对招标工程质量的要求,在国际上经常采用的有:英国 BS 标准,美国 ANSI 标准,德国 DIN 标准,法国 NF 标准,日本 JIS 标准,以及工程所在国所订立的标准等。国际工程承包市场主要在发展中国家,其中不少国家没有自己的工程技术规范,而习惯于采用某一发达国家的技术规范。

(二)估价人员应注意的问题

(1)对参与估价的专业技术人员应了解国际上常用的主要发达国家标准的特点及其对估价结果可能产生的影响。另外,同一建设项目的不同部分可能由不同国家的设计咨询公司完成工程设计,从而可能在同一建设项目采用多种不同国家的标准。这不仅给承包商施工增加难度,也使估价工作复杂化。特别是当承包商对招标文件规定的技术规范不够熟悉或与自己的习惯施工、操作方法差异较大时,在估价时要谨慎行事。

(2)估价人员除了要尽可能熟悉招标文件所规定的技术规范之外,要特别注意该技术规范有无特殊施工技术要求,有无特殊材料和设备的技术要求,有无允许选择代用材料和设备的规定。若有,则要分析其与常规方法的区别,合理估算可能引起的额外费用。

(3)当某一技术规范不能完全覆盖招标工程的所有内容(如附属工程或零星工程),或业主认为某一技术规范尚不能准确反映其对工程质量的要求时,在招标文件中可能还会出现技术说明书(或称技术规格书)。这种技术说明书有时相当详细、具体,但却可能没有技术规范严格和准确。估价人员应在准确理解业主要求的基础上对有关工程内容进行估价。

必须强调指出,技术规范和技术说明书是投标者进行估价报价必不可少的资料。投标者凭技术规范和技术说明书、图纸、工程量清单等资料才能拟订施工方法、施工顺序、施工工期、施工总进度计划,才能作出合理的估价。任何忽视技术规范和技术说明书的估价都是不完整、不可靠的,有时可能导致工程承包的重大失误和亏损。

四、图纸分析

图纸是确定工程范围、内容和技术要求的重要文件,也是投标者确定施工方法等施工计划的主要依据。

图纸的详细程度取决于招标时设计所达到的深度和所采用的合同形式。图纸的详细程度对估价方法和结果有相当大的影响。详细的设计图纸(如相当于我国的施工图)可使投标者比较准确地估价,而不够详细的图纸(如相当于我国的初步设计或扩初设计)则需要估价人员采用综合估价方法,其结果一般不很精确。

（一）国外图纸的特点

国际承包工程设计图纸的一大特点是绘制的细致程度不一，一般不如我国的施工图详尽，有时甚至缺少某一部分图纸。例如，室内装修可能只有效果图以及部分说明，如材料种类、品质、尺寸、颜色等，而具体如何施工，由承包商自己确定。因此，估价人员应了解主要分项工程的常用施工方法、施工工艺或工法，及其所达到的分项工程质量或效果能否满足图纸和说明书的要求。值得注意的是，如果招标文件中的图纸不够详尽，在施工过程中工程变更的可能性就较大，估价人员对此应有足够的估计。

（二）图纸分析应注意的问题

图纸分析还要注意平、立、剖面图之间尺寸、位置的一致性，结构图与设备安装图之间的一致性，是采用英制还是公制。当发现有矛盾之处，应及时要求业主予以澄清并修改。

图纸分析通常由估价班子中的专业技术人员完成，他们应将分析结果及其意见及时通知估价师。

五、工程量清单分析

（一）工程量清单的含义和作用

工程量清单又称工程量表，通常是按分部分项工程划分，它的划分与次序一般与所采用的技术规范相一致。工程量清单的粗细程度主要取决于设计深度，与图纸相对应，也与合同形式有关。

工程量清单的作用，首先是供投标者报价用，为投标者提供一个共同的竞争性投标的基础（也是评标的基础）；其次，工程量清单中的单价或价格是施工过程中支付工程进度款的依据；另外，当有工程变更时，其单价或价格也是合同价格调整或索赔的重要参考资料。因此，工程量清单对投标者来说非常重要，从某种意义上说，填好单价和价格的工程量清单（即报价单）是投标书的最重要的部分。

（二）工程量清单分析时应注意的问题

为了正确地进行工程估价，估价师应对工程量清单进行认真分析，主要应注意以下三方面问题：

1. 熟悉工程量计算规则

不同的工程量计算规则，对分部分项工程的划分以及各分部分项所包含的内容不完全相同。因此，只有弄清这一点，才能避免漏项或重复计算，才可能对各分部分项工程作出正确的估价。为此，估价人员应熟悉国际上常用的工程量计算规则（如本书所介绍的SMM7），及其相互之间的主要区别。

2. 复核工程量

工程量清单中的各分部分项工程量并不十分准确，若设计深度不够则可能有较大的误差。但是，工程量清单中的工程量仅作为投标报价的基础，并不作为工程结算的依据，工程结算是以经监理工程师审核的实际工程量为依据。既然如此，估价师为什么还要复核工程量呢？这是因为，工程量的多少，是选择施工方法、安排人力和机械、准备材料必须考虑的因素，也自然影响分项工程的单价。如果工程量不准确、偏差太大，就会影响估价的准确性。若采用固定总价合同，对承包商的影响就更大。因此，估价师一定要复核工程量，若发现误差太大，应要求业主澄清，但不得擅自改动工程量。

3. 暂定金额、计日工的有关规定

暂定金额一般是专款专用，不会损害承包商利益。但预先了解其内容、要求，有利于承包商统筹安排施工，可能降低其他分项工程的实际成本。计日工是指在工程实施过程中，业主有一些临时性的或新增的但未列入工程量清单的工作，需要使用人工、机械（有时还可能包括材料）。投标者应对计日工报出单价，但并不计入总价。估价人员应注意工作费用包括哪些内容、工作时间如何计算。一般来说，计日工单价可报得较高，但不宜太高。

第3节 工程现场调查

工程现场调查是一个广义概念。凡是不能直接从招标文件了解和确定而对估价结果有影响的内容，都要尽可能通过工程现场调查来了解和确定。当然，仅仅通过一次工程现场调查是很难完全达到这一目的的。因此，在工程现场调查之前一定要作好充分的准备。工程现场调查要了解的内容很多，以下分一般国情调查、工程项目所在地区的调查，以及业主和竞争对手的调查三个方面阐述。

一、一般国情调查

（一）政治情况调查

（1）项目所在国国内的政治形势是否稳定，有无发生政变、内战、暴乱和罢工的可能性；

（2）项目所在国与邻近国家之间的政治关系如何，有无发生边境冲突，相互封锁或战争的可能；

（3）项目所在国政府与我国政府之间的政治关系如何，其政府和人民对我国的政治态度如何，有无对在其境内的我国公民排斥、歧视、经济上待遇不平等，甚至出现打击、抢劫的可能，了解我国外交部对其评价及相应的政策。

（二）经济情况调查

（1）项目所在国的经济制度、主要经济政策及其主要特点；

（2）项目所在国的经济状况，近年来的发展情况以及今后若干年的发展趋势；

（3）项目所在国的外汇储备情况，对外负债情况和国际支付能力和支付信誉；

（4）项目所在国对外贸易情况，如进出口的主要产品、贸易方式、顺差或逆差数额、发展或变化趋势、对我国贸易的较详细情况，了解我国经贸部对其评价及相应的政策和措施；

（5）项目所在国的银行体系，有关外汇管理制度和规定，外币汇率、利率和计息方法；

（6）项目所在国关于保险公司的有关规定；

（7）项目所在国关于担保、保证、保函等规定。

（三）法律情况调查

（1）项目所在国的宪法和民法，尤其是关于民事权利主体的法律地位、权利能力和行为能力的规定；

（2）项目所在国的经济法或经济合同法、涉外经济合同法，尤其是关于所有权和合同的一般规定，以及关于买卖、租赁、运输、信贷、保险等方面的规定；

（3）项目所在国的其他主要经济法规，特别是建筑法、公司法、劳动法、环境保护法、税收法、会计法、对外经济关系法、海关法、仲裁法等法律的有关规定；

（4）项目所在国及地方政府对本项目施工的其他有关具体规定，如劳动力的雇佣、设备和材料的进出口、运输及施工机械的使用等方面的有关法令、规定等。

（四）生产要素市场调查

（1）主要建筑材料的采购渠道、质量、价格、供应方式；

（2）施工机械的采购渠道、型号、性能、价格，有无租赁施工机械的可能，若有，租赁方式、条件、价格如何，施工机械的零配件供应情况、修理能力和费用等；

（3）工程上所需的机、电设备采购渠道、订货周期、付款规定、价格，设备供应商是否负责安装、如何收费，设备质量和安装质量的保证；

（4）施工用地方建筑材料（如砂、石、砖等）的货源和价格、供应方式，有无可能自己开采，是否征收开采的矿山使用费或特许使用费；

（5）当地劳动力的技术水平、劳动态度和工效水平、雇佣价格及雇佣当地劳务的手续、途径等。

（6）当地近三年的生活费用指数，当前生活用品供应情况，主要食品、副食品和日常生活用品的价格水平等。

（五）交通、运输和通讯情况调查

（1）当地公路运输情况，如公路、桥梁收费、限速、限载、管理等有关规定，运费，车辆租赁价格，汽车零配件供应情况，油料价格及供应情况，当地司机水平及雇佣价格等；

（2）当地铁路运输情况，如运力、装卸能力、运输时间、提货时间限制、运费、运输保险和其他服务内容等；

（3）当地水路运输情况，如离岸锚泊位置、靠岸停泊情况（码头吃水或吨位限制、泊位等）、装卸能力、平均装卸时间和压港情况，运输公司的选择及港口设施使用的申请手续等。

（4）当地水、陆联运手续的办理、所需时间、承运人责任、价格等；

（5）当地空运条件及价格水平；

（6）当地国际电报、电话、传真、邮递的可靠性、费用、所需时间等；

（7）当地国内电报、电话、传真、邮递的可靠性、费用、所需时间等。

（六）其他情况调查

（1）主要的民族及风俗民情；

（2）主要历史情况，尤其是近代史及传统文化；

（3）主要的宗教信仰及其要予以特别注意的方面；

（4）社会风气，社会治安情况；

（5）主要的节假日及有关规定；

（6）主要的公众传媒手段情况，如报纸、电台、电视等；

（7）与工程建设有关的政府机构及其工作作风、工作效率；

（8）出入境管理情况，如入境签证的种类、申请和批准所需的时间、变更或延期手续，居留期间所需办理的手续，出境手续，以及可能发生的各种费用，等等。

二、工程项目所在地区的调查

（一）自然条件调查

（1）气象资料，包括年平均气温、年最高气温和最低气温，风向图、最大风速和风压值，日照，年平均降雨（雪）量和最大降雨（雪）量，年平均湿度、最高和最低湿度，其中尤其要分析全年不能或不宜施工的天数（如气温超过或低于某一温度持续的天数、雨量和风力大于某一数值的天数、台风频发季节及天数等）；

（2）水文资料，包括地下水位、潮汐、风浪等；

（3）地震、洪水及其他自然灾害情况；

（4）地质情况，包括地质构造及特征，承载能力，地基是否有大孔土、膨胀土，冬季冻土层厚度，等等。

（二）施工条件调查

（1）工程现场的用地范围、地形、地貌、地物、标高，地上或地下障碍物，现场的三通一平情况（是否可能按时达到开工要求）；

（2）工程现场周围的道路、进出场条件（材料运输、大型施工机具）、有无特殊交通限制（如单向行驶、夜间行驶、转弯方向限制、货载重量、高度、长度限制等规定）；

（3）工程现场施工临时设施、大型施工机具、材料堆放场地安排的可能性，是否需要二次搬运；

（4）工程现场临近建筑物与招标工程的间距、结构形式、基础埋深、新旧程度、高度；

（5）市政给水及污水、雨水排放管线位置、标高、管径、压力，废水、污水处理方式，市政消防供水管道管径、压力、位置等；

（6）当地供电方式、方位、距离、电压等；

（7）当地煤气供应能力，管线位置、标高等；

（8）工程现场通讯线路的连接和铺设；

（9）当地政府有关部门对施工现场管理的一般要求、特殊要求及规定，是否允许节假日和夜间施工，等等。

（三）其他条件调查

（1）建筑构件和半成品的加工、制作和供应条件，商品混凝土的供应能力和价格；

（2）是否可以在工程现场安排工人住宿，对现场住宿条件有无特殊规定和要求；

（3）是否可以在工程现场或附近搭建食堂，自己供应施工人员伙食，若不可能，通过什么方式解决施工人员餐饮问题，其费用如何？

（4）工程现场附近治安情况如何，是否需要采用特殊措施加强施工现场保卫工作；

（5）工程现场附近的生产厂家、商店、各种公司和居民的一般情况，本工程施工可能对他们所造成的不利影响程度；

（6）工程现场附近各种社会服务设施和条件，如当地的卫生、医疗、保健、通讯、公共交通、文化、娱乐设施情况，其技术水平、服务水平、费用，有无特殊的地方病、传染病，等等。

三、工程项目业主和竞争对手的调查

（一）调查业主的内容

这里所说的业主包括业主本身及其委托的设计、咨询单位。

（1）本工程的资金来源、额度；

（2）本工程的各项审批手续是否齐全，是否符合工程所在国及当地政府关于工程建设管理的各项规定；

（3）本工程业主是第一次组织工程建设，还是长期有建设任务，若是后者，要了解该业主在已建工程和在建工程招标、评标上的习惯做法，对承包商的基本态度，履行业主责任的可靠程度，尤其是能否及时支付工程款、合理对待承包商的索赔要求；

（4）业主项目管理的组织和人员，其主要人员的工作方式和习惯、工程建设技术和管理方面的知识和经验、性格和爱好等个人特征；

（5）若业主委托咨询单位进行施工阶段监理，要明确其委托监理的方式，是由承担设计任务的建筑师或工程师进行施工监理，还是由专业化、社会化的监理单位进行施工监理；还要明确业主项目管理人员和监理人员的权力和责任分工以及与监理有关的主要工作程序；

（6）监理工程师的资历、承担过监理任务的主要工程、工作方式和习惯，对承包商的基本态度，对承包商的正当要求能否给予合理的补偿，当业主与承包商之间出现合同争端时，能否站在公正的立场提出合理的解决方案，等等。

（二）调查竞争对手的内容

（1）工程所在地有承包本招标工程能力的本国和外国公司的规模和实力、经营状态和经营方式、管理水平和技术水平，其中最可能参与本工程投标竞争的有哪些公司（如具有本工程所需要的技术特长，曾经与业主有过较好的合作历史，或目前经营和财务状况不佳、迫切需要承接新的工程任务）；

（2）工程所在国其他地区有承包本招标工程能力的本国和外国公司的有关情况；

（3）工程所在国邻近国家或地区的有承包本招标工程能力的本国和外国公司的有关情况；

（4）对所有可能参与本招标工程投标竞争公司的竞争能力进行综合分析，主要有以下三种情况；

1）曾经与本公司在其他工程上竞争过，不论结果如何，互相之间比较了解，必要时还要作进一步了解。

2）未与本公司在同一工程上竞争过，需要通过其他途径进一步了解，如了解其近年来在本招标工程所在国所承接任务的情况。

3）可以享受标价优惠待遇（如7.5%）的招标工程所在国本国公司或其与外国的联营公司。

从这些竞争对手中确定若干主要竞争对手，特别要注意他们在本招标工程所在国进行工程承包的历史，近年来所承包的工程、尤其是与本招标工程类似的工程，与当地政府和业主的关系等问题。

第4节 确定影响估价的其他因素

如本章第1节所述，所谓确定影响估价的其他因素，主要是指确定承包商的工程实施计划（或称施工规划）。以下分施工总进度计划的编制、施工方法的选择、分包计划的确定和资源的安排四个方面阐述。

一、施工总进度计划的编制

在国际工程招标文件中，业主往往要求投标人在报价的同时提供施工进度计划或提出总工期和分阶段交工工期要求，并将此作为评标要考虑的一个内容。即使招标文件中未要求提交施工进度也无具体的工期要求，估价人员在估价之前也必须编制施工总进度计划，并且要尽可能对施工进度计划进行优化，以降低工程成本，提高投标价的竞争力。

估价前所编制的施工进度计划并非直接指导施工的作业计划，因而不必十分详细，使用横道图即可满足要求。招标文件中的有关规定不同，编制施工总进度计划的出发点也不同，有以下三种情况：

（一）无具体工期要求

在这种情况下，估价人员应考虑三种施工总进度计划：

1. 合理工期

所谓合理工期，是指按承包商本身的习惯施工组织方法和顺序，工效最高、成本最低的工期。不考虑加班加点或其他特殊的赶工措施。以这一原则编制施工总进度计划，报价最低，但总工期较长。

2. 最短工期

即考虑所有允许和可能的加快进度的措施，如节假日和夜间加班、增加施工机械、采取早强或其他特殊技术措施等，所可能实现的工期。以这一原则编制施工总进度计划，总工期最短，但报价往往亦最高。

3. 工期适中

在合理工期与最短工期之间选择一个既能较大幅度缩短总工期，又不增加很多成本的施工总进度计划。

估价人员对这三种施工总进度计划要分别估价。最终究竟按哪一方案报价，要根据业主评标的要求和其他有关因素来确定。

（二）有具体的工期要求

招标文件不仅规定了总工期，而且规定了分部工程的交工工期，如基础完成、结构封顶、1～5层先交付使用等等。当然，也可能仅仅提出总工期要求。招标文件中关于工期的规定，是对投标人施工总进度计划的约束条件，不仅在编制施工总进度计划时必须满足这些条件，而且今后实际施工时也必须满足这些条件。在这种情况下，至少应考虑两种施工总进度计划。

1. 完全按招标文件的工期要求

以这一原则编制施工总进度计划，通常是采用"倒排进度"的方法。即根据已明确的分部工程工期和总工期的要求，安排适当的人力和机械以保证工期目标的实现。由于业主提出的工期要求一般都比承包商的合理工期短，因而需要采取一些加快进度的措施。

2. 工期适当提前

业主在招标文件中提出工期要求，表明业主希望提早发挥投资效益，比较看重工期目标，往往把工期作为评标所要考虑的主要因素之一。尽管在业主工期要求已经较短的前提下，进一步缩短工期需要采取特殊的加快进度措施，可能较大幅度地增加成本，提高投标价。但是，更短的工期有时可能对业主具有较强的吸引力。以这一原则编制施工总进度计划，主要是考虑将总工期和分期交付工程的工期适当提前。

以上两种情况要分别估价。

（三）有工期奖规定

合同条件中关于提前工期奖的规定一般是针对合同工期而言。如果单位时间的工期奖数额超过承包商加快进度所增加的成本（合同工期和提前的工期一般均有一个适当的区间），估价人员就可以把工期奖与施工总进度计划和估价结合起来，基本原则是工期一般、报价较低，中标后通过工期奖予以适当补偿。

不论在什么条件下编制的施工总进度计划，都必须标明各项主要工程（如土方工程、基础工程、结构工程、屋面工程、装修工程、水电安装工程、设备安装工程等）的开始和结束时间，要合理安排各个工序，体现主要工序间的合理逻辑关系，并在考虑劳动力、施工机械、资金运用的前提下优化施工进度计划。关于劳动力、施工机械、资金运用的问题在本节"资源的安排"中详述。

二、施工方法的选择

在国际工程招标文件中，业主仅要求投标人对特殊或关键技术问题提出施工方法、技术方案或技术措施。但是，对于估价工作来说，仅做到这一点是远远不够的。在估价之前，原则上对可以采用不同施工方法或技术措施完成的工作都应当进行比较分析，从中选择适当的施工方法或技术措施。实践中主要必须考虑的分项工程或工作有：

（1）土方挖掘工程　首先要确定，是人工挖土还是机械挖土。若使用机械挖土，要确定挖土机的型号、台数；还要确定挖土和运土的衔接和配合，回填土的预留数量和堆放位置。

（2）土方平整工程　对于大面积土方平整一般都是采用机械，但要确定是，采用推土机还是铲运机，其型号和台数以及平整的顺序和方向。

（3）降低地下水位措施　对于大面积土方开挖来说，要根据地质水文情况，降低地下水位施工。常用的方法有设置排水沟、井点降水和地下截水墙，要从中选择适当的方法。

（4）基坑围护措施　基坑围护不仅对本工程的基础工程是必要的，而且对保护邻近建筑物使其免受本工程施工的影响也是必不可少的，尤其当本工程基础埋置较深时要慎重对待。常用方法有钢板桩、钢筋混凝土板桩、横向支撑、注浆加固等，要从中选择适当的方法。

（5）混凝土工程　一要确定是自建混凝土搅拌站还是采用当地的商品混凝土；二要确定是用混凝土泵车浇注还是用普通方法浇注。若自建混凝土搅拌站，要考虑场地、运输、规模等问题。

（6）模板工程　模板工程有多种选择，从工艺或体系角度来看，有滑模、爬模、台模等；从使用材料来看，有钢模、木模、夹板模等。不同分项工程的工程量、形状、位置、模板可重复使用的次数不同，因而对不同的分项工程可能采用不同的模板，也可能采用同一系列的不同模板。

（7）垂直运输　垂直运输可考虑的方法主要是提升机井架、固定的塔吊或移动式吊车（如汽车吊、履带吊）。也可能在同一工程上采用两种以上的垂直运输方法，这时要明确各垂直运输方法所对应的工作内容。

（8）水平运输　水平运输包括地面水平运输和楼面水平运输，要根据需要选择适当的方式。

在对各分项工程施工方法进行选择时，必须注意以下三方面问题：一是技术上可行，保证相应分项工程的质量满足技术规范要求和招标文件中的有关规定。二是施工速度能满足施工总进度计划中对各分部分项工程进度的要求。为此，施工总进度计划的编制与施工方法的选择实际上是同时考虑的、相辅相成的。三是要考虑各种施工方法所需要的费用，对它们进行技术经济分析，从中选择成本（或单位成本）最低的施工方法。在这方面要注意避免片面追求低成本的倾向，不能只为降低标价争取中标，而造成在实施中不能保证工程质量或工期的局面。

三、分包计划的确定

（一）分包工程内容的确定

作为总包商或主承包商，如果对某些分部分项工程由自己施工不能保证工程质量要求或成本过高而引起报价过高，从而降低自己的投标竞争能力，就应当对这些工程内容考虑选择适当的分包商来完成。在国际工程中，通常对以下工程内容要考虑分包：

1. 劳务性工程

这种工程不需要什么技术，也不需要施工机械和设备，在工程所在地选择劳务分包公司通常是比较经济的，例如，室外绿化、清理施工现场垃圾、施工现场内二次搬运、一般维修工作等。

2. 手工操作技能要求高的工程

这种工程劳动消耗量大，花费时间多，单位时间的产出量少，总包商即使有这类工人，但长期使用大批这类工人在国外承包工程也是不经济的。因为这势必要增加施工现场临时设施、增加管理工作和费用，还可能在有关工程内容不足或不连续时将这些专业技术工人当普通工使用。另外，这种工程有时还可能涉及当地技术规范对操作工艺的特殊要求，本公司的工人未必熟悉。因此，选择工程所在国的公司或在当地长期作专业分包的公司作分包是明智的。

3. 需要专用施工机械的工程

这类工程亦可以在当地购置或租赁施工机械由自己施工。但是，如果相应的工程量不大，或专用机械价格或租赁费过高时，可将其作为分包工程内容。

4. 机电设备安装工程

机电设备供应商负责相应设备的安装在国际工程承包中是常见的，尤其当设备供应商是工程所在国或临近国时，这比承包商自己安装要经济，而且利于保证安装工程质量。另外，发达国家的一些跨国公司在世界各地区都有其分支机构，可以就近为其设备买主提供安装、调试、维修和其他服务。

（二）分包商的确定

在分包工程内容确定之后，要通过询价来确定分包商。有可能分包商的报价并不比自己施工的费用低，这时就应调整分包工程内容。有关内容将在本书第 3 章详述。

四、资源的安排

（一）劳动力的安排

劳动力的安排计划一方面取决于施工进度计划，另一方面又影响施工进度计划。因此，施工总进度计划的编制与劳动力的安排应同时考虑，主要应考虑如下因素：

（1）工程所在国的劳动法和劳工入境规定，对所在国工人的雇佣数量和比例是否有硬性规定；

（2）工资及其他与劳动力有关的费用；

（3）技术水平、劳动效率；

（4）工种搭配比例和管理人员比例；

(5) 劳动力进入和撤出现场所需要的时间。

劳动力的安排要尽可能均衡，避免短期内出现劳动力使用高峰，从而增加施工现场临时设施，降低工效。

（二）施工机械设备的安排

施工机械设备的安排应与施工总进度计划和施工方法同时考虑。施工机械设备的安排有多种可能性：一是使用自己原有设备，从国内、工程所在国邻近国、工程所在国的其他工程上转移过去；二是在工程所在国采购新设备或二手设备，或租赁；三是在第三国采购或租赁。除了必须满足施工进度、工程质量的要求之外，还要考虑使用费用。当从工程所在国境外运入施工机械设备时，要特别注意该国关于施工机械设备出入境的有关规定和手续，以及运输和办理手续所需要的时间。

（三）材料和工程设备的安排

根据施工总进度计划，可以计算出不同时间所需要的材料种类和数量，并据此制订材料采购计划。为了保证工程的顺利施工，在制订材料采购计划时要考虑以下因素：一是采购地点、产品质量和价格；二是运输方式、所需时间和价格（境外采购还要考虑其他有关的特殊问题）；三是合理的储备数量。对于特殊或贵重材料，还要考虑得更周到些。

工程上所用的设备的采购或订货，除了施工总进度计划的安装时间外，还要考虑采购或订货的周期、运输所需要的时间、设备本身价格及运输费用（包括保险费）、付款的方式和时间等。若是从第三国采购或订货，要考虑办理海关、商检手续所需要的时间。另外，要注意设备质量保证的有关规定。

（四）资金的安排

根据施工总进度计划、劳动力和施工机械设备安排计划、材料和工程设备采购计划，可以绘制出工程资金需要量图。但这仅仅是工程承包的资金流出量，要编制资金筹措计划，还要考虑资金流入量，其中最主要的是业主支付的工程预付款、材料和设备预付款（若有）、工程进度款。这样，就可以绘制出该工程的资金流量图，以此作为编制资金筹措计划的依据。要特别注意业主预付款和进度款的数额、支付的方式和时间、预付款起扣时间、扣款方式和数额。显然，贷款利率也是必须考虑的重要因素之一，若贷款利率较高，而业主预付款和进度款支付的条件比较苛刻，则意味着承包商要垫付大量的资金并支付高额利息，从而提高投标价。

思 考 题

1. 简述估价工作的基本程序。
2. 估价班子的组织要注意哪些问题？
3. 合同分析应从哪几方面着手？各方面有哪些侧重点？
4. 对图纸与工程量应分别从哪几方面进行分析？
5. 为什么要作一般国情调查？其主要内容有哪些？
6. 对工程项目所在地区应作哪些调查？
7. 编制施工总进度计划要考虑哪些因素？
8. 选择施工方法时要考虑哪些问题？
9. 如何确定分包工程内容及分包商？
10. 试述资源安排的主要内容。

第3章 国际工程询价

国际工程询价是工程估价的基础。本章重点介绍询价的范围、渠道、对分包的询价和分析。为了使读者对所询的价格的组成有较深的认识,本章还对有关国际贸易方面的基本知识作简明介绍。

在国际工程投标时,承包商不仅要考虑投标报价能否中标,还应考虑中标后所承担的风险。因此,在估价前必须通过各种渠道,采用各种手段对所需各种材料、器材等生产要素的价格、质量、供应时间、供应数量等各方面进行系统的调查,这一工作过程即称为询价。

询价是估价的基础工作。询价除了对生产要素价格的了解外,还应对影响价格的各方面有准确的了解,这样才能够为工程估价提供可靠的依据。因此,询价人员不但应具有较高的专业技术知识,而且更需要有外贸业务知识并具有一定的外语水平,此外,还应熟悉和掌握市场行情并有较好的公共关系能力。

第1节 询价的范围和渠道

一、询价涉及的范围

由询价的涵义可知,为了使询价正确,必然涉及到政治、经济、法律、社会和自然条件等方面。

(一) 政治方面

政治方面主要指工程项目所在国或资源生产国的政局的稳定程度。如所涉及国家的政局动荡不定,可能会带来物价上涨速度加快、货币贬值,或进出口被限制等情况。即使当时询价的价格等各方面是可以接受的,但一旦发生上述问题,承包商将承担较大的风险。例如,在中东、海湾地区投标不但要了解工程项目所在国的政局是否稳定,同时还需考虑工程所在国与邻国是否和睦相处。如果发生边界纠葛、宗教纠纷甚至发生战争,承包商所受损失太大。

(二) 经济方面

1. 经济实力和信誉

着重了解资源供应厂商的经济实力和信誉,成交以后能否按期按质交货。在国际工程承包中,承包商与资源供应厂商之间因不能按期交货或质量不符合要求而产生的纠纷时有发生。因此,在询价时就应预测估计供应厂商违约的可能性,了解该厂商违约后的善后服务态度。

2. 所在国政府财政情况

在经济方面还应了解工程项目所在国政府财政方面近期的大致情况,主要生产物资和有关生活物资价格的上涨幅度等。这些都会影响业主对工程款的支付能力和生产过程中承包企业的实际支出。

工程所在国对外汇的管理情况，当地货币与通用货币的汇率，以及当地货币与本国货币的汇率等都应是询价的范围。

(三) 法律方面

在法律方面，询价人员应了解物资产销国和工程所在国对物资进出口方面的法律法规。对产销国，应了解哪些物资允许出口，是否需要交纳出口税；对工程项目所在国，应了解哪些货物不能进口或限制进口，对进口货物的进口条件，免税货物进口的规定。例如，对施工机械的进口，凡承包的工程属政府的建设项目，一般对施工机械是免税临时进口，但本项目完成后，应在规定时期内运出境外，如愈期不运出境或转移到其他工程或当地受买，要受到罚款和课税。

(四) 社会方面

社会方面主要应了解工程项目所在国对工程所需物资（特别是地方材料）的生产情况、分布情况以及相互之间的关系、销售渠道。有的国家对主要建筑材料（如水泥、钢材）实行计划分配，价格相对便宜；在询价时，应了解当地政府是否会对承包该工程的外国承包商给予优惠，如果能得到供应，再深入了解供应的数量、时间能否满足要求。

社会方面还应了解当地工人的就业情况，宗教风俗等。

(五) 自然条件方面

自然条件的询价范围很广，需要了解的内容很多，如工程所在地区的地理、地质、水文、环境保护和气候等与承包工程施工特别是对工程造价直接有影响的这些自然条件方面的资料。另外还应了解当地地方材料的开发利用，对材性、材质、运输条件以及价格方面作出比较供估价参考。例如，有些国家淡水资源非常缺乏，施工及生活需自行打井取用，询价人员就需增加打井设备的购置费或租用费。

询价范围虽然很广，它与第 2 章第 3 节中工程现场调查的调查分析有许多相似之处，本节不再详述，但询价主要还是从资源价格和工程估价角度来进行的。

二、询价渠道

国际承包工程的询价一般可从多渠道进行。

(1) 我国驻外使馆经济参赞处和商务参赞处 大使馆对驻在国的政治、经济、法律、贸易、市场行情等情况都能随时了解掌握，而且对所在国未来一段时间内的政治经济等情况还能提出分析和预测性的参考资料。因此，应是询价的重要渠道。

(2) 生产厂商 与生产厂商直接联系可使询价正确。国外的生产厂商对产品销售有两种情况：

1) 生产厂生产的产品可以直接订货销售，售价因减少了流通环节而比市场价要便宜；

2) 生产厂生产的产品不能直接订货，而是由专营单位经营。这些产品往往是由国家计划供应的产品或是技术要求比较高的产品。

(3) 生产厂商的代理人或从事该项业务的经纪人。

(4) 工程所在国的代理商。

(5) 经营该项产品的门市部。

(6) 国内外咨询公司向咨询公司进行询价。所得的询价资料比较可靠，但要支付一定的咨询费。

(7) 同行或友好人士。

(8) 自行进行市场调查或信函询价。

询价要抱着"货问三家不吃亏"的原则进行，并要对所询问的资料汇总分析。但要特别注意业主在招标文件中明确规定采用某国某厂生产的某种牌号产品的条文。当询价时，该厂商报价可能还较合适，可到订货时，一旦知道该产品是业主指定需要的产品可能会提价。这种情况，在中标后既要订货迅速，又要订货充足并配齐足够的配件，否则也会吃亏。

第2节 分包询价

分包是指总承包商委托另一承包商为其实施部分或全部合同标的工程。分包商不是总承包商的雇佣人员，其赚取的不只是工资还有利润，分包工程报价的高低，必然对总包的估价有一定影响。因此，总包在估价前应进行分包询价。

在国际建筑承包市场上，劳务和一些专业性工程，诸如钢结构的制作和吊装、铝合金门窗和玻璃幕墙的供应和安装、通风和空调工程、室内装饰工程等，通常采取分包的形式。

一、分包形式

国际上惯用的分包方式主要有两种：

（一）业主指定分包形式

这种型式是由业主直接与分包单位签订合同。总包单位仅负责在现场为分包提供必要的工作条件、协调施工进度和照管器材，并向业主收取一定数量的管理费和利润。指定分包的另一种型式是由业主和监理工程师指定分包商，但由总包商或主承包商与指定分包商签订分包合同，并不与业主直接发生经济关系。当然，这种指定分包商，业主不能强制总包商或主承包商接受。

（二）总包确定分包型式

这种型式由总包商或主承包商直接与分包商签订合同，分包商完全对总包商负责，而不与业主发生关系。从法律角度来说，如果承包合同没有明文禁止分包，或没有明文规定分包必须由业主许可，采用这种形式是合法的，业主无权干涉。分包工程应由总包商统一报价，业主也不干涉。但在实践中凡未经业主许可的分包，很难避免业主的惩罚，甚至解除合同。因此，最好在签订分包合同前，由承包商向业主报告，以取得业主许可。

除由业主指定的分包工程项目外，总承包商应在确定施工方案的初期就需定出需要分包的工程范围。决定这一范围的控制因素主要是考虑工程的专业性和项目规模。大多数承包商都在实际工作中把自己不熟悉的专业化程度高或利润低、风险大的一部分工程项目划出，有时承包商也会把通常由他自己施工的工作内容分包出去一部分，这样做的目的是为了少承担或转嫁财政风险并获取利润。

二、分包询价的内容及分析

在决定了分包工作内容后，承包商应备函将准备发交分包的专业工程图和技术说明送交预先选定的几个分包商，请他们在约定的时间内报价，以便进行比较选择。有时，还应正确处理好与业主特意推荐的分包商之间的关系，共同为报价作准备。

（一）分包询价单

分包询价单实际上与工程招标书基本一致，一般应包括下列内容：

（1）分包工程施工图及技术说明；
（2）详细说明分包工程在总包工程中的进度安排；
（3）提出需要分包商提供服务的时间，以及分包允诺的这一段时间的变化范围，以便日后总包进度计划不可避免发生变动时，可使这种变动尽可能的自然些；
（4）说明分包商对分包工程顺利进行应负的责任和应提供的技术措施；
（5）总包商提供的服务设施及分包商到总包现场认可的日期；
（6）分包商应提供的材料合格证明、施工方法及验收标准、验收方式；
（7）分包商必须遵守的现场安全和劳资关系条例；
（8）工程报价及报价日期、报价货币。

上述资料主要来源于合同文件和总承包商的施工计划，通常询价员（一般可由估价员兼任）可把合同文件中有关部分的复印件与图纸一同发给分包商。此外，还应从总包项目施工计划中摘录出有关细节发给分包商，以便使他们能清楚地了解应在总包工程中的工作期间需要达到的水平，以及与其他分包商之间的关系。

由于分包询价单要尽快发出，这时只能将粗略的初步施工进度发给分包商。待施工方案进一步完善时，还可将更详细的施工进度要求正式发给准备报价的分包商。

（二）分包询价分析

当总承包商收到来自各分包商的报价单之后，必须对这些报价单进行比较分析，然后选择合适的分包商。分析分包询价一般应注意以下几点：

1. 分包标函是否完整

（1）分包标函中是否包括了设计图纸和说明书中对该分包工程所要求的全部工作内容。

（2）若遇施工图中只用一个笼统的名称来统括若干个分项工程的情况时，这种分析确认更为重要。

（3）对于那些分包商用模棱两可的含糊语言来描述的工作内容，既可解释为已列入报价又可解释未列入报价时也应特别注意。应用更确切的语言加以肯定，免得今后工作中引起争执。

2. 核实分项工程的单价

许多分项工程既可以就材料开价，也可以就包括材料，劳务在内的完整的工程开价。例如对钢结构、金属门窗等。在比较这些分项工程的报价时，估价人员必须核实每份开价所包含的内容。如果某分项工程仅就材料开价，就必须另外谋得相应部分的劳务费用数据方可使分项工程的单价完整。同样，对仅就材料开价的报价、分析时还应确定材料的交付方式，以及报价中是否包括了运输费等。

3. 保证措施是否有力

某些分包工程中可能会含有一些有特殊要求的材料或特殊要求的施工技术的关键性分项工程。这种情况下，估价人员在分析时除了要弄清标函的报价以外，还应当分析分包商对这些特殊材料的供货情况和为该关键分项工程配备适当人员的能力等措施是否有保证。在某些情况下，为了使得关键的分项工程能较早地、顺利地进行施工，有必要采用一份保证措施有力而落实但报价不是最低的标函，以保证整个工程不被延误。

4. 确认工程质量及信誉

在分析分包询价时应着重分析分包商在工程质量、合作态度和可信赖性等方面的信誉。绝大多数分包商都能真心实意地努力建造优质工程，然而总有极个别的分包商很难做到这一点。所以总包商在决定采用某个分包商的报价之前，必须通过各种渠道来确认并肯定该分包商是可信赖的。

5. 分包报价的合理性

分包工程的报价高低，对总包商影响甚大。报价过高固然不行，但报价过低使分包商无法承受也不可取。因此，在选择分包商时要仔细分析标函的内容等各种因素是否合理。由于总包商对分包商选择不当而引起工程施工失误的责任仍然要由总包商承担。因此，要对所选择的分包商的标函进行全面分析，不能仅把报价的高低作为唯一的标准。作为总包商，除了要保护自己的利益之外，还应考虑保护分包商的利益。与分包商友好交往，实际上也是保护了总包商的利益。总包商让分包商有利可图，分包商也将会帮助总包商共同搞好工程项目，完成总包合同。

总包商确定了分包商后，应在分包报价的基础上加上一笔适当的管理费后即可纳入向业主的工程总报价。总包商与分包商在洽谈和签订分包合同时，询价人员应向分包商阐明分包的所有细节并获得对方的书面认可，今后引入分包合同中去。

第3节 有关询价的国际贸易基本知识

国际市场商品价格比国内商品价格复杂，它与商品的数量、质量、包装、运输、风险、支付方式及市场行情等许多因素有关，表示商品的价格，除了规定商品的单位价格金额之外，还要标明所使用的货币名称及买卖双方在交换货物过程中有关费用、风险责任等问题。

一、货物价格

（一）常用贸易术语

在各国贸易中，大多数国家都熟知《国际贸易条件解释通则》(International Rules for the Interpretation of Trade Terms 简称 INCOTERMS)，我国也常用此惯例。在 INCOTERMS 中有14种贸易术语，最常用的有3种，现介绍如下：

1. 装运港船上交货 (Free on Board)，简称 F.O.B，注明装运港名称。

这种贸易术语使用时间最早，使用范围最广。我国在进出口贸易中也大量使用。

（1）买卖双方的责任：

1）卖方 在约定的装运港和装运期内，按港口的惯常办法，把出售的货物装到买方指定的船上，并及时将装船情况通知买方；负责货物装船前的一切费用和风险；负责办理出口手续、出口许可证等，并负担出口的有关各项费用；装船后提供有关货运清单。

2）买方 负责租船（或订船）到指定装运港接货，并将船期、船名及时通知卖方；承担支付运费及货物装船后的一切费用和风险；负责办理保险及支付保险费，办理在目的港的收货和进口手续；接受有关合同中规定的单据，并支付货款。

（2）F.O.B 贸易术语使用中的注意问题：

1）此贸易术语风险划分是以货物装上船为界。对"装上船"这一概念的解释，各国或各口岸常有不同的理解，因而对风险的划分，费用负担等都会有不同的理解，从而对材料的价格构成也就不同。所以通常在合同中要明确"装上船"这一术语的含义。国际商会规定为货物吊起并越过船舷为装上船，我国也常采用此种解释。

2) 从货物装船的实际作业来看，岸上起吊、越过船舷到装入船舱是一个连续作业，不易分割，但在实际费用上就涉及到上船后的理舱费和平舱费由谁来付的问题。由此又产生了F.O.B的价格变形。

船上交货并理舱（F.O.B. Stowed）：其责任为卖方负责将货物装入船舱，并负责支付理舱费在内的装船费用。所谓理舱费是指为了使货船上的货物按照舱图位置放置妥善和装载合理，并在货物装入船底后进行垫置和整理等费用。

船上交货并平舱（F.O.B. Trimmed）：指卖方负责将货物装入船舱，并负责支付理舱费在内的装船费用。所谓平舱费是指为保持航行时船体平稳和不损害船身结构，对装入船舱的货物进行整理，作填平补齐所需的费用。

F.O.B. 吊钩下交货（F.O.B. Under Tackle）：卖方只负责将货物交到买方所指定船只的吊钩所及之处，有关装船的各项费用均由买方负责。

F.O.B. 班轮条件（F.O.B. Liner Terms）：因为班轮是指有固定航线、固定停靠口岸、有公开价目表、固定运价的航船。班轮的运费中包含有装卸费，所以这种术语中装船费按班轮条件办理，由船方负责装卸，卖方不负担装船费用。

但要注意，以上几种F.O.B贸易术语的变形仅在费用上更明确了责任，其风险的转移仍以船舷为界。

3) F.O.B. 贸易条件中规定，买方负责租船，而卖方负责将货物装上船。这里就涉及船、货衔接问题。如买方不按期派船，则卖方就会有储仓问题。或买方过早派船，则卖方供货不及就会有空舱或滞期等费用。这些都要在条件中规定。

有时买方要委托卖方代为租船订舱，一般卖方应给以协助，但这纯属代办性质，没有责任。从买方而言，按F.O.B成交，需要负责派船接货。所以在选择装运港时要慎重，要选择安全的、有直达轮或班轮停靠的港口，或港口设备、作业条件较好的装运港口。在询价时，对这些情况都应事先了解清楚。

4) 在办理出口许可手续问题上，一般认为应由卖方负责申请出口许可证。但在英、美、法等国家常有不同解释，如规定买方要支付出口税等费用。

2. 运费、保险在内价（Cost Insurance Freight named port of destination），简称C.I.F 目的港。

C.I.F 的基本含义是货价加保险费和运费，是现代国际贸易中应用最普遍的一种贸易术语。

(1) 买卖双方的责任：

1) 卖方　负责租船订舱，在合同规定的期限内和装运港将货物装上船，支付至目的港的运费，负责办理出口手续，并将装船情况通知买方；负担货物在装上船以前的一切风险和费用；负责按照合同规定的险别办理保险及支付保险费用；向买方提供合同规定的有关单据。

2) 买方　负责货物在装运港装上船后的风险及除运费，保险费以外的费用；接受卖方提供的有关单据，并按合同支付货款；在约定的目的港接卸货物，并负担卸货费及进口手续。

(2) C.I.F. 贸易术语使用中应注意的问题：

1) C.I.F. 贸易术语中，尽管保险由卖方负责办理，但风险的转移仍以越过船舷为准。卖方办理保险只是代办性质，是为了买方利益去投保。所以，在运输中出现了风险而货物遭受损失时，应由买方负责向保险公司或轮船公司要求索赔。

2) 在 C.I.F. 贸易术语中，目的港卸货费由何方负担往往发生争议。为避免纠纷及简化起见，引出了 C.I.F. 的变形。

C.I.F. Liner terms，即 C.I.F. 班轮条件；指货物按班轮条件装运，货到目的港后的卸货费已包括在运费之内，即由船方负责。

C.I.F 船底交货（C.I.F. EX Ship's Hold）：货物运到目的港后，自舱底起吊直到卸到码头的卸货费均由买方负担，如卖方按班轮条件租船，则买方应将每吨卸货费退还给卖方。

C.I.F. 卸到岸上（C.I.F. Landed）：指货物到达目的港后，包括驳船费和码头费在内的卸货费均由卖方负担。由于各国港口费用不一，难以掌握，所以我国进出口业务中一般不采用此变型。

3) 关于交货方式，在国际贸易中通常有两种：一是实际交货方式，即按时、按地将货物直接交到买方手中。另一种是象征性交货方式，即卖方按时、按地、按运输方式把货装上船，并向买方提交按合同约定的单据，这样卖方就完成了交货义务，买方收到单据以后，即使货物在途中受到损失，也要付款。反之买方收到货但未收到单据，买方不能付款。因而，这种交货方式又叫凭单据买卖。当然卖方所提交的单据必须齐全、合法。买方可凭单据提货或要求索赔。

3. 运费在内价（Cost and freight named port of destination），简称 C.&.F 目的港。

此术语是指卖方负责将合同规定的货物装载运往指定的目的港，并支付运费，负担货物装上船以前的各项费用与风险。C.&.F. 除了卖方不负责办理投保手续和支付保险费以外，买卖双方其余责任的划分同 C.I.F. 基本相同。特别需要指出的是，卖方在货物装船之后必须无延误地把装船情况通知买方，以便买方及时办理投保手续。

上述三种贸易术语在国际上应用最广。其相同之处：都是装运港船上交货，买卖双方风险的转移均以货物越过船舷为界；都是象征性交货方式。其不同之处主要在办理手续和交付费用方面，详见表 3-1。

表 3-1

价格术语	手续费用			
	办理租船订舱	办理保险	支付运费	支付保险费
F.O.B.	买方	买方	买方	买方
C.&.F.	卖方	买方	卖方	买方
C.I.F.	卖方	卖方	卖方	买方

（二）商品价格的组成

1. 价格的种类

国际市场的商品价格，一般是指买卖价格。由于商品、市场及贸易方式不同，对价格影响也不同。从不同的角度看，可以分成许多类：

（1）买价与卖价　买价（Buying price）即买方价格（买进价格），卖价（Selling price）

即卖方价格（卖出价格）。两种价格之间的差价往往是中间人的佣金。

（2）单价和总价　单价（Unit price）是指商品每一计量单位的价格金额；总价（Lump price）是指一批商品的总价格金额。

（3）成交价格和参考价格　成交价格（Final price）是指买卖双方达成交易的实际价格；参考价格（Notional price）是指交给另一方的报价，是供对方参考的价格。

（4）现货价格和期货价格　现货价格（Spot price）是指成交后卖方应立即交货的现货交货价格；期货价格（Forward price）是指双方约定在成交后的一定日期之后交货的价格。

2. 价格的构成

国际市场实际成交的价格要根据市场价格水平、销售意图以及采用不同的价格条件等诸因素来确定。其价格一般包括：成本、包装费、运输费、保险费、仓储费、出口报关手续费、税收、装卸费、商品检验费、杂费、利润、中间商佣金等。

（1）材料的销售成本　材料的销售成本（即货值）并不单纯指货物的生产成本，它还包括该批货物在买卖过程中所需的全部费用及利润（保险费和运费除外）。以一个出口商立场而言，他的出口货值就是货物的出厂价和他本身要求的利润，再加上通讯、寄样本、包装、证件、验货、仓储及银行费用等的总和，有时还要加上代理人和经纪人的佣金。有些地方还要加上出口税，而且在每宗国际货物贸易中货值的计算，还会涉及到不同地区货币币值的折算和外汇涨落的观察，所以更加复杂。

（2）保险　与货物有关的保险，最主要的是运输保险，而通常的运输方式是航运，所以简述航运水险问题。

通常货物在水路运输途中，可能发生的危险很多，如船只沉没、触礁、搁浅、碰撞或运输途中船只发生火灾，附在船上的货物会因此受到部分或全部的损失。但如投保了水险，进口商便可将这种损失的程度减低或全部避免。

投保水险并不困难，只要填写一份投保申请书，交给经营水险业务的保险公司，如果保险公司接受该次投保，而投保者又同意保险公司所提出的保率，这宗保险就算正式成立了。至于投买保险的金额，通常是将货值加大10%或20%（这些是为了如果遇到意外，其他杂费也可获得赔偿）。这是投保水险最基本的程度，实际上水险是很复杂的，而且保率的计算也常因实际情况而有所不同，它的保险项目也分得很细，所以在投保时须详细研究各项问题。

（3）运费　运费可分为陆运、海运和空运等，而通常国际贸易中所遇到有关的运费问题多都在海运方面。

由于付运货物的种类繁多，品质各异，而航运公司的收费也各有不同，但原则上收费的规定，往往以保障轮船公司的利益为前提。因为一艘船的载重量和容积是固定的，如果单纯以重量或体积计费，有时对航运公司利益就会受损。因此，一般是对体积小而重量大的货物以重量计费；而体积大重量小的货物则以体积计费。

计算重量的单位也有不同，英国轮船公司用英吨（即长吨），美国和南美轮船公司用美吨（即短吨），欧洲轮船公司用公吨（1公吨＝1.1031短吨＝0.98421长吨）。除上述两种办法外，还有用从价法或总括法来计算。所谓从价法是以货物所值而从中定出一个比率来收费，这多用于贵重物件的运输。总括法（Lumpsum）是以一种特别方法来计算运费，即以整批货物来议定运费。至于货运的收费标准，每家轮船公司都有货运收费表，可向其代理公司索阅。

运费的支付方法有两种：一种是预付运费，另一种是运费在目的港支付，采用何种支付方法，都由双方预先约定，但不同的付费方式对货运的成本是有影响的。

(4) 佣金与折扣　在国际贸易中佣金和折扣是一种惯常的作法。

佣金（Commission）：是指中间商对有关货物的销售、收购或其他事项提供了劳务所收取的酬金。

凡价格上包括了佣金的称佣价。在价格条款中明确标明佣金率的称明佣；在价格中不表明佣金，由双方约定的称为暗佣。佣金可在货物单价中用文字说明表示。

佣金一般是卖方收到全部货款之后再付给中间商。

折扣（Discont，Allowance）：是卖方给买方货物价格上的优惠，即卖方按原价给予买方一定百分比的减价。对于承包商而言，材料的折扣也是利润的一部分。

（三）计价货币

计价货币是指用来计算货物价格的货币，因各国所用货币不同，比值不同，计价时必须注明采用哪种货币。

大多数情况下支付货币与计价货币采用的是同一种货币。

选用计价货币时通常有几个原则：如国家与国家之间已签有贸易支付协定，规定了用何种货币计价时，则双方必须按规定办理；如两国之间没有签订贸易支付协定，则应在平等协商的原则下确定计价货币；同一种商品，同一时期对于不同的国家可以用不同的货币计价。

计价货币的选择通常有三种方式：以卖方国家货币作计价货币；以买方国家货币作计价货币；以第三国货币作计价货币。

在国际贸易中，计价货币的选择是非常重要的部分。因为各国货币币值本身的不稳定，加上材料从采购到交货付款时间一般都较长，因此，在考虑计价货币时一定要注意汇率变动趋势。

（四）作价的方法

在国际市场上商品价格作价通常以商品交易所的成交价作为依据，或以国际市场价格为准。

国际市场价是指在国际市场上在一定时期内客观形成的具有代表性的成交价格。某些国际市场集散中心，集散地商品市场价格，某商品主要进口国的进口价或某商品主要出口国的出口价等均可构成国际市场的价格。

在对外贸易中作价的方法通常有两类：

1. 固定作价法

固定作价法是指在合同有效期内，买卖双方在合同中规定了具体的成交价格，不再作变动。这种作价方法具有明确、具体、方便履行等优点。但它将承担从订购到交货时付款期间市场价格变动的风险。

2. 非固定作价法

非固定作价法是一种为了减少由于行市变动而引起价格风险的作价方法。其方法有：

（1）活价　是指双方在合同中就作价的时间和作价方法作出规定，而具体价格要以约定方式来解决。如合同规定："在装船前××天根据××市场价格作价。"

（2）暂定价　暂定价是双方在合同中暂时规定了一个商品的价格，仅供双方参考，在货物装运前一定时期或装运时由双方根据当时市场价格再具体商定。如"每吨暂定500美元C.I.F.。香港价，最后价格按××交货所装船当天价格而定。

（3）半死半活价　价格的一部分是采用固定价，其余部分为非固定价，一般分期付款时采用这种方法，近期交货的部分商品采用固定价，后几期交货的部分商品就可根据当时市场价双方协商确定。

我国外贸业务中大多数采用固定作价法，其价格风险往往采用保值条款来弥补。

二、货物的运输

由于运输费用在材料价格中占有较大的比例，所以货物的运输问题对材料和器材的价格有直接影响。特别是大宗又较便宜的材料，其运费约占一半左右。运输距离和货物交货期的早迟对价格也有较大影响。

（一）运输方式

采用何种运输方式不仅要考虑运输费用，而且还需考虑运输速度和能提供的有关服务的质量。一般对于贵重仪器应以空运为佳，大宗货物因数量多、运量大，一般以海运、陆运为好，通常海运便宜，但受自然条件影响大、风险大；空运、邮政运输风险小但运费贵。同时，还要考虑到任务的缓急，以及气候、季节、距离远近等合理地选择运输方式。

目前，国际贸易中采用最多的仍然是海洋运输。

1．海洋运输

（1）班轮（Liner）运输

它是指以班轮进行揽货经营运输的一种方式。班轮是指按预定的航行时间即以公布的船期表在固定航线和港口往返运载货物的船舶。

1）班轮运输的特点：

a．在它停靠的港口，不论货物数量多少都可接受装运；

b．运费按班轮公司规定的固定费率取收；

c．货物在装卸港口的装卸费用由船舶公司负责；

d．船方与托运者的权利和义务，是以船方所签发的提货单为依据。

2）班轮运输的适用范围是成交数量较小、批次较多、交接港口分散的货物。

3）班轮运输费通常按货物的重量、货物的体积或货物的价值、货物的件数等计取运费。

运费包括基本运费和附加运费。基本运费是指货物运往班轮航线港口的基本费用；附加运费是指按不同情况加收的费用，如洗舱费、超长费、转船附加费等。

以上这些费用一般由负责租船订舱的一方承担。

（2）租船运输

租船运输是指租船人向船主租赁整条船舶运输货物。这种租船常常要经过中间人或经纪人联系，签订租船合同完成租船任务。

租船分为定程租船和定期租船两种：

1）定程租船（Voyage charter）：又称航程租船或航次租船，以船舶完成一次航程（航次）来租赁。租赁双方要订立租船合同。

在定程租船时，租船人和船主之间的责任为：租船人按合同规定及时提交货物或负责装卸货物和交付运费；船方按合同规定，负责将货物运到目的港，并承担船舶的经营管理和一切开支。

定程租船又可分为单航程、往返航程或连续单程或连续往返航程。

2）定期租船（Time charter）：是按一定期限租赁船只的方式，租期可以是几个月、几年等。定期租船在国际承包中采购运输材料使用较少。

租船运输一般是适用于大批量货物运输，其租船运价是由双方根据租船市场运价水平协商确定，运价计算和支付方式都要在租船合同中明确规定。

2. 铁路运输

铁路运输由于不受天气条件影响，可以全年正常运行。其风险小、速度快、运量大，它在国际贸易中起着重要的作用，尤其在内陆国家之间尤为重要。

目前，国际贸易中利用铁路运输有两种方式：

（1）国际联运；国际联运是指两个以上国家签订联运协定。根据一张运单，利用各自的铁路联合完成货物的全程运输任务。根据协议规定，只要参加国的货物从发货国始发站开始办妥联运手续，路经的各国铁路站要根据运送单负责将货物运到终点站并负责交给收货人。所以国际铁路联运对于简化货运手续，缩短货运周期和降低运输费用方面都有好处。我国已和欧亚几国签订了国际联运协议。

（2）国内铁路运输：是在一国范围内进行的货物运输，而且按所在国铁路运输的规定办理手续。

3. 航空运输

航空运输是指利用飞机运送货物，它是一种现代化的运输方式。它具有速度快、安全性高等优点，但其运费较贵，在国际建筑工程承包中，除客运和贵重物品运输外一般不采用。

4. 联合运输

联合运输是指至少要用两种或两种以上不同的运输方式，将货物从一国运到另一国的运输方式。它包含有陆海联运、海空联运等。

我国联运方式较多用于内地经香港转运出口的货物，也有经其他港口运出，这种运输方式手续简便，货运速度快。

（二）装运条款

询价时对货物装运条款要有明确的了解并签订到有关合同中去。装运条款是为了保证装运工作顺利进行。在各种运输方式中以海运的装运条款最为复杂，而在国际工程承包中又以海运为最多，故以此作简要说明。

1. 装运时间

装运时间是指货物装上运输工具的时间。有的情况下装货时间即为交货时间，而大多数情况下装货时间并不是交货时间。在国际贸易中，如卖方未按合同规定的装运期交货就构成违约，买方可要求撤销合同或要卖方赔偿损失，而由装运期所引起的争议纠纷屡见不鲜。在国际工程承包中装运时间与工程的施工工期有直接的关系，则更应引起重视。

（1）明确规定具体装运时间 这种称定期装运，规定在××年×月×日前装运。它比较明确、具体，便于安排货船，又不易在装运期上发生争执，大多数国家（包括中国）都采用这一种方式。

（2）规定在收到信用证后若干天装运 这种装运时间取决于开证时间。为避免卖方备好货而买方不开信用证由此受到的损失,应规定买方最迟开证的日期。一般装运期规定在卖方收到信用证后20或30d装运,以便卖方有足够的安排货船的时间。

2. 装运港和目的港

为了便于卖方根据货源情况及安排装运方便,装货港一般由卖方提出经买方同意后确定。而目的港则应由买方提出,经卖方同意后确定。

3. 分批装运

分批装运是指一批成交量较大的货物可分若干批在不同的航次装运,分批装运可以是由于买方根据使用要求提出,也可由卖方根据货源及运输条件提出,经双方同意后确定。

有时货物运输线上没有直达船或无合适航次船舶运输时,也可以转船运输。按国际惯例转船地点及手续由承运人根据当时具体情况决定,其转船费用应在合同中明确规定。

4. 装船通知及装卸时间

装船通知是为了促使买卖双方互相配合,共同做好船货的联接工作而发生的通知。

(1) 备货通知 按F.O.B条件成交时,卖方向买方发出货物备妥准备装船的通知。通常在约定装运期前30d左右发出,以便对方及时派船装货。

(2) 派船通知 F.O.B条件下,买方应按约定时间,将船名、到港日期通知卖方,以便卖方及时安排货物装船。

(3) 装船通知 货物装船后,卖方应立即将合同号、货物的品名、件数、重量、发票金额、船名及装船日期等及时报告买方,以便买方接货及办理其他手续。按C.&.F条件时如不及时发出装船通知,要赔偿因延误办理保险所遭受的损失。

装卸时间是指承运人与船主双方约定的承租人保证将合同中所明确的货物在装运港全部装完或卸货港全部卸完的时间。装卸时间一般有按船舶到港时起算;按船舶到港并靠上泊位起算;按船舶到港,靠上泊位直到船长发出装卸通知时起算三种。最后一种采用较多,为了加速船舶周转尽快装卸,一般都考虑滞期和速遣的奖罚条件。

三、货物运输保险

货物运输保险是指保险公司承保货物运输风险并收取约定的保险费后,被保险货物在遭到承保责任范围内的风险受到损失后负责经济赔偿。

海上运输保险出现得最早,风险最大。为满足不同情况下不同的需要,海上保险根据承保责任范围不同,有不同的保险条款,形成不同的保险险别。

(一) 海上运输风险类别

货物在海上和其他运输过程中会遇到各种风险而造成损失。保险公司并不能承保所有的风险,所以在办理保险前必须了解保险公司所能承保的风险类别。

1. 海上风险

海上风险(Perils of the sea or Maritime perils),又称海险。它包含自然灾害和意外事故所引起的风险。

(1) 自然灾害(Natural calamities)是指恶劣天气、雷电等人力不可抗拒的灾害。

(2) 意外事故(Fortuitous Accidents)是指船的搁浅、沉没、碰撞、触礁、爆炸、船舶失踪等意外原因所造成的事故。

2. 外来风险

外来风险(Extraneous Risks)是指外来原因引起的风险。引起风险的外来原因有失火、盗窃、雨淋、短量、渗漏、破碎、发霉等；而战争、罢工、敌对行为及进口国拒绝进口等造成的风险属特殊原因风险。

（二）承保的损失种类

在运输途中，货物遭到海上风险和外来风险所造成的损失或货物的灭失叫海损（Maritime Loss），按国际保险市场的一般解释，海陆联运过程中陆运所产生的损失也属海损范畴。

根据损失的程度、性质、形态的不同可分为：

1. 全部损失

保险标的遭到全部实际灭失或构成推定全损为全部损失（Total Loss）。

实际全损（Actual total Loss）：构成实际全损的情况为保险标的货物全部灭失，如船货全部沉入海底；受损标的物已失去它原来商品的价值或原有用途，如水泥给海水浸泡；船舶失踪达一定时期等，均可视为全部损失。

推定全损（Constructive total Loss）：可构成推定全损的情况有，保险标的受损后，其修理费或再次运输费或验收费用等都超过货物原有的价值。

由上可见，实际全损是保险标的确实丧失了，而推定全损是指保险标的受到损失后并未完全丧失，可以收回或修复，但为此而花费的费用比货物价格还高。

2. 部分损失

货物损失没有达到全部损失的程度称为部分损失（Partial Loss），它分为共同海损和单独海损两种。

共同海损（General Average）：在海上运输中船舶及所载货物遭到自然灾害或意外事故，船长为了解除船和货的共同危险，有意而且合理地作出特殊牺牲，采取合理的救难措施所引起的一些特殊损失和额外费用称为共同海损。共同海损通常由利害关系各方——船方、货方和运输方共同分担损失。

单独海损（Particular Average）：指标的特遭受保险责任范围内的事故造成特定利益方损失。这种损失仅仅属于特定方的特定利益，并不涉及其他货主或船方。

单独海损与共同海损的区别是，单独海损是偶然的意外事故，没有人为的因素在内，它仅仅是货或船方自身的利益，并不关系到货和船的共同利益。同时，单独海损只由受损失方自己承担，而不需各方共同负担。

除了上述风险损失外，保险货物在运输途中还可能发生其他损失（如自然损耗等）。对于这些损失，保险公司一般不予承保。

（三）保险的险别

通常保险公司在其保险单上所写的保险条款中规定了多种保险险别的赔偿责任范围，投保人可根据自己的需要选择投保险别。

海洋运输保险险别分为主险、附加险、特别附加险和特殊附加险。

1. 主险

主险其含义是指这种险别可以独立投保，不附加在某一险别项下，是货物运输保险的基本险别。它又可分为：

（1）平安险　其责任范围有由于自然灾害或意外事故造成的货物实际全损和推定全损；由于运输工具遭到意外事故造成的损失；在装船、转船过程中，被保货物落海所遭的损失等。

（2）水渍险　水渍险的责任范围是除了平安险的各项责任外加上自然灾害所造成的保险货物的部分损失并给予赔偿。

（3）一切险　除了平安险和水渍险的所有责任外，还包括运输途中因多种外来原因所造成的保险货物的损失。

2．附加险

这种险不能独立投保，必须附属于主险项下，即只有保了主险后才可保附加险。

由于某一外来原因而造成的某一种损失所给予的赔偿，就是一种附加险。外来原因很多，附加险就有十几种，如偷窃、雨淋、包装破裂等。

3．特别附加险和特殊附加险

这两种险也附属于主险项下，其致损原因往往同政治、国家行政管理、战争以及一些特殊风险有关。

（1）特别附加险

1）交货不到险：装船后6个月不能运到原定目的地交货为交货不到。

2）进口关税险：当货受损后仍要按完好价值交纳进口税为此而造成的损失。

其他有舱面险、拒收险等。

（2）特殊附加险

1）战争险：承保由于战争或类似战争行为所引起的保险货物直接的损失。

2）罢工险：承保因罢工者、暴动和民众斗争人员采取行动造成保险货物的损失。

这种损失必须是直接损失，而不是间接损失。

四、货物的检验、索赔和付款

（一）货物的检验

货物的检验是对材料（商品）和器材的质量、数量、包装进行鉴定，以确定所交的货是否与合同规定的一致。如发现有不符或有货损、货差现象，就要分清责任向有关方面提出索赔要求。

1．检验的时间和地点

材料（商品）的检验时间和地点涉及到检验权的问题，对此，国际上规定不一，目前有以下四种：

（1）以离岸品质、重量为准。货物须在装运前由装运港的商检机构进行检验并出具品质和重量的检验证书，以此作为交货的最后依据。货到目的港，买方可以自行复验，但无权向卖方指出品质和重量的异议。这种做法对卖方有利。

（2）以到岸品质、重量为准。货物到目的港后由目的港商检机构进行检验并出具检验证书作为交货的最后依据。如商检的质量、重量与合同不符，买方可向卖方提出索赔要求，这种做法对买方有利。

（3）以离岸重量、到岸品质为准。这是一种折中的做法，将重量与质量分别处理，数量和重量以装运口岸的商检证明为准，品质以目的港商检证明为准。

（4）以装运港商检证书作为议付货款的依据，货到目的港后买方有权复验，如发现问题，只要判定不属于承运人或保险责任范围之事，而是交货时已存在的问题，则买方可向卖方提出异议和索赔。这种做法比较公平合理，国际贸易中用得最多。我国绝大部分都用这种方法。

2. 检验机构、检验方法和标准

（1）商检机构　检验机构是指接受委托进行商品检验与公证鉴定工作的专门机构。在国际上大致有三类。

1）国家设立的商品检验机构；

2）私人或同行业公会、协会开设的公证行或公证人；

3）生产、制造厂商或使用单位。

执行商检任务的机构应是贸易中的第三者，并且备有足够的技术力量和设备，办事公平合理，与买卖双方当事人无利害关系。

我国国家和各省市都有商检机构。

（2）检验方法和标准　检验方法和检验标准涉及到许多复杂的技术问题。同一种商品用不同的方法和标准，其结果也不相同。我国一般应按我国有关标准和方法进行检验。如对方要求按其他方法和标准进行检验时，应和商检部门研究同意后也可采用以下三种做法：

1）按生产国的标准进行检验；

2）按买卖双方协商同意的标准和方法检验；

3）按国际标准或国际习惯进行检验。

（二）索赔与理赔

在国际货物交易过程中，买卖双方往往会因彼此间的责任、权利问题引起争议，从而导致索赔、仲裁，甚至诉讼等情况发生。

1. 违约

违约分为两种情况，一种为根本性违约；另一种为非根本性违约。

根本性违约是指一方当事人违反合同的结果，使另一方当事人蒙受损失以至于实际上剥夺了他根据合同规定有权期待得到的东西。此时，根据规定受害方可以宣告合同无效，同时又有索赔的权利。

非根本性违约是指违约的情况尚未达到根本违反合同，则受害人只能要求损害赔偿，而不能宣告合同无效。

违约有卖方的责任，如不按时交货，不按质量包装，交货数量不足等；也有买方的责任如不按时付款，不按时收取货物（不如期派船）等。

2. 索赔与理赔

索赔（Claims）：买卖双方因一方违反合同规定直接或间接给另一方造成损失，受损方提出赔偿请求，以弥补其所受的损失称索赔。索赔请求应在有效期内提出，属于保险公司或轮船公司责任范围内的损失不能向卖方索赔。

理赔（Settlement of claims）：是违约方受理遭受损失方所提出的赔偿要求。

索赔和理赔是一个问题的两个方面，在国际贸易中，索赔和理赔是维护国家和当事人权益和信誉的重要工作，也是一项涉及面广、业务技术性强的细致工作。在处理索赔与理赔过程中还常常要利用国际贸易惯例和有关法律。因而，对这项工作要给予相当的重视。

3. 仲裁

国际贸易中通常是采用协商的办法解决争议。但如双方协商不成，则分别采用调解、仲裁或诉讼等方式。

仲裁是指由买卖双方按照在争议发生之前或争议发生之后签订仲裁协议，自愿地把他们之间的争议交给双方所同意的第三者进行裁决，这个裁决对双方有约束力，双方必须执行这个裁决。

（三）货款的支付

国际贸易中货款的支付较国内复杂得多。在每一笔交易中货款支付的时间、地点、使用的方法和货币问题都要经过认真讨论，作出具体安排。货款支付不仅是单纯的业务技术问题，而且和货币制度、金融外汇、法律条例等有密切关系。支付条件也与贸易条件及合同中的其他条件有关。

银行和其他金融机构，对于国际贸易的货款支付起着重要的作用。

1. 支付工具

在国际贸易中货款的支付工具是货币和汇票，货币通常作为计价、结算的支付手段。实用中常不用现金支付，而是用非现金结算的支付凭证（即汇票）来完成。

（1）汇票的基本内容　汇票（Draft or Bill of exchange）是一种债权证书，是出票人以书面形式命令受票人立即或在一定时间内无条件地支付一定金额给指定受款人的一种凭证。

汇票一般应包括下列内容：

1）汇票当事人：签发汇票的出票人；接受汇票并付款的受票人；领取汇票的受款人（或单位）。

2）金额与货币：汇票上要有具体数目的金额及使用货币名称。

3）付款时间：可有两种表示法，一种是"见票即付"的立即付款；另一种出票后一段时间付款。

4）出票时间和地点：出票时间与付款时间有关，如汇票上标明"出票后若干天付款"则出票日就是计时起点。如今后产生争议或诉讼时，诉讼程序和审理常以出票地当地的法律为准。

（2）汇票的种类

按汇票开出机构可分为：商业汇票和银行汇票。按付款时间不同可分为：即期汇票和远期汇票。按汇票流传时是否附有货运单据又可分为光票和跟单汇票。

2. 支付方式

国际上支付方式有两大类：有证支付和无证支付。汇付和托收为无证支付，信用证为有证支付。

（1）汇付（Remittance）　汇付是一种最简单的支付方式，它是指付款人依据收到的单据和货物在指定的时间内主动通过银行或其他途径将货款交给收款人的行为。

汇付有三种方式，即信汇、电汇和汇票。

汇付从时间上可分为预付和后付两种。预付是买方先付款卖方再给货，这显然对卖方有利。后付是卖方先给货后买方再付款，则卖方要承受较大的风险。因此汇付方式通常用于小额付款，如预付款、支付佣金、保证金等。

（2）托收（Collection）　指卖方根据发票金额开出汇票，委托银行或通过其他途径向买方收款。

银行的托收做法是：卖方在货物装运并取得装运单据后，根据发票金额主动开出汇票并连同装运单据委托银行并由银行根据卖方填写的委托申请书上的条件,通过其国外代理行或往来行向买方收取货款,银行收回货款后即转给卖方。

根据托收是否随附装运单据,分为光票托收和跟单托收两种。光票托收一般使用于金额尾数、佣金、运费、样品费等款项。大多数国际贸易中的货款托收是采用跟单托收。跟单托收按交单条件不同可分为即期付款交单和远期付款交单。

付款交单是指卖方托收时指示托收行,只有在买方付清货款时才交出单据,此时买方才能办理提货。远期付款交单时,托收行收到汇票及货运单据后,买方向托收行作出到期付款的承兑行为后,即可向银行取得货运单据,待汇票到期才付款,而买方在没有付款时就可根据所得单据去提货。托收行保留买方的承兑汇票,到付款日时付款给卖方,买方赎回其他全部单据。

(3) 信用证(Letter of credit) 由于国际贸易中买卖双方互不信任,卖方担心将单据交给对方而收不到货款。买方怕先付款以后对方不发货。这种互不信任在一定程度上影响了成交。为适应国际贸易发展的需要,便出现了由第三者——银行来保证付款的做法,保证付款的凭证为信用证。这种方式一方面解决了买卖双方之间的矛盾,同时也为他们提供了资金通融的便利。采用信用证结算货款,已成为当前国际贸易中的主要支付方式。

信用证是银行应买方的申请开给卖方的一种有条件的承担付款责任的凭证。采用信用证对买方、卖方和银行三者均有利。

第4节 生产要素的询价

一、材料询价

材料价格在工程造价中占有很大比例,约占 60%～70%,材料价格是否合理对工程估价影响很大。因此,对材料进行询价是工程询价中最主要的工作。当前国际建筑市场竞争激烈、价格变化迅速,作为估价人员必须通过询价搜集市场上的最新价格信息。

(一) 材料询价单

材料询价单一般应包括以下内容:

(1) 材料的规格和质量要求,必须满足设计和验收规范要求的标准,以及业主或招标文件提出的要求。

(2) 材料的数量及计量单位应与工程总需量相适应,并考虑合理的损耗。

(3) 材料的供应计划,包括供货期及每段时间(如每月、每周等)内材料的需求情况。

(4) 工程地点或到货地点及当地各种交通限制。

(5) 运输方式及可提供的条件。

(6) 材料报价的形式(固定价还是提货价)及计价货币、贸易条件、支付方式,所报单价的有效时间。

(7) 送出报价单或收取报价单的具体日期。

(8) 承包企业方负责解释询价单有关人员或经办人员等。

承包企业询价部门一般都备有用于材料询价的标准文件格式供随时使用。此外,有时还可从技术规范或其他合同文件中摘取有关内容作为询价单的附件。

建筑工程中材料的询价涉及到所需材料的数量、原价、运输、货币、保险及有效期等

表 3-2

建筑材料询价资料汇总表

货物名称	单位	产地	销售地	生产或销售厂商名称	规格	报价厂商名称	报价日期	货币单位	A:出厂价 B:代理商价 C:经纪人价 D:门市部价	FOB价	海运		CIF价
											海运费	保险费	
水泥	t	日本大坂	日本大坂	日本××水泥厂	425#波特兰	日本××木材公司	89.5.2	US $	B:50	55	8.25	0.55	
水泥	t	中国南京	中国南京	江南水泥厂	425#波特兰	南京外贸公司	89.5.8	$	B:40	44	8.40	0.56	
柚木	m³	缅甸	缅甸仰光	缅甸××木材	10×20×400	/	/						
柚木	m³	缅甸	马来西亚	(马)TA木材厂	10×20×400	(马)TA木材厂	89.5.9	$	B:300				381
柚木	m³	加拿大	马来西亚	(马)KB木材厂	10×20×400	(马)KB木材厂	89.6.1	$	B:321				396

续表

货物名称	到达港名称	目的港费用				合计原价	拟定价				拟报出价	决定价				决定报出价
		港口附加费	税金	装卸等杂费	港口至工地运杂费		管理利润(%)	涨价系数(%)	费率及价额 合计费率(%)	价额		管理利润(%)	涨价系数(%)	费率及价额 合计费率(%)	价额	
水泥	AB港	0.01	免	1.50	1.65	66.96	7	10	17	11.38	78.34					
水泥	AB港	0.01	免	1.50	1.65	56.12	7	15	22	12.35	68.47					
柚木												7	10	17	9.54	65.66
柚木	AB港	0.01	免	1.30	1.23	383.54	7	12	19	72.87	456.41					
柚木	AB港	0.01	免	1.30	1.23	398.54	7	12	19	75.72	474.27	7	11	18	69.03	452.57

各个方面，还涉及到许多材料供应商、海关、税务等各个部门。在国际承包工程中大量的材料需从当地国或第三国采购，其中必然会涉及到许多不同的买卖价格条件。这些条件又是依据材料的交付地点、方法及双方应承担的责任和费用来划分。这些属于国际贸易的基本常识，对于建筑工程材料询价人员是必须掌握的。

（二）材料询价分析

询价人员（一般由估价员或采购员担任）在项目的施工方案初步研究后，应立即发出材料询价单，并催促材料供应商及时报价。收到询价单后，询价人员应将从各种渠道所询得的材料报价及其他有关资料加以汇总整理。对同种材料从不同经销部门所得到的所有资料进行比较分析，选择合适、可靠的材料供应商的报价，提供给工程估价人员及投标报价人员使用。询价资料一般可列成表格形式进行分析，有条件的可输入电子计算机分析并进行贮存。

表 3-2 是表示工程对水泥、木材询价资料的分析总汇。

二、施工机械设备询价

在国外施工用的大型机械设备，不一定要从国外运往所在地，有时可在当地或第三国采购和租赁可能更为有利。因此，在估价前有必要进行施工机械设备的询价。对必须采购的机械设备，可向供应厂商询价，其询价方法与材料询价方法基本一致。对于租赁的机械设备，可向专门从事租赁业务的机构询价，并应详细了解其计价方法。例如，各种机械每台时的租赁费，最低计费起点，燃料费和机械进出场运费以及机上人员工资是否包括在台时租赁之内，如需另行计算，这些费用项目的具体数额为多少等。

三、劳务询价

国际承包工程劳动力的来源，较多的是从国内派遣，也有从第三国或当地雇佣。除当地政府有规定必须在当地雇佣工人数比例外，劳动力从国内派遣还是在国外雇佣都必须经过比较而定。

从国内派遣工人时，每一工人在整个工程施工期间的单位人工费用，国家都有比较具体的规定，而从国外雇佣劳动力则必须通过询价，了解各种技术等级工人的日工资标准，加班工资的计算方法，有多少法定休息日，各种税金、保险率，以及解雇费等。有可能还必须了解雇佣工人的劳动生产效率。

国外一般把操作工人按技术等级分为高级技工、熟练工、半熟练工和普工。有些国家只分技工和普工两种。

思 考 题

1. 询价的目的和意义是什么？
2. 询价涉及哪些范围？
3. 询价有哪些渠道？
4. 分包询价有哪些内容？如何进行分析？
5. 什么是 F.O.B 价、C.I.F 价和 C&F 价？各有什么不同？
6. 材料询价单包括哪些内容？
7. 如何将询价的信息用于估价中去？

第4章 工程量计算原理

本章介绍了英国 RICS 体系下工程量计算的依据——英国工程量计算规则（SMM7）的组成，国际上采用 SMM 时统一的计算书的编写规则和注意事项，以及工程量计算的三种方法：组合计算法、重复计算法和水平计算法。同时本章还介绍了估价的基本文件：工程量清单的作用和形式，以及常用的编制工程量清单的三种方法即：传统编制法、直接编制法和剪辑整理法。可以说本章是学习工程量计算规则的基础。

第1节 工程量计算的依据

一、国际上常用的工程量计算规则

（一）英国的工程量计算规则

很多年来，英国国内有两大组织：测量师组织（Surveyor's Institution，简称 SI）和工料测量师协会（Quantity Surveyor's Association，简称 QSA）。它们都是皇家特许的解决建筑工程量计算中纠纷的组织。由于计算口径的不同，使得承包商和估价师无所适从，不能确切地知道工程量清单中项目的含义以及如何去报价。

随着建筑业的发展，两大组织都感到有必要确保计算工作的精确性和有一个统一的计算规则。工料测量师协会（QSA）在 1909 年任命了一个委员会专门筹备制定工程量计算规则。测量师组织（SI）也派出了专门小组为编写委员会关于正确的计算方法以及经常出现争端的部分提供专家建议。在愉快的合作之后，于 1912 年 6 月两个专业组织为制定标准计算规则而成立了一个联合委员会。1918 年英国建筑业不同行业的代表也受全国建筑业行业雇主联合会（National Federation of Building Traedes Employers，简称 NFBTE）和建造者协会（Charter Iustitution of Builder，简称 CIOB）的任命加入了联合委员会帮助制定标准计算规则。这样，联合委员会中有 6 个人来自测量师组织（SI）和工料测量师协会（QSA），4 位承包商来自全国建筑业行业雇主联合会（NFBTE）和建造者协会（CIOB）。1922 年，终于出版了第一版的标准工程计算规则（Standard Method of Measurement，简称 SMM）。测量师组织和工料测量师协会也最终合并成为英国皇家测量师协会（Royal Institute of Quantity Surveying）。

SMM7 之前，一直使用的是 1979 年出版的 SMM6。SMM7 在 SMM6 的基础上做了二个重大的改变：

第一，根据项目信息联合委员会（The Co-ordination Committee for project Information）制定的建筑工程一般分类法重新对 SMM 进行了分类，使得 SMM7 和联合委员会的其它标准文件、标准更有兼容性。

第二，SMM7 改变了原来平铺直叙地讲述规则的方法，采用了分类表格，使得使用者可以更快、更方便地使用 SMM7，而且也更适用于计算机的使用。这样的改变也不影响那些喜欢用叙述方法编制清单的估价师。

SMM7 在 1988 年 7 月 1 日起正式使用。它在英联邦体制下的国家中被广泛接受。有的国家和地区在 SMM 的基础上编制了自己的规则如新加坡，澳大利亚，香港，南非等。

（二）FIDIC 工程量计算规则

使用 FIDIC 合同条款时一般配套使用 FIDIC 工程量计算规则。FIDIC 工程量计算规则是在英国工程量计算规则 SMM 的基础上，根据工程项目、合同管理中的要求由皇家特许测量师学会指定的委员会编制的，以适用于没有适宜规则和根本没有规则的地方。但是要正确地使用 FIDIC 工程量计算规则，还需提供详细的技术规范和图纸。总的说来，FIDIC 工程量计算规则和英国工程量计算规则之间的差别不大，但 FIDIC 的规则在执行中和在技术方面要更具灵活性。

二、英国工程计算规则的简介

于 1988 年 7 月 1 日正式使用的 SMM7 将建筑工程工程量的计算划分成 23 个部分：

A. 开办费/总则

B. 完整的建筑

C. 拆除/改建/翻建

D. 地面工作

E. 现浇混凝土/大型预制混凝土构件

F. 砖石工程

G. 结构/主体金属工程/木制工程

H. 幕墙/屋面

J. 防水工程

K. 隔墙面板/衬板

L. 窗/门/楼梯

M. 表面粉刷

N. 家具/设备

P. 建筑杂项

Q. 人行道/机械/围墙/现场装置

R. 下水道系统

S. 管道系统

T. 机械供热/致冷/冷气

U. 通风/空调系统

V. 电气/照明系统

W. 通信/保安/控制系统

X. 交通系统

Y. 机械和电子设备计算

其中为了避免字母与数字混淆没有使用"I"和"O"两个字母，另外 SMM7 中还附有对现有建筑的计算规则。

以下对其中主要部分的基本内容作简单说明。

1. *A* 部分：开办费/总则

在 *A* 部分中列举了一些开办费中的费用项目和一些基本规则。费用项目中划分成业主的要求和承包商的要求。

业主的要求包括：投标/分包/供应的费用；文件的管理；项目的管理费用；质量标准/控制的费用；现场安全保护的费用；特殊限制/施工方法的限制/施工程序的限制/时间要求的限制费用；设备/临时设施/配件的费用；已完工程的操作/维修费用等。

承包商的要求包括：现场管理和工作人员费用；现场住宿；现场设备，设施；机械设备；临时工程；

A部分中还对业主指定分包商，指定供应商，国家机关如煤气、自来水公司等工作规定，点工工作规则等做了说明。

2. D部分：地面工作

D部分中主要是基础工程的计算规则。它分为：地质调查；土壤稳定处理；现场排水；开挖工程和回填；钻孔灌注桩；预制混凝土桩；钢板桩；地下连续墙；基础加固。

3. E部分：现浇混凝土/大型预制混凝土构件

E部分为混凝土工程的计算规则。它分为：混凝土工程；集中搅拌泵送混凝土；混凝土模板；钢筋工程；混凝土的设计接缝；预应力钢筋；大型预制混凝土构件等。

4. F部分：砖石工程

F部分为砖石工程的计算规则。它分为：砖石墙身；砖石墙身附件；预制混凝土窗台/过梁/压顶等。

5. G部分：结构/主体金属工程/木制工程

G部分包括金属结构框架，铝合金框架，独立金属结构；预制木制构件等。

6. H部分：幕墙/屋面

H部分包括：幕墙玻璃；结构连接件；水泥板幕墙；金属板幕墙，预制混凝土板幕墙；泥瓦/混凝土屋面等。

7. J部分：防水工程

J部分包括：沥青防水层；沥青屋面；隔热层/粉饰液体防水面层；沥青卷材屋面等。

8. L部分：窗/门/楼梯

L部分包括：木制窗扇/天窗；钢制窗扇/天窗；木制门/卷帘门；钢制门/卷帘门；木制楼梯/扶手；钢制楼梯/扶手；一般玻璃、铅条玻璃等。

9. M部分：表面粉饰

M部分包括：水泥/混凝土/花岗岩面层；大理石面块、地毯、墙纸、油漆、抹灰等。

10. N部分：家具/设备

N部分包括：一般的器具/家具/设备；厨房设备；卫生洁具等。

11. P部分：建筑杂项

P部分包括：各种绝缘隔声材料；门窗贴脸；踢脚线，五金零件；设备的沟槽、地坑，设备的预留孔、支撑、盖子等。

12. Q部分：人行道/机械/围墙/现场装置

Q部分包括：石头/混凝土/砖砌人行道，三合土/水泥道路基础；围墙，各种道路；机械设备等。

13. R部分：下水道系统

R部分包括：雨水管，天沟，地下排水管，污水处理，泵，中央真空处理等。

14. S 部分：管道系统：

S 部分包括：冷热水的供应，浇灌水，喷泉，游泳池压缩空气，医疗/实验用气；真空，消防管，喷淋等。

15. T 部分：机械供热/致冷/冷气

T 部分包括：油锅炉，煤锅炉，热泵，蒸汽，加热致冷机械等。

16. X 部分：交通系统

X 部分包括：电梯，自动扶手，井架，塔吊等。

三、工程量计算书的表示方法

一般工程量计算使用特定的计算纸。计算纸的形式如下表 4-1。

工程量计算纸表头说明　　　　　　　　　　　　　表 4-1

倍　数	尺　寸	计算结果	项目描述	倍　数	尺　寸	计算结果	项目描述
①	②	③	④	①	②	③	④

第①行是倍数行，第②行是尺寸行，根据图纸中项目尺寸计算的工程量计算式，第③行是根据第②行的尺寸计算出来的算术结果，可以是以立方米为单位的体积，也可以是以平方米为单位的面积等。第④行是描述行，这一行中对工程量所对应的项目的性质要求进行说明。在最右手边可以做一些初步的尺寸计算，一般称为初步计算（Waste Calculation）。一般计算纸为 A4 复印纸大小，分成两部分。在下面的例题中我们只使用其中的一半，另一半用作解释。每页计算纸都应有其编号及所属分部工程名称。这样在装订和编辑时不至于搞错。

（一）计算书的一般表示方法

1. 计算式的表示形式

一般工程量的计算单位有 5 种：

(1) 立方米；

(2) 平方米；

(3) 延长米；

(4) 个或只；

(5) 单项工程。

立方米、平方米、延长米工程量的表示方法如表 4-2（a）

工程量计算式的表示方法　　　　　　　　　　　　表 4-2（a）

倍　数	尺　寸	计算结果	项　目　描　述	备　　注
	3.00		立方米工程量	
	2.00		表示实体积的工程量	
	4.00		长 3.00m，宽 2.00m，高 4.00m	
		3.00	平方米工程量	

续表

倍 数	尺 寸	计算结果	项 目 描 述	备 注
	2.00		表示平面的工程量 长 3.00m，宽 2.00m	
	3.00		延长米工程量 长 3.00m	若延长米工程量为整数时，要在工程量后加上 .00，否则易与单项工程混淆

若项目以个或只计算，其表示方法可以有以下几种（见表 4-2（b））。

工程量计算式的表示方法　　　　　　　表 4-2（b）

倍数	尺 寸	计算结果	项 目 描 述	备 注
4/	4 或 4个 或 1			

工程量按单项计算时其表示方法如表 4-2（c）。

工程量计算式的表示方法　　　　　　　表 4-2（c）

倍数	尺 寸	计算结果	项 目 描 述	备 注
	项			

每个工程量计算完毕后都用划线表示结束，这样很容易分清项目，在计算纸上无须再说明是立方米、平方米，或延长米项目。计算式应按照水平长度、水平宽度、垂直深度和高度的顺序书写，以便于今后的复查核对和帮助计算单价的人员理解项目的内容。

2. 倍数的表示方法

工程量计算时，一些相同的工程量可以倍数计算，如表 4-3（a）的工程量：

工程量计算倍数的表示方法　　　　　　表 4-3（a）

倍数	尺 寸	计算结果	项 目 描 述	备 注
3/	3.00 2.00 4.00		表示这个立方米工程量乘以 3	

倍数在第（1）行倍数行中表示，用"/"与计算式分开。如果乘以了倍数后再乘以倍数，应按表 4-3（b）中的计算式表示。

工程量计算倍数的表示方法　　　　　　　　　表 4-3（b）

倍数	尺寸	计算结果	项目描述	备注
5/ 3/	3.00 2.00 4.00		表示这个立方米工程量乘以 3 得出结果后再乘以 5，也即是原来的立方米工程量乘以 15	

有时工程量的重复计算用上述方法表示可能会引起混淆，比如某工程量已经乘以 3 倍了（如表 4-3（a）所示），现还需要再加上 2 倍的工程量，那么这个计算式可以如表 4-3（c）所示。

工程量计算倍数的表示方法　　　　　　　　　表 4-3（c）

倍数	尺寸	计算结果	项目描述	备注
$1\frac{2}{3}$/ 3/	3.00 2.00 4.00			

由于上述计算式采用了分数形式易于混淆，SMM7 的计算方法规定上述情况时可以按下列计算式，如表 4-3（d）所示。

工程量计算倍数的表示方法　　　　　　　　　表 4-3（d）

倍数	尺寸	计算结果	项目描述	备注
3 　2./	3.00 2.00 4.00		表示这个方立米工程量乘以（3+2）倍，也即是 5 倍	

采用这种表示方法时要注意小数点前后两个数字不要写在同一水平线上，略微错开，后面加上去的数字应低于前面的倍数，所以 2 应略低于 3。

我们还可以把上述的两种表示方法结合起来表示更为复杂的计算式，如下表 4-3（e）所示：

工程量计算倍数的表示方法　　　　　　　　　表 4-3（e）

倍数	尺寸	计算结果	项目描述	备注
2/3 　2./	3.00 2.00 4.00		表示该立方米工程量乘以（3+2）×2倍，也即是该工程量乘以 10 倍	

3. 非矩形图形计算的表示方法

在工程量计算中，除了正方形、长方形等图形外，还会遇到其他图形，如三角形、圆形等，下面将介绍这些图形计算的表示方法，如表 4-4：

非矩形图形计算式的表示方法　　　　　　　　　　　　　表 4-4

倍数	尺寸	计算结果	项　目　描　述	备　　注
$\frac{1}{2}$	3.00 2.00		表示三角形的面积 三角形边长 3.00m，高 2.00m	
或 $3\frac{1}{7}$	3.00 1.50 1.50		表示圆的面积 该圆直径为 3.00m， 也可用 πr^2 计算	
或 $\frac{1}{2}/3\frac{1}{7}$	3.00 1.50 1.50		表示半圆的面积 也可用 $\frac{1}{2}\pi r^2$ 来计算。	
或 $3\frac{1}{7}$	3.00 5.00 1.50 1.50 5.00		表示圆柱体的体积 圆柱体的直径为 3.00m 高 5.00m	
$\frac{1}{2}/3\frac{1}{7}$ × 1.00 × $\frac{1}{2}/\frac{1}{3}$ $\frac{2}{3}$	3.00 或 1.00 1.00 3.00 1.00		表示半圆的周长 圆的直径为 3.00m 可以用 $\frac{1}{2}\pi D$ 计算 表示一部分圆的面积即圆弧的面积 该圆弧的直径为 3.00m，圆弧高为 1.00m，可以用 $(\frac{1}{2}\times\frac{H}{C}\times H\times H)+(\frac{2}{3}C\times H)$ 计算	

其他的不规则图形计算也都可以用数学的计算方法解决，但要表示清楚工程量是立方米，平方米或延长米。计算时用到分数应格外注意书写清晰，以免与倍数混淆。

4. 初级计算

除了非常简单的情况下，一般的计算过程都应写下来。写下来不但可以减少错误发生率，而且也便于其他人进行复核。这些简单的初级计算写在描述行的右手端，可以先做初级计算再写项目描述，也可以写完项目描述后再做初级计算。它们必须书写清晰，交待计算式中的数字从何而来，尤其是那些不能直接从图纸上得到的尺寸。

5. 项目描述

对分项工程的内容，质量要求等的说明称为项目描述。有的估价师喜欢先写项目描述再做工程量计算，有的喜欢先做工程量计算再写项目描述，两者都可。一般项目描述的表示方法如表 4-5（a）所示：

项目描述的表示方法 表 4-5（a）

倍数	尺寸	计算结果	项 目 描 述	备 注
			34.000	
			16.000	
			50.000	
			2/=100.000	
			4/.215 .860	
			99.140	
			15.050	
			12.000	
			13.500	
			11.700	
			$\sqrt[4]{52.250}$	
			平均=13.063	
			12.050	
			1.013	
	99.14		条形基础基坑开挖	
	1.00		宽度不超过 300mm	
	1.01		最大深度不超过 2.00m	

如果一个项目描述同时适用几个工程量计算，一般可以这样表示，如表 4-5（b）：

项目描述的表示方法 表 4-5（b）

倍数	尺寸	计算结果	项 目 描 述	备 注
	99.14			
	1.00		现浇钢筋混凝土基础（21N/mm²—20mm	一个项目描述同时适用于几个工程量计算
	0.40		粗的骨料）浇筑在泥土上	式时，应该用括号把工程量计算式都包括进
	3.05			去
	0.76			
	0.45			

如果一个工程量适用几个项目描述时，那么每个项目描述都应用"&"组合起来。每一个 & 表明是一个单独的项目描述，这种情况下不需要用括号连接，其表示方法如表 4-5（c）所示。

项目描述的表示方法 表 4-5（c）

倍数	尺寸	计算结果	项 目 描 述	备 注
			混凝土基础（同上）	
			&	
	99.14		减去 开挖回填	
	1.00		&	
	0.60		增加 开挖材料外运	

需要注意的是不要把项目单位搞错。一个延长米项目在项目描述中乘以一个尺寸就成为了平方米项目，一个平方米项目在项目描述中乘以一个尺寸就成为了立方米项目。表4-5（d）和表4-5（e）分别说明了这一点。

项目描述的表示方法　　　　　　　　　　　　　　　　　　　　　　　表 4-5（d）

倍数	尺寸	计算结果	项　目　描　述	备　　　注
2/	5.33 5.79 7.00 4.50	5.33 5.79 14.00 4.50 29.62	25×100mm 圆形踢脚线 & 减去　踢脚线油漆 ×0.10＝2.96m²	延长米项目转变成平方米项目

项目描述的表示方法　　　　　　　　　　　　　　　　　　　　　　　表 4-5（e）

倍数	尺寸	计算结果	项　目　描　述	备　　　注
	6.00 4.50		开挖基坑底部压实 & 现浇钢筋混凝土底板厚度不超过 0.15m ×0.15＝4.05m³	平方米项目转变成立方米项目

四、工程量计算时的注意事项

（一）整体计算

在工程量计算时，应有这样的理念：一个建筑物是一个整体，计算时应从整体出发。某些项目可以先计算出大致的工程量，精确的结果在计算过程中进行调整。例如墙身工程，开始计算时不论有无门窗洞口先按整个墙身计算，在算到门、窗或其他相关分部时再在墙身工程中扣除这部分洞口工程量。抹灰工程和粉刷工程也可以用同样的方法来计算。如果门窗工程和粉刷工程是由不同的人来计算的话，那么最好由计算门、窗工程的人来做墙身工程量的扣除和调整。

采取这种整体式的工程量计算方法比一个个分部单独计算独立完成更为简捷、方便、准确。尤其是发生了计算错误的时候，比如在门、窗工程中忘了计算窗的工程量，而本应扣除的窗洞处的墙身和粉刷的成本至少可以弥补一部分窗的成本，这要比扣除了窗在墙身中的体积但却忘了计算窗的工程量要好得多。

（二）项目描述时应注意的问题

1. 项目描述应该简明清晰

承包商报价的时间一般很短，而且往往压力很大。如果遇到很长很繁琐的项目描述，那会浪费他们很多时间。如果项目描述含义不清，那么承包商的估价师还要判断该项描述究竟是什么含义。因而估价师在编制工程量清单写项目描述时应尽量小心地使用明确的词语，正确地使用技术用语。最好能使用 SMM 中的标准描述，但不能牵强地去套用不合适的标准描述。

2. 项目描述时要注意用词的连贯性

在不同部位的相同工作,描述时应使用相同的字句。如果采用不同的字句,会给做单价的人员造成一种印象,这些项目是不同的。例如下面这两个项目描述:"砖墙上二度抹灰"和"隔断上二度抹灰"虽然后者的隔断可能就是前者所提的砖墙,但一般估价师会认为这是二个不同的项目。因此如果同一个项目分别出现在不同的地方时,一定要使用相同的或相似的字句,或者注明该项目与前述项目相同。

3. 计算纸上的项目描述要与工程量清单相符

对于经常出现的项目可以在分部工程概要中描述,在具体项目时只需注明参考概要即可。例如,根据SMM7、H71.S.4,计算泛水时应考虑搭接长度。一般的做法是在分部工程概要中说明:所有的泛水应考虑100mm的搭接长度。今后有泛水的分项工程项目中不必再对搭接长度做说明了。这种做法可以简略项目描述,节省工程量计算的时间。

(三) 示意图的使用

SMM规定在提交工程清单时,应提交相应的图纸,在一些特殊情况下,还应用标齐尺寸的示意图来帮助详尽说明项目描述。估价师可以选择把这些示意图罗列成清单附在工程量清单中或者单独列在项目中,放在每个项目的项目描述中。

(四) 有关"额外项目"的使用 (Extra over)

有些分项工程被注明是其他项目的"额外项目",这表明计算单价时不应考虑这个项目的全部人工和材料的造价,因为它们一部分造价已经在其他项目中计算过了。例如:排水管道的弯头和接头或者天沟的端头和转角处都被注明是"额外项目",这说明计算排水管或天沟时是按它们的全长进行计算的,没有扣除构件所占的长度。计算排水管和天沟项目单价时,把构件按管道的单价进行计算,因而在计算额外项目单价时,只需计算构件比管道贵的那部分造价,因此在排水管道项目后面紧跟着的"额外项目"很明显是计算上述管道中弯头比管道贵的那部分成本。在工程量清单中额外项目一般都紧随着主项目,这样在计算时可以一起考虑。

第2节 工程量清单的作用与形式

一、工程量清单的作用

工程量清单的主要作用是为竞标提供一个平等的报价基础。它提供了精确的工程量和质量要求,让每一个参与投标的承包商各自报价。工程量清单通常被认为是合同文件的一部分,清单中的任何错误都允许在今后修改。因而在报价时承包商不必对工程量进行复核,这样可以减少投标的准备时间。工程量清单的作用如下:

1. 工程量清单为承包商提供估价的依据

工程量清单系统地提供了完成工程的所有工程量、人工、材料、机械以及对工程项目的说明。在工程量清单的开办费部分说明了工程所用的合同形式,以及其他影响报价的因素。在分部工程概要中,描述了所用建筑材料的质量和施工质量要求。工程量部分中按不同分部集中了所有的工程量。在清单的最后有一个汇总,承包商投标后各分部的总值在这里汇总,得出最后的工程造价。

2. 工程量清单为单价调整和变更的依据

通常根据合同条件，工程量清单中提供的分项工程的工程量都可用作单价计算变更的依据，如施工过程中建筑师更改了设计使工程量和质量要求与清单中产生了差异，估价师可在承包商中标时单价的基础上进行调整。

3. 工程量清单为业主中期付款提供便利

工程量清单还为业主的中期付款提供了便利。已经完工部分的造价可以从清单中直接引用编入中期工程造价中。

工程量清单还是工程决算的基础。决算时在中标的清单基础上，根据工程中的变更签证、中期付款等计算出工程总造价。

4. 工程量清单为承包商项目管理提供依据

对承包商而言，工程量清单除了具有估价的作用以外还具有以下的作用：

（1）编制材料采购计划　虽然完全根据工程量清单的工程量来安排材料采购计划是很危险的。但承包商可以设计图纸、施工规范和清单一起编制，这样会使工作更为简单、快捷。

（2）安排资源计划　根据清单的工程量和施工计划等，承包商可以找出人力、材料、机械使用的高峰期、低峰期，合理安排调整。尽量避免出现高峰期而不得不购置或租借更多的机械、雇佣人员，低峰期时又产生机械闲置、工人窝工的情况。合理地安排资源使现场的机械、材料、人工处于最经济的状态。

（3）用于施工过程中的成本控制　承包商可以根据工程量清单做一个成本控制计划。每个项目均有成本目标，争取施工时实际成本低于或等于成本目标。承包商不断地检查，若某个项目的实际成本超过了成本目标，就要计划在其他项目中降低成本，从而不超过总的成本目标。

（4）数据收集　承包商在施工过程中按工程量清单的划分，收集相关的数据，检查报价的准确性，为承包商的估价师提供信息反馈，建立公司内部的数据库，便于以后的报价。

二、工程量清单的形式

工程量清单一般分成 5 个部分：

开办费部分（Preliminary）；

分部工程概要（Preambles）；

工程量部分（Measured work）；

分包工程款和暂定金额（Provisional sum and Prime cost）；

汇总（Collections and Summary）。

下面分别介绍工程量清单的组成部分。

（一）开办费部分

设立开办费是为了让参加投标的承包商对工程的概况有一个大致的了解，并且提供影响价格组成的一些因素。在这一部分中，投标者可以知道参加工程的各方、工程地点、范围、可能会使用的合同形式以及其他。

在 SMM7 的 A 部分中列出了开办费应包括的项目，估价师根据不同工程的特点选择费用项目组成开办费。对于那些施工场地狭小的工程往往需要特别注意，施工方法的限制和邻近建筑的保护等都要列在开办费中。使用何种形式的合同对承包商也是很重要的。付款方式、自留金的比例、保修期的年限等都会影响工程的造价。如果使用标准合同，只需引用标准合同条款的编号即可。若使用非标准合同,那整个合同文本应与工程量清单一起提供给承包商,作为投标的依据。

开办费中还应包括临时设施费用,如现场办公室等一些基本的费用项目。

(二) 分部工程概要

在每一个分部或每一个工种项目的开始前,有一个分部工程概要,主要介绍和描述这个分部所用的人工、材料的要求和质量检查的具体内容等。

写分部工程概要的目的是为了减少在工程量清单中一些不必要的重复。一个分部中可能好几个项目都使用同一种材料,按规定每个项目的项目描述都要对这一材料的质量品种做一说明。为避免过多对同一材料的描述,比较简单的做法是在分部工程概要中对这一材料进行详细地描述,在实际遇到该种材料时只需在项目描述中说明该材料的要求,参考分部工程概要的描述即可。

通常工程所使用的建筑材料要符合国家标准。但是同一种材料在用途不同、形式不同的情况下,国家标准对其质量等级要求也是不同的。因而像这样的描述"低碳钢管质量要求按照国家标准1387$^\#$"是错误的。因为它没有说明该钢管是轻质的、中等的还是重型的低碳钢管,不同型号的钢管质量要求是不同的。同样也要避免使用如"由建筑师认可"这类不够精确的词语。但是如果对某一材料已经进行了详尽的描述确定了质量标准后,那么可以在描述的最后加上"……或其他达到同等要求和认可的材料"。一般在由承包商负责采购相同质量但价格较为便宜的材料时才使用这种描述。

(三) 工程量部分

工程量部分是占工程量清单比重最大的一个部分,它把整个建筑的分项工程的工程量都集中在一起。为了便于估价,分项工程按照一定的规则分类组成不同的分部工程。分部工程的分类可以有以下几种:

1. 按功能分类

分项工程按功能分类组成不同的分部工程。不管何种形式的建筑,把它具有相同功能的部分组成在一起。比如说屋顶为房屋提供水平方向的保护,所有组成屋顶的分项工程都集中在一起成为一个分部工程,因而屋顶可以由沥青卷材、屋面板、钢梁组成。这样的分类使工程量清单和图纸可以很快地对照起来,但也可能使某些项目重复计算。到目前为止,这种形式的分类最适宜工程进行成本规划,但并不被估价师普遍的接受,一般认为它对单价计算不很方便。有些估价师则采用剪辑整理的方法把工程量计算和单价计算拆开,克服了按功能分类计算工程量不利于单价计算的缺点。

2. 按施工顺序分类

按施工顺序分类的工程量清单是由英国建筑研究委员会开发的,意在不仅给承包商一个更适合和实际的报价基础,而且还有利于承包商准备施工计划和采购建筑材料。

工程量清单按照实际施工的方式来编制。但真正使用这种清单的却很少。因为编制这样一份工程量清单所花费的时间和费用太多。

3. 按工种分类

分项工程可以按工种分类组成分部工程。如分成砖墙混凝土,木工等。采用这种分类方法,一个工程可以由不同的人同时计算,每人都有一套图纸和施工计划,可能还包括门、窗洞口及粉刷。每个人的计算基础要相同。若计算砖墙的人扣去了门、窗洞口,那么计算粉刷的人也要扣去这些洞口。计算途径的不同使得计算结果也有一定的差别。

采用按工种分类计算工程量有以下一些优点：

（1）可以大大地减少核对人员；

（2）工程量计算人员集中在一个工种上，对该工种较为熟悉，不必被其他工种的内容打扰；

（3）一旦某个分部计算完毕，可以立即打印，这样可以节省文件编辑的时间。

使用这种分类方法的不利之处是每一个分部工程不断地重复计算。比如楼板、混凝土板属于混凝土部分，油漆属于粉刷分部，找平层属于铺砌分部，每个分部的工作人员都要计算同一个工程量。当然通过一定的方法可以减少重复率，如把主要项目的工程量贮存在计算机里，不同工种的计算人员都可以参考。

（四）分包工程款和暂定金额

1. 暂定金额

根据 SMM7 的规定，工程量清单应该完整、精确地描述工程项目的质量和数量。如果设计还未全部完成，不能精确地描述某些分项工程，应给出项目名称，以暂定金额编入工程量清单。在 SMM 中有两种形式的暂定金额：可限定的和不可限定的。可限定的暂定金额是指项目工作的性质和数量都是可以确定的，但现时还不能精确地计算出工程量，承包商报价时必须考虑项目管理费。不可限定的暂定金额是指工作的内容范围不明确，承包商报价时不仅包括成本，还有合理的管理费和利润等。

2. 不可预见费（Contingency）

有时在一些难以预测的工程中，如地质情况较为复杂的工程，不可预见费可以作为暂定金额编入工程量清单中，也可以单独列入清单中。虽然 SMM 中没有提及这笔费用，但实际工程运作当中却经常使用。这笔款项主要由建筑师和项目经理负责使用。

3. 分包工程款

在工程中如使用指定分包商或由指定供应商提供建筑材料时，他们的投标中标价应以分包工程款的形式编入工程量清单中。如果分包商为官方机构如国家电力局、煤气公司等，工程额应以暂定金额表示。因为分包工程款内容范围与工程使用的合同形式有关，所以 SMM7 没有对其范围做规定。但是建议在投标阶段应尽量让指定分包商明确分包的内容和职责，这样分包商可以准确地估算分包工程额和安排进度。一般分包商应知道以下一些内容：

（1）指定分包商的工作范围和大致工程量或工作额；

（2）工作地点，特别是大型机械的安置；

（3）分包商特别需要的临时设施的地点、尺寸（如果临时设施的详细情况不能提供，应用暂定金额表示）。

在计算分包工程款时应注意：

（1）计算材料款时除材料价格本身外，还应考虑一些其他因素，如损耗、运输费及其他。如由指定分包商提供的砖的价格为 150 元/1000 块，那么其损耗、运输费用等都应该包含在内。

（2）如果与分包商采用成本补偿合同形式，那么基本的人工、材料、机械价格要在合同中确定。

（五）汇总

为了便于投标者整理报价的内容，比较简单的方法是在工程量清单的每一页的最后做一个累加，然后在每个分部的最后作一个汇合。在工程量清单的最后把前面各个分部的名称和金额都集中在一起，得到项目投标价。如果投标被接受，这个价格就成为合同价。

有时工程量清单中会编入一些注解的表格。采用注解是为了让承包商知道某个工程项目在工程量清单的哪一个分部中可以查找得到。所有的注解都罗列在一起组成表格。表格的一边为项目名称，另一边则是项目使用的注解。通常只有那些与一般做法不同或具有特殊性的分项工程才使用注解。比如所有的窗台均采用预制混凝土，只有一扇是采用铺贴面砖，那么对这个窗台应采用注解的方法，指出它的位置。如果某些部分需要立即报价的，也要用注解的方法指出以避免拖延。

注解的方法不必太严格，不同的情况可以采用不同的方法。例如，某些项目内部需要铅封，这时在分部工程概要中简单地介绍一下就比采用注解的方法要更为合适。总而言之，注解是为了更好地将那些从图纸、施工计划或工程量清单中得不到的内容告诉投标人。

第3节 工程量清单的编制

一、工程量清单编制的原理

一般工程量清单的格式和标题的书写如表4-6所示。

工程量清单的表头和格式

清单4　　上部结构
砖石工程　　　　　　　　　　　　　　　　　　　　　　　　　　　　表4-6

序号	项目名称和描述	工程量	单价	合计
A	砖墙 普通砖墙，采用水泥砂浆（1∶1∶6）砌筑 墙，半砖，垂直的	97m²		
B	烟囱，两砖，垂直的	3m²		

左边的第一栏是用于项目的编号或参考号。比较宽的第二栏是写标题、副标题和项目描述的。通常每一页清单的左上角都重复说明该分部名称。第三栏是用于工程量和项目单位。有些清单把这两部分拆开分别说明，先写单位还是先写工程量根据估价师的习惯。后面三行是空栏给估价师填写项目单价和合价。

（一）参考号

使清单中任何项目都能够很容易地找到是很必要的。给项目编号时可以按清单顺序从头至尾依次编号，也可以在清单的页码加上一个字母表示某页上的第几个项目。通常字母"I"和"O"都省略不用以免与数字相混。采用依次编号的方法的缺点是：如果在最后要插入或删去某个项目时会打乱整个清单的编号。而采用页码加字母的方法，虽然灵活性较大，但它的编号只有在整个清单都编制完毕后才能确定。如某某页上的项目超过了26个，可以用"AA"或"AB"等两个字母表示。

（二）项目单位

填写项目单位时应该仔细，避免错误。如工程量计算时按立方米计算，在清单中却填成平方米，这样项目单价会相差很多。要插入某个项目时也应写清单位，不要省略。

（三）"同上"的使用

为了使项目描述较为简短，可以使用"同上"来表示前面已经说明过的内容。估价师要分清哪些内容是同上所述是很重要的。一个短的项目描述用一个"同上"可能足够了，但长的描述需要二个或更多。确定"同上"内容的简单的方法是找到一个转换字。例如：

混凝土天花抹灰二度12mm；

混凝土独立梁同上12mm。

这里的"同上"是指抹灰二度。

有时重复一些关键词是很必要的，例如：

管道沟开挖直径不超过200mm，平均深度不超过750mm；

同上平均深度不超过1000mm；

同上平均深度不超过1250mm。

由于第一个描述中有二个"不超过"，因此，第二、三个描述中重复了平均深度，这样不会混淆究竟是深度不变还是直径不变。如果是下面的描述：

同上管道直径225mm，平均深度不超过1000mm。

这样表明直径和平均深度都与原描述不同。

清单每一页的第一个项目都不宜用同上来表示，如需使用也应指出前面项目的参考号以便查询。如果使用"同上"会带来误解，则应避免使用。

（四）尺寸的表示方法

在项目描述中尺寸的描述应按照长度、宽度、高度的顺序。有可能的话，应尽量在描述中说明尺寸。如：

洗涤槽1000mm（长）×600mm（宽）×900mm（高）。

（五）标题的使用

标题的使用不仅使估价师能找到清单的各个部分，而且还可以减少项目描述的长度。通常标题可以分成以下四种：

（1）分部工程标题，如砖石分部；

（2）副标题，如砖墙部分；

（3）用于一部分项目的标题，如所有1：3水泥砂浆普通砖墙的项目；

（4）SMM规定的分标题，如"冷水"。

分部工程标题通常在每页清单的右上侧重复出现，其他的在新的一页上重复。这样可以不用翻看上页清单就知道目前清单的内容、名称。一个新标题的出现，表示原来的标题内容已经结束了。如果有混淆的可能，则应在一个部分结束后加上"某部分结束"的字样。

（六）重新组合法

有时，为了估价的方便，把一些本来分开的项目并在一起。例如：估价师在计算天沟配件时，把这个以个数计算的项目和天沟这个以延长米计算的项目放在一起。我们把这个方法称做"重新组合法"，如表4-7所示。

一般以延长米、平方米、立方米为单位的项目，工程量计算时精确到小数点后二位，但填入清单时四舍五入以整数计算。对于钢筋及钢结构构件等以重量计的项目，在清单中应精确到小数点后二位。

重新组合法形式 表4-7

序号	项目名称和描述	工程量	单价	合计
D	112mm 的半圆型 UPVC 天沟,用标准托架固定在木结构上	125m		
E	额外项目天沟末端	9个		
F	额外项目转角处	7个		
H	125mm 同上	34m		
J	额外项目天沟末端	2个		
K	额外项目转角处	3个		
L				

（七）各页合计

把各页的金额相加汇总有二种方法。第一种方法是把每页上的合计转至下一页上直至分部的最后。每页的最后应该如表4-8（a）所示。

工程量清单的表示方法（一）

清单页末汇总的表示方法 表4-8（a）

序号	项目名称和描述	工程量	单价	合计
	⋮			
	⋮			
	结转至本页小计	金额		

下一页的开头应该如表4-8（b）所示。

清单页首的表示方法 表4-8（b）

序号	项目名称和描述	工程量	单价	合计
	从上页结转至本页	金额		

分部的最后应如表4-8（c）所示。

工程量清单分部工程汇总的表示方法 表4-8（c）

序号	项目名称和描述	工程量	单价	合计
	⋮			
	⋮			
	所有项目结转至79页合计	金额		

这种方法适用于一个分部的页数不多，但一旦有计算错误会影响整个分部并且要重新计算。这种方法不常使用。

第二种方法是每页清单都做合计，然后分别转至分部最后。每页的最后应该如表4-9

(a) 所示。

工程量清单的表示方法（二）

清单页未汇总的表示方法　　　　　　　　　　　　　　　表 4-9 (a)

序　号	项 目 名 称 和 描 述	工程量	单　价	合　计
	⋮			
	⋮			
	本页第 84 页小计	金额		

每个分部的最后汇总应该如表 4-9 (b) 所示。

工程量清单分部工程汇总的表示方法　　　　　　　　　　表 4-9 (b)

序　号	项 目 名 称 和 描 述	工程量	单　价	合　计
	合计			
	第 80 页 小计			
	第 81 页 小计			
	第 82 页 小计			
	第 83 页 小计			
	第 84 页 小计			
	⋮			
	总共 120 页合计	金额		

（八）汇总

在清单的最后有一个汇总把每个分部的合计都汇合起来，如表 4-10 所示。有时最后还要加上保险、法律费用等其他与工程量无关的费用。

工程量清单总价汇总的表示方法　　　　　　　　　　　　表 4-10

序　号	项 目 名 称 和 描 述	工程量	单　价	合　计
	汇总			
	开办费　　　第 3 页至 10 页合计			
	地下室部分　第 11 页至 42 页合计			
	地上结构　　第 43 页至 92 页合计			
	⋮			
	本工程投标价	金额		

二、工程量清单的编制方法

一般工程量清单的编制方法有三种：

(1) 传统式 (Traditional working up)；

(2) 改进式，也称直接清单编制法 (Billing directly)；

(3) 剪辑和整理，也称纸条分类法 (Cut and Shuffle or Slip sortation)。

现对三种编制方法介绍如下：

(一) 传统式清单编制方法

传统的清单编制方法包括以下几个步骤：

1. 工程量计算

上一节中我们已经讲过了工程量计算的原理和应注意的问题，具体的工程量的计算将在下一章中详细地说明。这一部分是清单编制中最花费时间、最基础的部分。

2. 算术计算

这是一个把计算纸上的延长米、平方米、立方米工程量结果计算出来的过程。实际工程中有专门的计算人员来完成。在算术计算前，应先核对所有的初步计算，如有任何错误应及时通知工程量计算人员。在算术计算后再另行安排人员核对，以确保计算结果的准确性。

3. 抄录工作

这部分工作包括把计算纸上的工程量计算结果和项目描述抄录到专门的纸上。各个项目按照一定的顺序以工种操作顺序或其他方式合并整理。在同一分部中。先抄立方米项目，再抄平方米和延长米项目；从下部的工程项目到上部的项目；水平方向在先，斜面和垂直的在后等。抄录完毕后由另外的工作人员核对。一个分部结束应换新的抄录纸重新开始。

4. 项目工程量的增加或减少

这是计算抄录纸上每个项目最终工程量的过程。由于工程量计算的整体性，一个项目可能在不同的时间和分部中计算，比如墙身工程中计算墙身未扣去门窗洞口，而在计算门窗工程时才扣去该部分工程量。因此，需要把工程量中有增加、减少的所有项目计算出来，得到项目的最终工程量。该工程量应该为该项工程项目精确的工程量。不论计算时采用何种方法，这时的结果应该是相同的或相近的（不同的计算方法可能会引起细微的误差）。这部分工作结束后应派工作人员进行核对。

5. 编制工程量清单

这是按照传统方式和程序编制工程量清单的过程。先起草工程量清单，把计算结果、项目描述按清单的要求抄在清单纸上。在检查了所有的编号、工程量、项目描述并确认没有错误后，交由资深的估价师来编辑，使之成为最后的清单形式。编辑完毕后交由打字员打印完成。

资深的估价师会尽量把清单编辑得更为完美。他会考虑每个标题、句子、分部工程概要、项目描述等等的形式和用词，去掉多余冗长的字词，看有否难以读懂的词句，使清单更为清晰易懂。所有的修改都用红笔标出，易于辨认。下面是编辑完成的清单案例，如表4-11所示。

6. 打印装订

资深估价师修改编辑完毕后由打字员打印完成并装上封面成册。

采用传统的工程量清单的编制方法，其最大的缺点是每个项目的描述都要抄写3次——工程量计算时，抄录到专门的抄录纸时，起草清单时。虽然前二者可以用缩写或简写但仍然很浪费时间和人力。因而改变此种现象的方法就应运而生。

（二）改进式

改进的工程量清单的编制方法部分摒弃了传统的编制方式，也称直接编制清单法。

这种方法一直用于排水工程、细木工等那些可以自成一体的工程，或可以组成整个分部的工程。项目应尽量按实际情况计算净工程量，并且集合在一起。如果工程量计算人员和编制人员能够紧密地合作，这种方法可以用于小型和中型的工程。

工程量清单案例 表 4-11

序号	项目名称和描述	工程量	单价	合计
	F10 砖石墙身			
	地下结构			
	<u>清水墙 F10/102</u>			
	墙身			
A	半砖墙、一边清水墙	24m²		
B	半砖墙、成圆弧状，圆半径为 1350mm	1m²		
	一边清水墙			
	<u>一般墙身 F10/105</u>			
	墙身			
C	100mm 厚	98m²		
D	100mm 厚，圆弧状，圆半径为 1350mm	3m²		
E	100mm 厚，圆弧状，圆半径为 1150mm	2m²		
F	150mm 厚	28m²		
G	200mm 厚	105m²		
H	200mm 厚，圆弧状，圆半径为 1150mm	3m²		
	地上结构			
	<u>清水墙 F10/101</u>			
	墙			
J	半砖墙厚，一边清水墙	253m²		
K	半砖墙厚，圆弧状，圆半径为 1350mm	36m²		
	丁字砌法，一边为清水墙			
	本页第一页小计	金额		

工程量计算时尽可能地把相似的分项工程集中在一个分部中，这样可以简化类似项目的工程量收集。在每个分部结束时就可以做增加、减少工程量的工作。不象传统的编制方法要在所有的工程量都计算完毕后才能得到精确的分项工程工程量。但是采用改进式的编制方法必须做一些准备工作，如准备有关门窗、粉刷工程量的表格，这样计算时可以很快地从表格中找到洞口的尺寸，而不需要不断地查找图纸。

编写项目描述时应留有足够的空间，以便项目收集时可以做工程量增加、减少的调整。起草清单时，项目按照顺序依次编号直接写在计算纸上。

估价师已经成功地运用了直接编制清单的方法。这种方法最大的特点是在需要所有的图纸都齐全后，工程量计算才可以开始，而且采用集体计算的方法可能会漏项。但是它很适合用于开工后要重新计算工程量的工作，如分包商的工作。

（三）剪辑和整理法

这是一个完全排除传统编制方法的体系，也称纸条分类法。在原理上，它和传统方法很相似，即工程量计算以整体的方式进行；它与清单的顺序不同，所有的项目在计算完毕后再整理分类。传统方式中是通过把项目按正确的顺序摘录在特别规定的纸上。而剪辑和整理的方法中是用手工分类，在工程量计算结束后，把计算纸剪下按清单的顺序分类。描述相同的项目放在一起归于一类装订在一起，加上一定的修改，就可以直接打印成清单。

剪辑和整理法要比传统方式经济，这是大家已公认的。其主要的优点是不需要重复写项目描述和工程量，工程量计算一结束即可以打印成清单。但另一方面毫无疑问增加了计算的工作量。

剪辑和整理法介绍如下：

1. 计算用纸

剪辑和整理法编制清单所用的计算纸为 A4 纸，一般划分成 3 个或 4 个分部（表 4-12），每个部分将来都要被裁成单独的纸条。每个纸条上只能写一个项目，无论项目多么简单。若项目较为复杂可以分二三个纸条写完。那么，第一张纸条称为"母纸条"(Mother Slips)，其他的纸条称为"子纸条"(Children slips)。子纸条上的工程量最后要汇总在母纸条上，清单是根据母纸条打印的。

剪辑和整理法编辑工程量清单的计算用纸 表 4-12

8	7	6	\\ 4 \\ \\ 5	3			
				2			
				1			

下面简单介绍一下计算纸的用法：

（1）由估价师给工程量清单中项目编号。如果项目有参考号，这行可以不用填写。

（2）这一格用于项目描述。母纸条上的项目描述应该清晰、准确、完整，它将直接用于最后的清单。

（3）工程量计算结束后，母纸条上的这个空格将填上该项目工程量的结果，子纸条上不需填写。

（4）这里与传统式的计算纸一样划分，但最右手边的空行只用作初步计算，并且注明参考内容、图纸号。

（5）参考号。

（6）该纸条算术计算的结果。

（7）项目单位。

（8）分部工程名称。

2. 工程量计算的一般规则

使用剪辑和整理的方法编制工程量清单时，应注意以下的一些规定：

（1）计算纸上的项目描述应和工程量清单上的项目描述一样完整，不能使用缩写或简写代替，也不能使用"描述同前"之类的字眼。因为计算完毕后所有的纸条都要被裁开，若不完整地描述，估价师就不能充分地理解描述的内容。子纸条上的描述可以简略，编辑工程量清单时，它会和母纸条装订在一起，但子纸条上必须写明母纸条的参考号。如"25mm×10mm 软木踢脚线要求同 A-67"

（2）工程量的增加、减少必须在新的纸条上计算，在空格 2 中写项目描述前注明是工程量增加或减少。在空格 6 中再重复注明一次，这样计算全部完毕核对后，工作人员可以检查是否所有工程量增加或减少的纸条都已插入了各个项目中。

（3）分包工程量可以与其他的工程量一起计算。在编制清单时再分类装订。

（4）用不同方法计算的工程量（如某些项目用传统的方式计算）应该特别标出来以作区别。例如下水道窨井用传统方式计算，其项目用 XA 表示，管道用 XB 表示，然后把这些有特殊标志的项目列在表上方便查询。

3. 算术计算

工作人员计算出工程量的算术结果。计算人员算出每张计算纸上的结果，如有工程量相加、减少的项目，再计算出项目的最终结果，然后把结果填写在母纸条空格 3 中，而子纸条中的空格中不需填写。

4. 剪辑和整理

所有算术计算结束后，把所有的计算纸都复印，复印后的计算纸用来裁剪和整理。复印后的计算纸裁成独立的纸条，把母纸条、子纸条以及增加、减少的纸条订在一起然后按照清单的顺序分成不同的分部。这时工作人员应根据计算纸原稿，核对所有的纸条都已装订入册了。

5. 编辑

虽然使用剪辑和整理的方法不需要从计算纸上把项目描述和工程量计算抄录到清单上，但编辑工作却比传统的编制方法要复杂。编辑人员需要检查项目描述是否合适，排列次序是否正确。还要加入分部工程概要和各个标题，它们分别书写在空白纸上，然后插入清单。编辑时应用红色或其他醒目的颜色修改。

分包工程和暂定款部分一般采用传统方式编制。另外开办费部分和汇总也可以用传统方式。

工程量清单编辑完毕后，估价师应适当地指导打字员打印，特别是一些分部工程的标题和概要。采用剪辑和整理的方法不易发现错误，检查人员应特别注意。

第 4 节　工程量计算的方法

一个建筑项目是一个整体，计算时应从整体出发，这样可以便于计算。经常使用的工程量计算的方法有组合计算法、重复计算法、水平计算法三种，以下分别加以介绍。

一、组合计算法

虽然工程由各个分项工程组成，但内部有着一定的联系。把相关的项目组合在一起一同计算的方法称为组合计算法（Composite measuring）。

例如一般条形基础的工程量计算包括以下 6 个方面：

（1）场地准备（m^2）；

（2）开挖（m^3）；

(3) 土臂支撑（m²）；

(4) 混凝土条形基础（m³）；

(5) 基础墙身（m²）；

(6) 防潮层（m²）。

计算时把这 6 个方面结合起来作为一个整体看待。若要计算基础开挖的工程量，基础完工后一部分的开挖土方要回填，而剩下的部分则要处理掉。最好的计算方法就是假设所有开挖的土方均要回填，即开挖量等于回填量。混凝土基础工程量计算完了后再做调整。在回填工程量中减去混凝土基础的体积，如表 4-13（a）示。

组合计算法的说明（一）　　　　　　　　　　　　表 4-13（a）

倍数	尺寸	计算结果	项目描述	备注
	1.00 1.00 1.00	1.00	开挖 & 回填	
	1.00 1.00 0.20	0.20	混凝土基础 & 减去　回填 & 加上　土方外运	

编辑清单时可以按表 4-13（b）方式抄录。

工程量整理计算表（一）　　　　　　　　　　　　表 4-13（b）

工程量 \ 项目名称	开挖	回填	土方外运
	1.00	1.00　减去 　　　0.20	0.20

但是在计算砖墙和其他墙体时应该注意的是：

(1) 一般砖墙是以平方米计算，而基础工程，一般以立方米计算。

(2) 基础墙身的高度应计算到防潮层，而防潮层一般在地坪线以上，而作回填调整，只能计算到地坪线，如表 4-13（c）所示。

编制清单时应按表 4-13（d）方式抄录。

这时应该做一下核对。开挖的工程量应该等于回填的数量加上外运工程量的总和。另外混凝土基础工程量应与外运工程量相同。

组合计算法说明（二）　　　　　　　　　　　　表 4-13（c）

倍数	尺寸	计算结果	项目描述	备注
	1.00 0.95	0.95	砖墙 1 砖墙 （1∶3 混合砂浆） 0.80 0.15 0.95	这里假设防潮层高出地面 150cm

续表

倍数	尺寸	计算结果	项目描述	备注
	1.00 0.20 0.80	 0.16	减去 回填 & 增加 土方外运	地槽深度为1m，混凝土基础深度0.2m 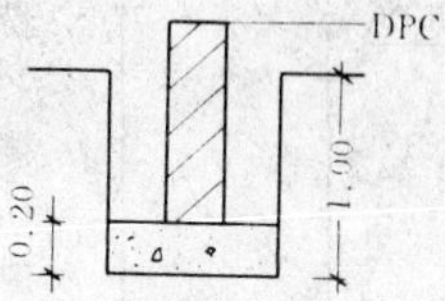

工程量整理计算表（二）　　　　　　　　表 4-13（d）

工程量＼工程项目	开 挖	回 填	土方外运
	1.00	1.00 减去 0.20 0.36　0.16 0.64	0.20 0.16 0.36

二、重复计算法

计算工程量时常常会发觉一些分项工程的工程量是相同的或者相似的，则可采用重复计算法（Repetitive measuring）。例如图 4-1 画出了一个建筑的三个高度：

(1) 地面高度，
(2) 楼面高度；
(3) 屋面高度。

这些分项工程都涉及了建筑水平面层，都用平方米计算，除了楼面格栅用延长米计算和屋面有檐沟等比楼面面板的面积大，其他面层的形状和尺寸有时完全相同，这样计算时可以只写一个计算式，如表 4-14（a）所示。

重复计算法的说明（一）　　　　　　　　表 4-14（a）

倍数	尺寸	计算结果	项目描述	备注
			屋面覆盖层（防水材料层） & 屋面找平层 & 模板 & 抹灰 & 粉刷工程 & 楼面覆盖层 & 楼面板 抹灰工程	

续表

倍数	尺寸	计算结果	项目描述	备注
	7.00 5.00		& 粉饰 & 楼面抛光 & 楼面粉刷 & 楼面找平层 & 混凝土地面（m³） & 三合土垫层	

当然，实际计算中把这些项目都放在一起是不现实的，但可以根据结构分成几个部分，如表 4-14（b）所示。

重复计算法的说明（二） 表 4-14（b）

倍数	尺寸	计算结果	项目描述	备注
	7.00 5.00		屋面覆盖层 & 屋面板	外部 通常屋面板和防水材料层放在一起计算
	7.00 5.00		抹灰 & 装饰 & 楼面面层	内部 楼板结构 上部
	7.00 5.00		抹灰 & 粉饰 & 抛光 & 楼面找平层	内部 楼面面层 下部
	7.00 5.00		混凝土地面（m³） & 三合土垫层	地面

重复计算法特别适合装饰工程。例如在管道工程，木框或其他延长米项目的油漆都可与项目一并计算。但要注意，木质框架除外，因为木头有接头，工程量要比油漆工程量大。另外细木工部分的油漆也和抛光一样要比项目的实际工程量大。另一个需要注意的地方是门，门的工程量是以扇计算的，但油漆是以平方米计算的。

下面我们取一个简单的例子用重复计算法来计算一下。假设：有一间房间平面尺寸为 6.00m×4.50m，地面至顶面高度为 2.40m，不考虑洞口工程量计算。实际计算中一般先做平方米项目再做延长米的项目，如表 4-15 所示。

三、水平计算法

为了避免重复地写项目描述，而把相关的项目组合在一起使用同一个描述的方法称为水平计算法（Parallel measuring）。比如管道工程，计算管道长度、配件、人工等都需要在项目描述中不断地说明管道情况。根据水平计算法，可用三张一组的计算纸来计算，把它们分别编号，以便分辩。开始计算时，三张并排排列，计算哪一部分就写在哪一张计算纸上。第一张计算纸用来计算管道长度，对管道情况描述后按不同的尺寸分别计算长度，并且说明连接件等配件的型号。在第二张计算纸上按型号尺寸计算配件。第三张计算纸用于计算人工，包括开挖沟槽等。

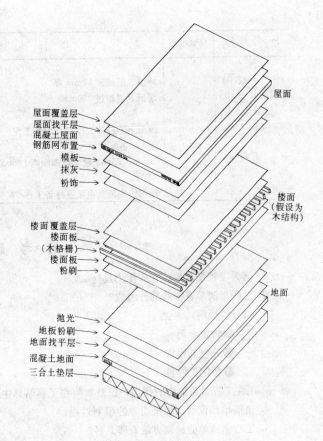

图 4-1　楼地屋面面层分解图

编制清单时只要根据需要按规定重新排列即可。另外，在一个面层上同时使用不同种油漆时也可以用水平法计算。

重复计算法例题说明　　　　　　　　　表 4-15

倍数	尺 寸	计算结果	项 目 描 述	备　注
	6.00 4.50		10mm 厚天花板石膏板宽度超过 300mm，固定在天花龙骨上 & 石膏板天花准备和做乳胶漆二度 & 25mm 厚硬木企口地板 & 二层填缝料做地板 　　　　　6.000 　　　　　4.500 　　　　　10.500 周长　　　×2 　　　　　21000	

倍数	尺 寸	计算结果	项 目 描 述	备 注
		21.00 2.40	墙面二层抹灰 12mm 厚 墙面宽度超过 300mm & 墙面上乳胶漆二度及其准备工作	
		21.00	75mm×25mm 软木踢脚线高 12mm 贴在砖墙上 & 踢脚线底漆及面漆及准备工作	

思 考 题

1. 何为工程量清单？它的作用是什么？
2. 工程量清单有哪些部分组成？
3. 请分别说明：
    ● 暂定金额
    ● 分包工程款
    ● 暂定工程量
   在工程量清单中的作用，以及如何在工程结算中调整。
4. 请简单地说明工程量清单的编制过程？
5. 工程量清单的编制方法有哪几种？
6. 工程量计算的方法通常有哪几种？

第5章 工程量计算规则

本章主要介绍了英国工程量计算规则 SMM7 的计算原理和规则及其在工程量计算时的具体应用。本章把建筑工程划分为地下结构工程、钢结构工程、混凝土工程、门窗工程、楼梯工程、屋面工程、粉刷工程等分部，根据各个分部的重点和要点分别讲解具体的计算方法和程序，并且在每个分部后都附有例题，使读者有一个感性的认识，对工程量计算方法及其具体应用有较深的理解。

第1节 地下结构工程

在开始地下结构工程的工程量开始计算前，应先核对图纸，确信已充分掌握了有关地面标高的所有数据。如果数据不足，可以在图纸上用坐标方格来确定一些标高。另外估价师还要不断地去工地现场察看周围已有建筑的位置，核对开办费中的费用项目，计算实际工程量等。工程量计算时，需要注意表面草皮、土方堆放、地下已有建筑物或构筑物的破除等问题。钻孔取土做地质勘察得到的土质状况和地下水位等也会影响工程的造价。估价师可以在拿到图纸开始计算工程量后再去现场，这样可以有目的察看一些有疑问的地方。但是如果工程的性质是改扩建，那么尽早地察看现场更是十分必要的。

一、地下结构工程量计算有关规则

（一）场地准备

1. 表土去除（Topsoil）

新建工程建造在自然土上时，需要单独立一个项目，项目单位为平方米，项目内容为保存去除的表土草皮并在工程结束后回填。工程量按基础建筑面积计算。如果场地太小需要场外堆放时，还要设立一个立方米项目计算表土外运的工程量，并在项目描述中写明堆放地点。基础的开挖包括条形基础、片筏基础的开挖都从这一标高开始。如果场地内有混凝土道路要破除，应再立二个项目，一个为破除现有硬面道路，项目单位为平方米，项目描述中说明道路的厚度；另一个项目为破除材料的外运，项目单位为立方米。

2. 场地平整（Leveling）

计算地下结构时，经常会碰到以下三种标高：

（1）混凝土基础底部标高；

（2）现有地面标高；

（3）楼面标高。

标高（1）和（2）用于基础开挖的工程量计算，标高（1）和（3）可用于墙体的高度。一块场地内的自然地面标高通常是不同的，因而工程量计算时要计算出一个平均标高。如果场地内所有的楼面标高和基础底部标高都分别相同，那么，基础开挖工程量的计算就比较简单。相反，如果不同就比较复杂了。例如基础底部呈阶梯状，就需要按不同高度分段计算。为了避免计算错误，每个阶段用一种颜色笔在图纸上表示出来，分几段用几种颜色。

为了达到平均地面标高，通常场地的一部分要铲去，而另一部分则需填平。从图 5-1 我们可以看出地面标高要降至 44.00m（楼面板下 300mm）。标高 44.00m 是挖填分界线（Cut & Fill line）。分界线右边部分要挖去，左边部分要填平。如果场地平整前还要去掉 150mm 表土，那么分界线标高应为 44.15m。

平均地面标高的挖填工程量计算完毕后才能计算基础开挖工程量。

（二）土方工程

1．开挖

开挖工程量的计算不考虑土体开挖后的膨胀因素，按基坑尺寸计算，膨胀因素由承包商在报价时考虑。

（1）条形基础的开挖

条形基础地槽开挖工程量为地槽的

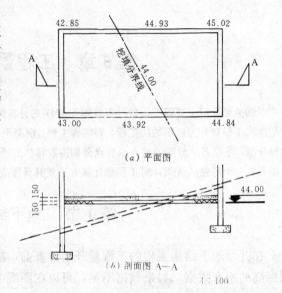

图 5-1 场地平整示意图

长×宽×高。一般条形基础分成外墙下条形基础和内墙下条形基础两个部分。

1）外墙下条形基础：外墙下条形基础土方开挖工程量的计算方法是算出条形基础的中心线长度和宽度。在第 4 章的组合计算法中，我们提到了条形基础的中心线长度即是地槽的中心线长度，同样的条形基础的中心线宽度也就是地槽的中心线宽度。而地槽的深度是指从基础底面至平均地面标高的高度。

建筑物外墙的厚度不同时，外墙下条形基础的宽度也会不同。根据 SMM7 D20，地槽宽度不超过 300mm 时，开挖工程量要单独计算。SMM7 还规定，混凝土基础深度不同时也要分别计算，如阶梯状的基础。地槽深度按 0.25~1m，1~2m，2~3m 等以此类推进行分类。

2）内墙下条形基础：内墙下条形基础开挖工程量亦是地槽的长×宽×高。但要注意，这里的地槽长度不是取地槽的中心线长度，而是地槽的净长度，也就是扣除了内墙与外墙或内墙与内墙相交的接合处的长度（图 5-2 中打叉的地方）如果不扣除的话，这部分体积就重复计算了。虽然这看上去无足轻重，但由于工程量计算通常采用组合计算法，地槽的长度不仅用于计算开挖工程量，还要用于混凝土基础、墙身等计算，这样带来的误差就不可忽视了。

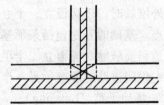

另外，根据 SMM7 的规定：所有基础的开挖面若低于现有地面标高以下 250mm，必须在项目描述中注明开挖面的初始标高。

（2）地下室基础的开挖

地下室基础的开挖一般从表土底部或场地平整后的标高到地下室底板下。如果只有部分建筑有地下室基础，那么先按全部为地下室基础计算，然后再做调整，这样会比较简单一些。如果地下室基础下还有条形基础,条形基础的开挖再从地下室底面开始。图5-3为基础开挖示意图。

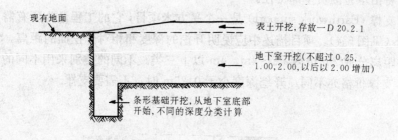

图 5-3　基础开挖示意图

(3) 独立基础的开挖

独立基础的开挖同条形基础、地下室基础一样,以立方米计算,工程量为独立基础地坑实体积,并在项目描述中说明独立基础的个数。

(4) 开挖的额外项目 (Excavation Extra over)

如果开挖面或部分开挖工程在地下水位下,应再立一个额外项目,单位为立方米,工程量为地下水位下的开挖工程量,不分开挖深度和基础类形。

2. 土方回填和外运

基础工程结束后需要土方回填,开挖大于回填的那部分土方则需要外运(假设回填的材料与开挖得到的材料相同)。一般为了计算简便,回填工程量总是和外运工程量一同计算的。

计算土方外运前必须确定现场是否能够堆放,若不能堆放就需全部外运。全部外运的工程量即为开挖的工程量,那么最简单的方法就是在计算每一个开挖项目的同时用"&"立一个外运项目。如果开挖出来的土方中有部分要回填,部分外运,那么计算就比较复杂,一般采用这样的方法:在计算了开挖工程后,同时再计算一个回填项目,工程量与开挖工程量相同。实际回填工程量在计算了混凝土和砖墙工程后再做如下调整:

减去　回填土,回填时每层平均厚度不超过0.25m。
　　&
加上　开挖土方外运。

在所有的工程量计算完毕后,有专门的计算人员算出回填工程和外运工程最后的算术结果。当需要外运的工程量与混凝土和砖石等基础工程工程量的总和相同时,那么回填计算式中所剩下的数量就是实际要回填的数量。但是,使用这种计算方法要注意两个问题:

(1) 计算基础工程时不要忘记对回填和外运工程量进行调整。

(2) 对回填工程量进行调整时,混凝土和砖石工程的计算高度不得超过回填高度(上一章曾提及)。

在计算地下室基础开挖时,先假设开挖出来的土方全部外运较为简单,数量与开挖工程量一样。然后再据实际情况加上回填数量,并在外运工程量中减去这一部分工程量。如果回填的不是开挖出来的土方,而是三合土或其他材料,应该在项目描述中说明回填材料。

(三) 土臂支撑

在开挖深度大于 0.25m 或土臂面与水平面角度大于 45°时,应该计算土臂支撑。承包商是否确实在施工过程进行支撑由承包商自行决定。但是,一旦由于承包商未进行支撑而引起塌方,将由承包商负全部责任。

土臂支撑 (Earthwork support) 是一个平方米项目,它的工程量为所有需要支撑的土臂的表面积 (见图 5-4)。项目描述中应说明开挖的深度和相对开挖面的距离。SMM7 把相对开挖面的距离分成 2m 以内,2~4m,4m 以上三类。不同的类别采用不同的支撑方法 (见图 5-5),支撑价格亦不同。开挖深度小于 0.25m 时,不需要支撑。

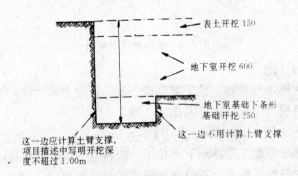

图 5-4 支撑工程量计算示意图

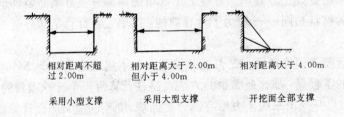

图 5-5 支撑方法示意图

(四) 工作空间

在计算地下室基础工程量时必须考虑到采用何种防水方法以及如何施工。如果要在外墙面外铺设防水层的话,那么根据 SMM7 D20.6 规则规定,开挖面距外墙外小于 600mm 时应计算工作空间。

工作空间 (Working space) 以平方米计算。工程量为整个工作面的长度乘以工作面的高度。工作面高度是指开挖面到防水层底部的距离。我们用以下三个例子来说明如何计算工作空间。

图 5-6 (a) 例子中防水层节点向内,这说明防水层的施工是从墙内侧进行的。这种情况下不需要考虑工作空间。

图 5-6 (b) 例子中防水层节点向外,说明施工是从外墙外侧进行的,这样如果外墙面距开挖面的距离小于 600mm 时,必须要考虑工作空间。工作空间的计算高度为开挖水平面至防水层底部的距离 (箭头所指的位置)。长度为防水层铺设的长度。

图 5-6 (c) 例子中的防水层是从墙外进行施工的,并且另砌有半砖保护墙。工作空间的宽度应从保护墙的外侧算起,若到开挖面的距离小于 600mm,应该考虑计算工作空间。它的高度为地面至防水层底面的距离。

除了铺设防水层外,地坪以下的混凝土墙、地梁等施工时需要模板或要砌筑保护墙时,都需要考虑工作空间。计算方法与防水层工作空间的方法一样。

(五)混凝土基础

混凝土工程主要有三个部分组成:混凝土、钢筋、模板。这与国内的计算方法有所不同,国内把钢筋和模板综合在定额单价中考虑,工程量计算时不用单独计算。而 SMM7 规定混凝土、钢筋、模板要分别计算。如果建筑师指定钢筋由专业分包商提供,这时不必计算钢筋数量,只需在工程量清单中加入分包商的报价。下面我们分别说明如何计算混凝土、钢筋和模板。

1. 混凝土

混凝土基础和地梁按实体积计算,单位为立方米。混凝土工程量中不扣除钢筋和小于 $0.05m^3$ 的洞口,不分基础的深度。项目描述中应说明是素混凝土还是钢筋混凝土,浇捣基层是土或三合土。素混凝土的计算方法和钢筋混凝土一样,只是钢筋混凝土中的骨料要比素混凝土中的要细。

混凝土底板、垫层、柱基底座均按混凝土板计算,除了在项目描述中说明有无钢筋和浇捣基层外,还应说明

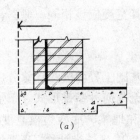
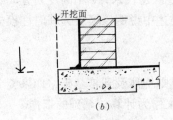
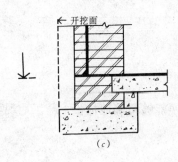

图 5-6 工作空间工程量计算示意图

板的厚度,SMM7 中板的厚度分为小于 150mm、150~450mm 和大于 450mm 三种。

条形基础和独立基础一般套用混凝土基础项目。计算条形基础开挖工程量时的中心线长度和宽度可以用来计算条形基础的混凝土工程量,厚度则按设计要求。地下室基础一般套用混凝土板和墙身项目(墙身工程量的计算在墙身工程中说明)。计算时先算出地下室基础的中心线、外包线周长会比较容易些。

2. 钢筋

钢筋以重量计算,项目单位为吨。采用钢筋网配筋时以平方米计算。

浇捣钢筋混凝土基础时,基础底部通常需要 50~70mm 的垫层。这样的垫层在图纸上是不表示出来的,估价师应该向建筑师或者结构工程师询问是否需要。如果需要,应在混凝土工程中计算。

SMM7 规定钢筋的重量包括钢筋弯头和弯钩的重量。它分成水平钢筋和插筋。水平钢筋指与水平面的角度小于 30°的钢筋。小于 12m 的钢筋要单独计算,并按 12~15m,15~18m,以此类推分别计算。如没有特别要求,应该考虑搭接长度。受拉钢筋的搭接长度至少是钢筋直径的 25 倍加 150mm。受压钢筋的搭接长度至少为钢筋直径的 20 倍加上 150mm。扭转钢筋和变形钢筋另行计算。插筋是指与垂直面的角度不超过 30°的钢筋。小于 6m 的钢

筋单独计算,并按 6～9m,9～12m,以此类推分别计算。实际计算时混凝土的长度可以用来计算钢筋的长度,但必须减去两边的混凝土保护层。

钢筋网配筋以平方米计算,一般配于混凝土的上部,其宽度应该相同。倾斜部分,弯曲和穿绕等都包括在内,不另行计算。

3. 模板

素混凝土基础工程不需计算模板工程量。钢筋混凝土基础工程的模板计算分成两大部分:钢筋混凝土基础边模和钢筋混凝土地梁、底板边模。无论何种基础形式,条形基础或独立基础都可套用钢筋混凝土基础。钢筋混凝土基础边模和地梁、底板边模高度大于1m时,按模板面积以平方米计算;当小于等于1m时按模板长度以延长米计算,高度划分成三类小于250mm,250～500mm,500～1000mm,并且在项目描述中说明该模板为临时性模板还是永久性模板。

(六) 桩基础

在英联邦体系下,市政工程计算规则和建筑工程计算规则均涉及到桩基础。如果整个工程采用建筑工程的标准合同文本,那么应该选用SMM7来作为计算桩基础的依据。

在计算桩基础前,业主必须提供下列图纸:

桩平面图;

不同类型桩的分布图;

工地现有建筑和工程位置图;

与相邻建筑的关系图。

另外还需提供有关土质或者地质勘察,地状报告,以便能够精确地估价。若工地现场靠湖、运河,还需提供地平面高度与其他河面高度的关系。

桩基础一般分成板桩和承压桩两大类。

板桩有临时性板桩或永久性板桩,一般在开挖时使用,承压桩用来承压和传递重量,可以是预制桩,也可以是钻孔灌注桩。

不管何种形式的桩,必须在项目描述中写明桩的打入深度和实际长度。

1. 板桩

板桩的计算一般由下列项目组成:

整根桩的打入面积;

整根桩的面积;

桩的连接;

截桩;

杂项。

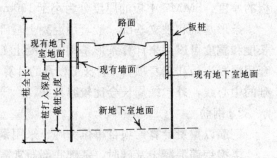

图 5-7 板桩工程量计算示意图

(1) 整根桩的打入面积:这是个平方米项目。工程量为打入深度乘以桩的宽度。打入深度指沿着桩的轴心线从现有地面到桩尖的长度(见图5-7)。

(2) 整根桩的面积:这也是个平方米项目。根据SMM7,按桩长分为三类:桩长不超过14m,14～24m,大于24m,分别套用并且在项目描述中说明桩的断截面尺寸(见图5-7)。

(3) 桩的连接:当桩的长度不够时需要接桩,接桩时要计算二个项目:

1) 需要接桩的桩长:划分为连接长度小于等于3m和大于3m两种。

2) 接桩的数量：以根计算。

在上述的两个项目描述中都需说明桩的截面面积。接桩是否倾斜，以及接桩的材料是否采用从其他桩上截下来的材料等都需要详细说明。项目内容中已包括所有的工作，如电焊。

（4）截桩：项目单位为延长米。工程量为每根桩应截去的长度。项目内容包括了截桩所需的工作空间以及工作空间的回填和土方外运。

（5）额外项目（Extra over）：项目单位为延长米，工程量为桩的全长。主要包括一些转角处桩的处理、延接、封闭等工作。

板桩可以是临时性的，也可以是永久性的。临时性板桩一般在基础施工完毕后拔出，拔桩要单独立项，费用另计。

桩的工程量计算主要取决于桩的设计程度。若桩的施工图设计都已完成，计算工作比较简单。若仅在初步设计阶段，很多数据都需要猜测，工程量清单中的工程量为估计数，待工程开始后再重新计算。

2. 预制桩

预制桩的工程量计算一般包括以下的项目：

桩的数量；

桩的打入深度；

接桩；

截桩。

（1）桩的数量：项目以根计算，工程量为桩的数量，项目描述应说明桩的长度以及桩打入的起始标高。

（2）桩的打入深度：项目单位为延长米。打入深度指沿着桩的轴心线从打入的起始标高至桩尖的长度。

（3）接桩：接桩计算需立二个项目。

1) 接桩数量：以根计算。

2) 接桩长度：项目分为接桩长度小于等于 3m 和大于 3m 两类。

桩的接头和电焊等接桩工作均包括在项目中。

（4）截桩：项目单位为延长米。项目内容应包括把桩的钢筋与桩帽或与地梁的钢筋连接或割除的工作。

如果设计师或建筑师要求试桩，则需另立测试项目。项目描述中说明测试所需的时间、方法和要求。需要桩复打时，应另行计算复打的数量。

3. 钻孔灌注桩

钻孔灌注桩的工程量计算一般包括以下项目：

桩的数量；

桩混凝土部分的长度；

最大的钻入深度；

钢筋；

泥浆处理。

（1）桩的数量：项目以个计算。项目描述中说明钻入的起始标高。

（2）桩混凝土部分的长度：按实际长度计算。

(3) 最大的钻入深度：以延长米计算。钻入深度是沿着桩的轴心线从钻入的起始标高到钻孔底部的长度。

(4) 钢筋：以吨按重量计算。一般钻孔桩的钢筋由插筋和螺旋箍筋组成。插筋的计算较简单，在以前也已讲过。螺旋箍筋则较复杂。我们可以采用下面的方法来计算：

把螺旋箍筋的长度看作是一个直角三角形的斜边，两个直角边一边为螺旋箍的高度，另一边为螺旋箍的圆周长×圈数（见图5-8）。这样螺旋箍的总长度可以通过计算假想的三角形斜边很容易地计算出来了。

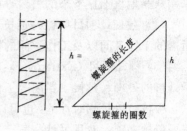

图 5-8 螺旋箍筋计算示意图

钢筋的项目描述中要说明插筋和螺旋箍的直径和桩的直径。项目内容包括钢筋绑扎浇捣所用的铅丝、弯头、垫块等。

(5) 泥浆处理：项目单位为立方米，工程量为桩的断截面积乘以混凝土长度。项目描述中应说明是场内堆放还是场外堆放。钻孔灌注桩的泥浆处理是一个比较特别的问题，因为钻孔出来的土较湿，取出后先堆放在孔边，待过了一段时间风干后再一起运走。

如果打桩采用永久性套管，则需另行计算套管的工程量。项目描述中说明套管的内径和厚度。设计要求试桩的话，要另计算试桩。

（七）地下连续墙

随着地下室深度的增加，地下连续墙的使用也越来越多。地下连续墙是指地坪以下用作承压或抵挡的封闭的墙。由于地下连续墙在地坪以下较深处，必须采用特殊的机械进行挖掘。一般需在地下连续墙的一边或二边先筑导墙以承受挖掘机的重量，地槽挖掘后放入钢筋笼用泵打入混凝土。

地下连续墙的计算与桩一样，需要业主提供：

(1) 地下连续墙的平面图以及它与周围建筑的关系；

(2) 地下连续墙的深度、长度和厚度。

另外还需提供场地土质和地质地状勘察报告。

一般地下连续墙工程量的计算应包括以下几个项目：

1. 土方开挖和土方处理

土方开挖项目单位为立方米，工程量为地下连续墙的长度×深度×厚度，地墙深度是指从开挖起始面到底部的高度。项目描述中应说明地墙的厚度和深度。

土方处理一般指土方外运，地墙开挖的土方不能做回填使用必须全部外运。项目以立方米为单位，工程量与地墙开挖工程量相同。

2. 地下连续墙混凝土工程

地下连续墙混凝土工程以立方米计算，工程量以实体积计算混凝土工程量，一般与开挖工程量相同，并扣除大于 $0.05m^3$ 的洞孔，项目描述中应说明地墙的厚度。

3. 钢筋

地下连续墙的钢筋一般先在场地绑扎成钢筋笼，其计算方法与以前讲的钢筋计算一样，以吨为单位。

4. 导墙

导墙项目的单位为延长米,工程量为导墙的长度,也就是地墙的长度。项目描述中应说明该工程做了一面导墙还是二面导墙。项目内容应包括导墙的开挖、土方处理、土臂支撑、混凝土、导墙钢筋、模板等。

另外,地下连续墙工程量的计算还应包括地墙顶面的处理,按延长米计算;工作空间的回填、地墙顶面的刮平等按平方米计算;导墙的拆除以延长米计算,项目中还包括导墙拆除后碎混凝土的处置。

如果地下连续墙要作防水节点处理或测试,应另行计算。

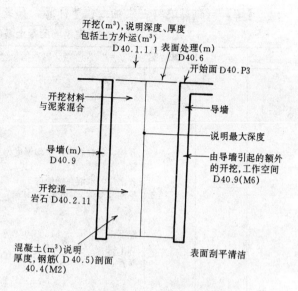

图5-9 地下连续墙工程量计算示意图

为了帮助理解,把地下连续墙计算的一般项目画成示意图如图5-9。

二、地下室基础工程量计算实例

【案例5-1】 地下室基础施工图如图5-10所示,试计算现浇钢筋混凝土基础工程量。

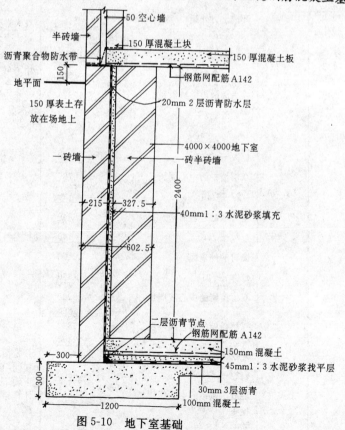

图5-10 地下室基础

【解】 钢筋混凝土基础工程量计算，如表 5-1 所示。

地下室钢筋混凝土基础工程量计算表   表 5-1

倍数	尺寸	计算结果	项 目 描 述	备 注
			4000 2/602$\frac{1}{2}$ 1205 2/300 600 5805	
	5.81 5.81		开挖、保存表土，平均厚度为 150mm & 表土均匀地铺在场地内 平均厚度为 250mm×0.15＝_____ m³	D20.2.1.1 D20.8.3.2

			2400
			 混凝土 150
			 找平层 45
			 沥青 30
			 混凝土 100 325
			                    2725
			
			 到防潮层 150
			 表土 150 300
			                    2425	

	5.81 5.81 2.43		地下室基础开挖 最大深度不超过 4m & 开挖土方外运	D20.2.3.4 D20.8.3.1 在大部分土方需要外运时，可以先假设土方全部外运，然后再做调整。

			周长计算
			 4/4000 ＝16000
			 4/2/2$\frac{1}{2}$/327$\frac{1}{2}$ ＝ 1310
			 一砖墙的中心线周长 17310
			         327$\frac{1}{2}$
			          40
			 4/2/$\frac{1}{2}$/367$\frac{1}{2}$ ＝ 1470
			 双层墙中的中心周长 18780
			 4/2/$\frac{1}{2}$/40 ＝ 160
			 空心墙的外表面 18940
			 4/2/$\frac{1}{2}$/20 ＝ 160
			 沥青的外表面 19100
			 4/2/$\frac{1}{2}$/215 ＝ 860
			 双层砖墙的中心线周长 19960
			             ＝ 860
			 双层砖墙的外包线周长 20820
			 4/2/300 ＝ 2400
			 开挖面周长 23220
			 4/2/$\frac{1}{2}$/1200 ＝ 4800
			 混凝土基础的中心线周长 18420
			 检查
			 5805×4＝23220
				中心线周长的计算结果在将来的计算中会有用。
				
				 开挖面的周长应与表土开挖的周长相同，以此来检查上述周长计算是否正确。这种检查十分重要，如果周长计算错误会影响到今后的工程量计算。

续表

倍数	尺寸	计算结果	项目描述	备注
	23.22 2.58		表土　2425 　　　 150 　　　2575 土臂支撑，最深不超过4m 相对土臂之间的距离不超过4m	D20.7.3
			混凝土板　 300 　　　　 －100 　　　　　200	D20.2.6.1-1
	18.42 1.20 0.20		条形基础开挖 地槽宽度不超过0.3m 最大深度不超过0.25m 开挖面位于地面标高下2.58m &	
			条形基础开挖土方外运	D20.8.3-1
	18.42 1.20		表面处理，开挖底部压实	D20.13.2.3 压实的方法应在分部工程概要中说明
	23.22 0.20		土臂支撑 最大深度不超过4m，相对开挖面之间的距离不超过2m	D20.7.3.1 地槽内不需要计算土臂支撑，因为地槽的深度没有超过0.25m
	18.42 1.20 0.30		现浇混凝土基础 （20N/mm²－20mm） 直接浇捣在土上	E10.1.0.0.5 计算混凝土时，应说明强度等级以及骨料粒径
			5805 　　－2/1200　2400 　　　　　　 3405	E10.4.1.0.5
	3.41 3.41 0.10		现浇混凝土底板（20N/mm²－20mm）厚度不超过150mm，直接浇捣在土上	计算混凝土板时应说明板的厚度
	3.41 3.41		表面处理 开挖底部压实	D20.13.2.3
			4000 墙 2/327 1/2 ＝ 655 填充料 2/40　 ＝ 80 　　　　　　　 4735 沥青层 2/20　 ＝ 40 　　　　　　　 4775	
	4.78 4.78		混凝土底板表面刮平以便做沥青防水层	E41.3
			［外墙］ 　　　　　 2725 减去混凝土板　100 　　　　　 2625 沥青防水层　 20 　　　　　 2605	

87

续表

倍数	尺寸	计算结果	项　目　描　述	备　　注
	19.96 2.61		普通砖墙 1砖厚，垂直、英式砌法 1:3水泥砂浆	F10.1.1
	17.31 2.40		［内墙］ 普通砖墙 1砖半厚，同上　　　　　　19100	F10.1.1.1
	18.86 2.40		$-4/2/\dfrac{1}{2}/60$　　　　　　　　240 　　　　　　　　　　　　　　18860	F30.1.1.1
	18.78 0.04 2.40		空心墙夹缝60mm宽 1:3现场浇制水泥砂浆 填充空心墙夹缝，厚度不超过150mm	F10.8.1 砂浆的计算方法同混凝土一样
			沥青防水层及防潮层的施工按英国标准 BS1097。做完后用细砂覆盖	
	4.78 4.78		防潮层，宽度不超过300mm 厚度为30mm，在混凝土上涂三层	J20.1.4.1 J20要求防潮层计算时说明厚度、层数及底部材料
	19.10 2.61		防潮层，同上，宽度不超过300mm 20mm厚，在砖墙上涂二层	J20.1.4.1
	19.96 0.23		防潮层同上，宽度在150～225mm之间，厚度为20mm，在砖墙上涂二层	J20.1.2.1 防潮层涂在一砖墙顶部
4	19.10 2.61		实心沥青结点45×45	J20.12.1 水平沥青层和垂直沥青层的相交处的结点在计算完垂直沥青层的计算
	20.82		沥青防水层边刮平	J20.13
	4.75 4.75		1:3水泥砂浆找平层，厚45mm	M10.5.1
	4.74 4.74 0.15		［底部混凝土板］ 现浇钢筋混凝土板 ($20N/mm^2-20mm$) 厚度不超过150mm	E10.4.1.0.1
			［顶部混凝土板］ 　　　　　　　　　　　　4000 $2/60 2\dfrac{1}{2}$　　　　　　　　1205 　　　　　　　　　　　　　　5205 墙　　　　$102\dfrac{1}{2}$ 空心部分　　50 $2/152\dfrac{1}{2}$　　　　　　　　305 　　　　　　　　　　　　　　4900	
	4.90 4.90 0.15		现浇钢筋混凝土板同上 　　　　　　　　　　　　4735 保护层2/20　　　　　　　　40 　　　　　　　　　　　　　　4695 　　　　　　　　　　　　　　4900 保护层2/20　　　　　　　　40 　　　　　　　　　　　　　　4860	E10.5.5.1.0.1

续表

倍数	尺寸	计算结果	项目描述	备注
	4.70 4.70 4.86 4.86		现浇钢筋混凝土的钢筋 钢筋网配筋按照 BS4483 A142，钢筋重量为 $2.22 kg/m^2$，每边至少 150mm 的搭接	

	4.00
	4.00
	4.60
	4.60
			4900
			  2/150 300
			      4600
			混凝土板表面刮平	

			［顶部板］	
	4.00 4.00		现浇钢筋混凝土模板 板底部模板 混凝土板厚度不超过 200mm 高度 1.50～3.00m 之间	E20.8.1.1.2
2／	4.90		模板 现浇钢筋混凝土板边模垂直，高度不超过 250mm	E20.3.1.2

			［防水层］
			  石墙 150
			  空心缝 160
			  半砖 $102\frac{1}{2}$
			       $412\frac{1}{2}$
			砖的面层 20820
			     $102\frac{1}{2}$
			      50
			      150
			$-4/2/\frac{1}{2}/302\frac{1}{2}$ 1210
			      19610	

	19.61 0.41		防潮层，宽度不超过 225mm 在混凝土板上	F30.2.2.3.1

			［回填］
			      20820
			$4/2/\frac{1}{2}/300$ 1200
			      22020
			      2425
			  混凝土 100
			      2325	

	22.02 0.30 2.33		减去 开挖材料外运 & 增加 开挖回填，平均厚度不超过 0.25，材料采用开挖材料，回填时每层不超过 100mm，压实	D20.8.3 D20.9.2.1
	22.02 0.30 0.15		表土回填，表土取自现场堆放处 每层平均厚度为 250mm	D20.9.1.2.3

续表

倍数	尺寸	计算结果	项目描述	备注
	19.96 0.23		[清水墙] 减去　普通砖墙，一砖墙　同上 & 增加　普通清水墙砖，一砖厚 英式砌法，水泥砂浆1:3，包括沟缝 结束	F10.1.1.1 F10.1.2

第2节　钢筋混凝土结构工程

一、钢筋混凝土结构工程量计算有关规则

（一）钢筋混凝结构

通常情况下，计算钢筋混凝土结构所用的图纸看起来都极其复杂，这就需要计算人员有一个清晰的思路。除另有说明外，混凝土、模板及钢筋应分别计算。可以分层计算每层的混凝土、模板和钢筋用量，但在大多数情况下，按结构构件计算或许更容易一些。例如先计算柱，再计算梁等。

一般来说，计算混凝土、模板及钢筋用量时，孔洞均不扣除，而是到日后再作调整。

（二）混凝土

混凝土工程以立方米计算，混凝土的成分及配合比（或强度要求）应予说明。不同强度的混凝土须单独计算，混凝土板、墙、柱、梁等均应分别计算。钢筋的体积无须从混凝土体积中扣除。

现浇柱的混凝土用量为柱的横截面积乘柱高，柱高是从基础顶面至板底面的高度或是楼板间的净高。梁的混凝土用量为横截面积乘梁长，主梁的长度为柱间净长，次梁与主梁或柱交接时，次梁算至主梁或柱侧面。伸入墙内的部分应包括在梁的全长内计算。楼板的混凝土用量为楼层建筑面积乘楼板厚度，楼层建筑面积应扣除楼梯及电梯井、管道孔所占的面积。墙体的混凝土用量为墙体面积乘以墙的高度。

（三）模板

模板应以与混凝土实际接触的表面计算，且一般均以平方米计算。保留不拆的模板应予说明。独立柱和独立梁的模板用量为横截面周长乘以梁柱的长度。墙体模板的用量为墙体两侧面的面积。墙体附柱和楼板附梁的模板用量为突出于墙体和楼板的那部分截面的周长乘以附柱或附梁的长度。楼板的模板用量分成两部分计算。一是楼板的周边模板，若板厚不超过250mm，以延长米计算楼板的周边长度，若板厚大于250mm，则应计算楼板的周边面积。二是楼板底部的模板用量，即楼板面积减去与附梁相交的面积。值得注意的是，悬式楼板的底部模板以及附梁的模板还应注明离地面的高度。模板的分类、计算规则应仔细阅读，SMM7的相关规则为E20。

（四）钢筋

钢筋以延米计算（若配筋时选用钢筋网，则以面积计算），但在工程量清单中以不同直径分类，并以吨数计价。不同级别与强度的钢筋应分别计算，并注明其规格要求。

水平倾斜角不超过30°的称为水平钢筋,长度超过12m归为一类,并以每递增3m为一个分类间隔。计算时应注意,钢筋的弯起端长度应不小于钢筋直径的9倍。如果是受拉钢筋,搭接钢筋的长度为钢筋直径的25倍再加150mm,若是受压钢筋,长度则为钢筋直径的20倍再加150mm。

水平倾斜角超过30°的称为垂直钢筋,长度超过6m归为一类,并以每递增3m为一个分类间隔。

如果计算钢筋时有了一份钢筋表,则钢筋可直接按表格计算。但钢筋表必须核对,以保证所有的钢筋都已包括。

如果准备工程单清单时,没有钢筋的资料,那么只能估计钢筋的用量,以便承包商投标时报上单价。

(五)预制钢筋混凝土构件

预制构件的单价包括混凝土、钢筋、模板和提升安装。预制构件的计算,一般是点数个数,但有时也按延长米或面积计算,具体规则见SMM7的E50.1.2&3。

二、钢筋混凝土结构工程量计算实例

【案例5-2】 混凝土墙工程示意图如图5-11所示,试计算混凝土墙工程量。

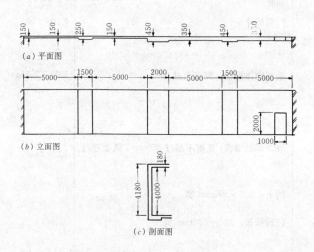

图5-11 混凝土墙工程量计算示意图

【解】 混凝土墙工程量计算,如表5-2所示。

混凝土墙工程量计算表　　　　表5-2

倍数	尺寸	计算结果	项目描述	备注
			墙 混凝土配合比按420kg水泥加1850kg骨料计算 混凝土强度试验7d强度为20kN/m², 28d为30kN/m² 　　　　4180 　　－　180 　　　　4000	

续表

倍数	尺寸	计算结果	项目描述	备注
2 /	5.00 0.15 4.00		墙厚不超过150mm	
2 /	5.00 0.35 4.00 2.00 0.45 4.00		墙厚在150~450mm之间	
	1.50 0.45 4.00 1.50 0.25 4.00			
	1.00 0.35 2.00		扣除 门洞尺寸	E10
	25.00 4.18 25.00 4.00		垂直墙体模板，高度超过3m	E20.12.Mg
2.1.2 /	4.00		墙终端的端板，宽度不超过250mm，高度超过3m	E20.23
2 /	4.00 2.00 1.00		同上，250~500mm宽 门洞模板，250~500mm宽	E20.24
			柱的模板用量	
14 / 14 /	3.30 1.40 3.85 1.40	400 300 2/700 1400	柱的模板用量 (400×300)	
2 / 2 /	3.30 1.20 3.85 1.20	4/300 1200	同上，300×300	

续表

倍数	尺寸	计算结果	项目描述	备注
			柱 2/400　　　12000 　　　　　　　－ 800 　　　　　　　11200 　　　End　　－ 600 　　　　　　　10600 150～450mm 厚悬式钢筋混凝土楼板附梁混凝土用量	D4 附梁的高度从楼板下部算起

【案例 5-3】 钢筋混凝土结构计算示意图如图 5-12～图 5-15 所示,试计算钢筋混凝土结构工程量。

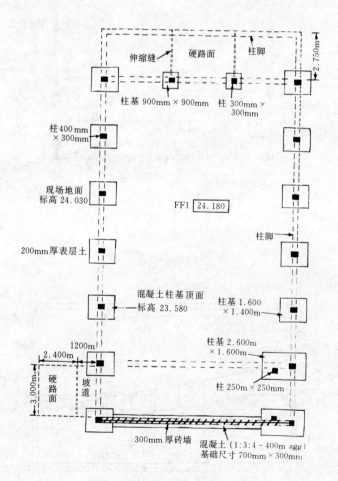

图 5-12　基础平面图

【解】 钢筋混凝土结构工程量计算,如表 5-3 所示。

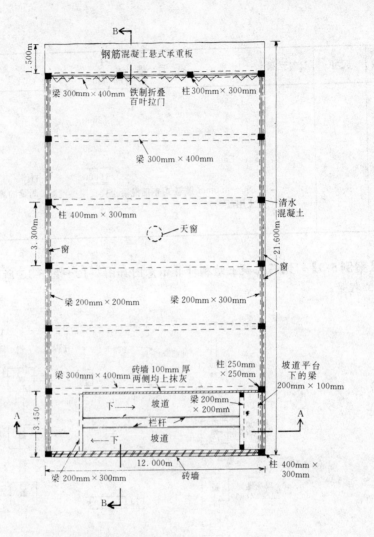

图 5-13 一层平面图

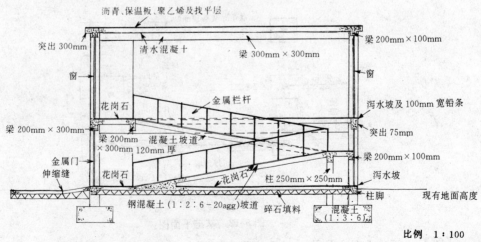

图 5-14 A-A 剖面图

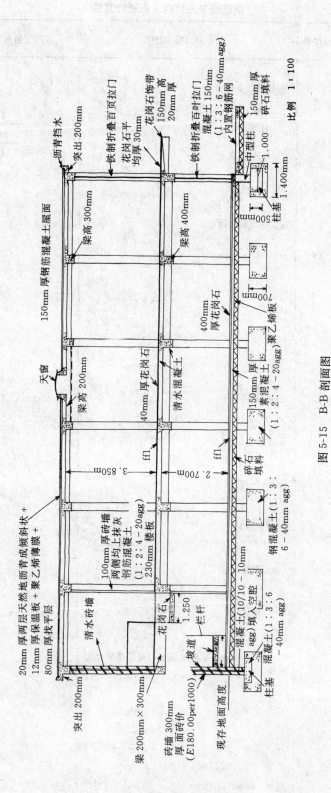

图 5-15 B-B 剖面图

钢筋混凝土结构工程量计算表　　　　　表 5-3

倍数	尺寸	计算结果	项　目　描　述	备　　　注
			钢筋混凝土结构　　　　　　　柱 　F.L　　　　　　　24180 　柱基顶面　　　　　23580 　　　　　　　　　　　 600 　层高　　　　　　　 2700 　　　　　　　　　　3300	
14 /	0.40 0.30 3.30		独立柱混凝土用量	E10.11 M4
14 /	0.40 0.30 3.85			
2 /	0.30 0.30 3.30			
2 /	0.30 0.30 3.85			
6 /	11.20 0.30 0.40		(main 底层)	
	10.60 0.30 0.40		(end 底层)	
6 /	11.20 0.30 0.30		(main 一层)	
	10.60 0.30 0.30		(end 一层)	
2/6 /	3.00 0.20 0.30		(底层圈梁)	
2/6 /	3.00 0.20 0.20		(一层圈梁)	
6 /	11.20 1.10 10.60 1.10		400mm×300mm 矩形梁模板，梁底部离地面高度 1.5～3.00m 　　　　　2/400 　　　　　 300 　　　　　1100	
2/6 /	3.00 0.80		同上 300mm×200mm	

续表

倍数	尺寸	计算结果	项目描述	备注
6	11.20 0.90 10.60 0.90		300mm×300mm 矩形梁的模板，梁底部离地面高度 3.00～4.50m	E20.13.1.1&2
2/6	3.00 0.60		同上（200mm×200mm）	
		21600 −1500 20100		
	20.10 12.00 0.23		150～450mm 厚悬式钢筋混凝土楼板混凝土用量	E10.5
	20.10 12.00		捣实混凝土	E41.1
		12000 −2050 9950		
		3450 − 150 3300	1/2 梁	
	9.95 3.30 0.23		从 150～450mm 厚悬式楼板中扣除坡道尺寸	
	9.95 0.30 0.23		增加 梁	
	3.00 0.20 0.30		下部圈梁	
	3.00 0.28 0.23		上部圈梁	
	3.00 0.20 0.30		扣除 同上 扣除	
	9.95 3.30		捣实混凝土 扣除	
			400mm×300mm 矩形梁模板 ×1.10= ───── &	M12 图一：
	11.20		增加 同上，但尺寸不规则如图一 扣除	630 ⌐⌐ 400 300

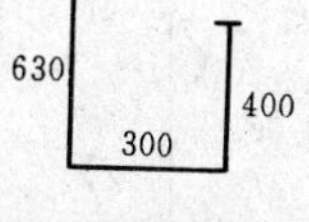

续表

倍数	尺寸	计算结果	项 目 描 述	备 注
	3.00		200mm×200mm 矩形梁模板 ×0.60＝ _____ & 增加 同上，但尺寸不规则如图二 　　　　　　　　　　　　12000 突出部分　75 梁　　　　200 　　　　2/275　　　　　－550 　　　　　　　　　　　　11450 　　　　　　　　　　　　20500 　　　　　　　75 　　　　　　　200 　　　　　　　200　　　　－475 　　　　　　　　　　　　15750	图二： 430　　200 　　200 楼板底部的模板应扣除梁的面积
6/	11.45 3.00 3.00 9.55 3.00		200～300mm 厚钢筋混凝土楼板底部模板，楼板底部距地面 1.50～3.0m 230mm 厚楼板周边模板 同上，但板厚不超过250mm （上部休息平台边缘） 　　　　　　　平台天篷 　　　　　　　　　250 　　　　　　　　　130 　　　　　　　　　380	E20.8.1
2/	12.00 1.50 0.19 12.00 1.50 12.00 1.50		平均　　　　　　190 150～450mm 厚钢筋混凝土悬式板混凝土用量（底部倾斜） 厚度不超过200mm，底部为倾斜状的混凝土板的模板 同上，但厚度不超过250mm 　　　　　　　　屋顶 　　　　　　　　　20100 突出部分 2/200　　　400 　　　　　　　　　20500 突出部分 2/300　　12000 　　　　　　　　　　600 　　　　　　　　　12600	
	12.00 1.50		捣实混凝土	

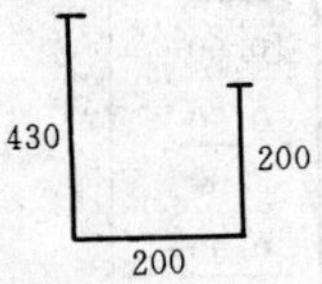

续表

倍数	尺寸	计算结果	项 目 描 述	备 注
	20.50 12.60 0.15		钢筋混凝土悬式楼板，厚度不超过150mm 　　　　　　　　　　　　　·12000 退入　　75 梁　　200 　　　2/275　　　　　－550 　　　　　　　　　　　11450	
6	3.00 11.45		悬式楼板的模板，包括支撑物，楼板离地3.00～4.50m	
2	12.60		同上，楼板边缘模板	
	20.50 12.60		捣实混凝土 　　　　　　　　　　　　20500 　　　2/200　　　　　－400 　　　　　　　　　　　20100	
2	20.10		150mm厚混凝土板的边缘模板 天窗部分另行计算 　　　　　　　　　　　　坡道	
2	0.25 0.25 2.00		钢筋混凝土独立柱混凝土用量	
2	2.00 1.00		250mm×250mm 钢筋混凝土柱的模板 　　　　　柱　　　3000 　　　2/250　　　－500 　　　　　　　　　2500	
	2.50 0.20 0.20 3.00 0.20 0.20 3.00 0.20 0.30		150～450mm 厚悬式钢筋混凝土楼板混凝土用量	
	2.50 0.90 3.00 0.90 3.00 0.80		300mm×300mm 混凝土梁的模板 同上，300mm×200mm	
	6.80 1.25 0.18		150～450mm 厚钢筋混凝土悬式楼板混凝土用量水平倾斜度≤15°	

续表

倍数	尺寸	计算结果	项目描述	备注
	8.80			
	1.25			
	0.18			
	1.80			
	1.25		同上，但非悬式混凝土板	
	0.15			
			平台	
	1.20		150～450mm 厚钢筋混凝土悬式楼板混凝土	
	3.00		用量	
	0.18			
	6.80		捣实混凝土成倾斜状	
	1.25			
	8.80			
	1.25			
	1.80			
	1.25			
	1.20			
	3.00			
	6.80		钢筋混凝土悬式楼板底部模板水平倾斜≤15°	
	1.25			
	8.80			
	1.25			
	1.25		混凝土板垂直面模板，板厚≤250mm	
2	1.80		同上，钢筋混凝土坡道边缘模板	
2	6.80		同上，悬式楼板	
2	8.80		厚度不超过250mm	
			1200	
			2/200 400	
			800	
	0.80		悬式楼板底部模板，离地1.50～3.00mm	
	3.00			
			3000	
			坡道2/1250 －2500	
			500	
	0.50		同上，边缘模板，厚度不超过250mm	
	3.00			
			扣除	
	1.25		同上，上部休息平台	
			钢筋部分另行计算	

第3节 钢结构工程

钢结构工程可以分成两种形式:

(1) 独立结构的钢结构工程:这是指结构的重量通过墙体传递到基础上的钢结构。这种钢结构不需要制作。

(2) 框架结构形式的钢结构工程:这是指楼面、屋面的重量通过钢的框架结构传递到基础上。

独立结构的钢结构将来不可以改建和扩建,一般承包商可以自行建造,但框架结构形式的钢结构则由专业分包商来制作。

一、钢结构工程量计算有关规则

(一) 钢结构的设计和安装

钢结构的设计和安装可由建筑师任命一个结构工程师来设计,画出平面、剖面图及节点详图。估价师根据由专业分包商对钢结构建造安装的报价选择承包商。钢结构的连接可由安装人员设计。制作工程量清单时估价师按主件重量取一个百分比作为连接件、螺栓、垫圈的重量。中标的承包商被认定为指定分包商,中标价将被编入工程量清单中作为分包工程款。然后专业分包商根据结构工程师设计的平面图准备施工图,并在安装前取得结构工程师或建筑师的许可。这种做法的好处是在工程量清单中承包商对钢结构的不同部件都报了价,今后若有设计变更,只需调整工程量,单价不变。另外需要注意的是因为下料、损耗的原因,运到现场的钢构件的数量一般应比按图计算的要多。但不论在编制清单时还是今后重新计算工程量时,都是按图纸计算,不考虑给予补贴,计算遇到展宽开挖、斜接、洞口处也不扣除。

建筑师也可以采用其他的方法设计和安装钢结构。如选择一个钢结构公司对整个钢结构的设计、制作、安装报价。值得一提的是,即便由一个公司全部承包,也应让其对钢结构的不同部件报出单价,以便估价师今后解决一些造价纠纷时有一个依据。

(二) 钢结构的连接

钢结构的构件连接有以下几种方法,其工程量计算方法和价格各不相同。

1. 粗制螺栓

这是最便宜的连接方法。一般在连接孔的间隙比螺栓直径大 1mm 时使用 (G10M4)。

2. 精制螺栓

它一般用在连接间隙较小的时候。其价格比粗制螺栓高。据 SMM7 G10.1.12 规定精制螺栓要单独计算,以个为单位。

3. 摩擦紧固螺栓

它由高强度的受拉钢筋制成。通过连接件相对面的摩擦来传递荷载。现在通常采用摩擦紧固螺栓代替现场铆接。根据 SMM7 G10.1.12 规定,摩擦紧固螺栓要单独计算,以个为单位,并且在项目描述中要说明它的种类、尺寸、等级以及表面涂料。

4. 铆固

通常在工厂内制作时使用。若现场采用铆固的方式,对现场人员要求较高,需要一支由三人组成的技工小组,且会带来噪音。

5. 焊接

这是指通过电弧融化电焊条再使之冷却把构件连接起来。在现场连接构件的方法中焊接是最昂贵的一种。因为在焊接前,构件必须很精确地装配好,而且还需要提供工作平台,焊接材料也比铆接材料贵。焊接的工作包括在构件安装项目中,不单独计算。

(三) 钢结构的安装

钢结构的安装单独立项,以吨计算。一般在钢构件和连接件配件计算完毕后,把它们的重量相加,得到的即是需要安装的重量。因此,可以在工程量计算纸上列出项目,具体计算在全部计算完后再做。

(四) 钢结构的零配件

钢结构的零配件中有的可以附在构件中,不单独计算;有的需要单独立项以重量计算,其中包括节点连接板、托座、柱帽、柱脚等,并且根据材料的种类和等级分别计算。

(五) 钢结构的表面处理

根据 SMM7 中 G10.7.8 的规定,钢结构的表面处理,以平方米计算。

编制工程量清单时,应在分部工程概要中对钢结构的下列情况作一个详细的说明:

(1) 钢材、钢构件的等级;
(2) 安装允许的误差;
(3) 制作的方式;
(4) 现场连接的方法;
(5) 材料测定;
(6) 质量测试的要求;
(7) 完工验收的方法。

二、钢结构工程量计算实例

【案例 5-4】 钢结构工程示意图如图 5-16 所示,试计算钢结构工程量。

【解】 钢结构工程量计算如表 5-4 所示。

钢结构工程量计算表　　　　　　　　表 5-4

倍数	尺寸	计算结果	项 目 描 述	备 注
/	—		这里只计算钢结构的一部分,假设它为 A 跨,其余跨的工程量与 A 跨相同,可以乘以倍数得到整个建筑的工程量。 分部工程概要 所提供的图纸 图号为 MV2.51 & 2 框架结构的安装 宽 7m,长____m,高 7.5m 共____跨,采用铆接和螺栓连接	最后工程量以吨计算,把所有项目的重量相加。

续表

倍数	尺寸	计算结果	项目描述	备注
	7.32 7.82		3.250　　3.750 3.000　　3.000 1.250　　1.250 7.500　　8.000 －　178　　　178 　7.322　　7.822 钢结构柱子 工字钢型号 203×203×60kg ×60kg＝_____	178 为托梁的厚度 7.322 和 7.822 为钢柱的高度
25.33 21.54	6.80 7.60		钢结构梁 (203×102×25) 　　　　7.000 　　　　　203 　　　　6.797 (178×102×21)	每米重量 25.33kg
2 2/2 2/2 2 2/2 2	0.35 0.35 0.35 0.30 0.35 0.10 0.10 0.10		[配件] 25mm 厚钢板 (基础) 19mm 厚钢板 (节点连接板) 152×152×36.07 角钢（基础） 152×102×29.66 角钢（中间 上部托架）	
2			1:2 水泥砂浆浇筑在钢板下基础　350mm×350mm	
2			锚固螺栓 包括 4 个直径为 20mm 的钢质锚固螺栓、螺母、垫圈	
	7.32 1.22 7.82 1.22 6.80 0.81 7.60 0.76		准备二度油漆 防锈漆打底一度 　　　　　2/203　　　406 　　　　　4/203　　　812 　　　　　　　　　　1218 　　　　　2/203　　　406 　　　　　4/102　　　408 　　　　　　　　　　　814 　　　　　2/178　　　356 　　　　　4/102　　　408 　　　　　　　　　　　764	

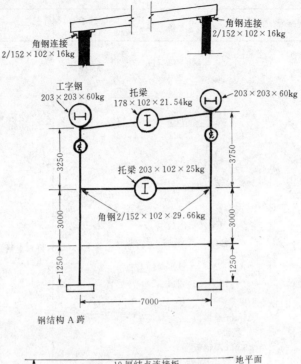

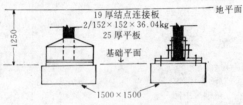

图 5-16 钢结构工程量计算示意图

第 4 节 屋面工程

屋面工程的工程量计算一般分成两个部分：屋面覆盖层和结构层。先计算屋面覆盖层会使屋面工程量计算更为简单。如果一个建筑中有不同类型的屋面如瓦屋面和沥青防水层平屋面，应分别计算。如果屋面类型相似，可以组合在一起计算。雨水系统通常放在屋面工程的最后计算。对于平屋面，若没有屋面平面图可以参考楼面平面图。对于斜屋面应该注意屋面坡度的方向。

一、屋面工程工程量计算有关规则

（一）斜屋面

1. 斜屋面覆盖层

对于斜屋面，首先计算覆盖层的面积，在项目描述中说明板条和基座的情况。一般先计算一个方向的坡屋面，然后再乘以边坡的个数。接下来再计算屋面与女儿墙连接处，屋檐，山墙挑檐，屋脊线，屋面板连接处的长度。另外金属天沟，防漏嵌条，泛水等可以放入覆盖层中计算，也可以单独计算。

除非特别说明，斜屋面上铝制品的长度应为如下所示：

(1) 一般泛水　　　　　　　　　　150mm
(2) 阶梯段泛水（有防漏嵌条）　　200mm
(3) 同上（无防漏嵌条）　　　　　300～350mm
(4) 披水　　　　　　　　　　　　300mm
(5) 防漏嵌条　　　　　　　　　　长度＝间距＋搭接长度＋25mm

2. 斜屋面结构层

(1) 木屋面　传统的木屋面结构层的计算应按表 5-5 所示的顺序。

木屋面结构层的计算顺序　　　　　　　　　　　表 5-5

项 目 名 称	SMM7 编号
屋面板	G20.8
横梁	
屋脊	
屋顶托梁和系梁	G20.9
檩条、屋面梁、吊架、支撑	
椽头垫块	G20.17
洞口、天窗处的调整	
与墙身的连接	G20.20
隔声隔热层	P10.2
通风	H60.10

横梁个数的计算应为：两端横梁中心线长度除以横梁之间的距离。其结果进位成整数，并且乘以 2 为两边屋面的横梁个数。如果有居中横梁固定屋顶横梁，如托梁等，则应每一面逐个计算。屋顶格栅的计算方法与横梁的相类似，但是其长度是指从外墙内侧之间的距离减去木结构的间距。

所有的木制斜屋面均以延长米计算，在项目描述中说明屋面的尺寸。屋面板和托架单独计算，托架算入屋面板中。固定件和橡木垫块按个计算，在项目描述中说明其长度和尺寸。金属的连接件、吊架、系板、螺栓等都按个计算。

(2) 金属桁架　桁架按个计算并且在项目描述中说明长度尺寸，SMM 中没有特别规定要求提供示意图。如果屋面上装有储水池需要额外的横梁托架予以加固，计算时应该注意这一点。桁架的支撑和托梁按延长米计算。

3. 粉刷

屋檐、屋脊、封檐板、挡风板的粉刷内按延长米计算，在项目描述中说明其尺寸。宽度大于 300mm 的应按平方米计算。

(二) 平屋面

1. 平屋面覆盖层

平屋面覆盖层按平方米计算，说明覆盖层的倾斜度。踢脚、天沟、侧边石排水管等，周长小于 2m 的均按延米计算。屋面排水口上盖、水落等按个计算。

沥青防水屋面的覆盖层亦按平方米计算，洞口小于$1m^2$不予扣除，并在项目描述中说明倾斜度。沥青防水层的宽度按不超过150mm，150～225mm，225～300mm和超过300mm来分类。踢脚、封檐板、披水、天沟的内衬等都按延长米计算，并根据宽度和周长分类。沥青结点、圆形修边等按延长米计算。

2. 平屋面结构层

混凝土屋面结构层的计算方法同楼面的计算方法相似，通常在找平层上做坡降。如果屋面板倾斜，应分为倾斜角度大于15°和小于15°。若倾斜角度大于15°应计算上部模板。混凝土女儿墙按立方米计算，如果高度小于1m，应按延长米计算边模，混凝土表面刮平按平方米计算。

（三）雨水管系统

雨水管按延长米计算，不扣除配件长度，在项目描述中说明管道是否固定在找平层、混凝土或管道井上。雨水天沟的计算与雨水管相似，描述中应包括尺寸、连接方法、固定形式以及固定基础。雨水落斗按个计算，在项目描述中说明材料、等级等。

二、屋面工程量计算实例

【案例5-5】 平屋面工程示意图如图5-17所示，试计算平屋面工程量。

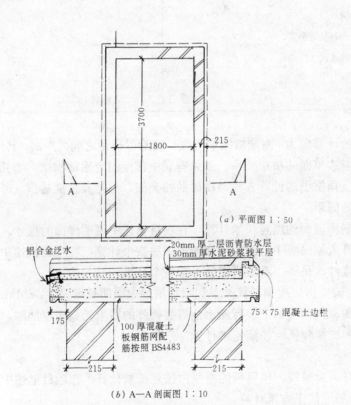

(a) 平面图 1:50

(b) A—A剖面图 1:10

图5-17 沥青防水层平屋面

【解】 平屋面工程量计算如表5-6所示。

平屋面工程量计算表　　　　　　　　　　　　　　表 5-6

倍数	尺寸	计算结果	项　目　描　述	备　注
			1800　　　3700 　　2/215　　430　　　　430 　　2/75　　　150　　　　150 　　　　　　　2380　　　4280	
	2.38 4.28 0.10		现浇钢筋混凝土板 （25N/mm²—20mm） 厚度不超过150mm	E10.5.10.1
	8.89 0.08 0.08		4280 　　2/2380　　　4760 　　　　　　　　　9040 　　−2/75　　　　150 　　　　　　　　　8890	E10.14
	1.80 3.70 13.02 0.08		现浇钢筋混凝土压顶，同上 　　　　　　　　　　　　［模板］ 钢筋混凝土板底模板厚度不超过200mm， 水平的高度在9.00～10.50m之间	E20.8.1.1 确定模板支撑的高度以1.50m增加
			2380 　　　　　　　　　　4280 　　　　　　　　2/6660 　　　　　　　　＝13320 　　−4/2/½/75　　　300 　　　　　　　　　13020	
	13.02 0.08		额外项目 采用特殊模板，使脱模后的混凝土表面平整	E20.20.1
			同上 凹陷处模板做成直角（共4处） 　　　　　　⌐⌐	E20.17.1.0.1
	13.02		现浇混凝土楼板的边模垂直于楼板，高度不超过250mm	E20.3.1.2 边模的高度包括女儿墙的高度
2/	13.32 2.38 0.18 4.28 0.18 4.28 0.15		100 　　　　　　　　 75 　　　　　　　　175 额外项目 采用特殊模板同上	E20.20.1
			2/2380＝4760 　　　　　　　　4280 　　　　　　　　9040 　　−2/2/75＝　300 　　　　　　　　8740	
	8.74		现浇钢筋混凝土女儿墙的边模垂直，高度不超过250mm	E20.4.1.2 女儿墙内面的模板
			9040 　　−2/2/½/75　　150 　　　　　　　　8890	E20.17

续表

倍数	尺寸	计算结果	项目描述	备注
		8.89	女儿墙凹陷处混凝土的顶模20×20（共3处）	顶模不以额外项目计算 因为顶模在以前没有计算过 E41.3 如果墙顶面的坡度大于15° 根据E20.11，该项目包含在模板项目内 有关女儿墙和突出檐口的模板计算： 如果女儿墙和檐口的形状较为复杂，那么应该把其形状画在计算纸上
		9.04 0.30	女儿墙顶面混凝土刮平	
			〔钢筋〕 　　　　　　　　2380　　4280 —保护层2/35　　70　　　70 　　　　　　　　2310　　4210	
		2.31 4.21	现浇钢筋混凝土网状配筋按英国标准BS283，钢筋垂直重量3.73kg/m³，搭接长度为200mm	E30.4.1
			沥青防水面层加石灰骨料按英国标准BS988铺设二层总厚度为20mm	这里的说明作一个小标题可以用于以下的一些项目
			2380　　　　　　4280 　—　75　－2/75　　　　150 　　　　2305　　　　　　4130	
		2.31 4.13	沥青屋面，略微倾斜 宽度不超过300mm，铺设在水泥砂浆面层上	J21.3.4
			&	
			1：4水泥砂浆找平层，略倾斜，不超过15°，平均厚度不超过30mm	M10.6.1
			&	
			混凝土表面刮平	E41.3
			沥青防水层侧面防水带	J21.13/14
			&	
		4.13	经过处理的硬木支撑40×25放入混凝土内	G20.13.0.1
			&	
			22SWG铝合金泛水，周长不超过100mm，用镀锌钉钉在硬木上 结束	H72.10.1.0.1

第5节 楼梯工程

楼梯可以是木制的、钢制的或钢筋混凝土的。我们较多接触的是钢筋混凝土楼梯，它还可以分成现浇钢筋混凝土楼梯和预制钢筋混凝土楼梯。

一、楼梯工程工程量计算有关规则

（一）现浇钢筋混凝土楼梯

现浇钢筋混凝土楼梯工程量的计算主要包括、混凝土工程量、模板、钢筋和粉刷。

1. 混凝土

根据 SMM7 E10.13.D8，现浇楼梯混凝土按立方米计算，梯段、踏步、平台均归于同一个项目。图 5-18 是楼梯的一个梯段，用它来简单地说明混凝土工程量计算的方法。

该梯段混凝土工程量的计算应分成三个部分，如表 5-7 示。

楼梯混凝土工程量计算方法　　表 5-7

倍数	尺寸	计算结果	项　目　描　述
$\frac{1}{2}$ / 4	1.23 0.90 0.08		现浇钢筋混凝土楼梯 （1:2:4）
	0.90 0.25 0.17		斜梁 踏步
	1.25 0.90 0.17		平台

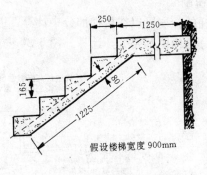

图 5-18　楼梯梯段图

2. 模板

现浇楼梯模板工程量的计算比较特殊，它与其他混凝土模板的计算不同，一般分成梯段模板和楼梯平台模板二个部分。

（1）梯段模板　　根据 SMM7 E20.25.1.1，梯段模板项目应包括梯段、楼梯斜梁、踏步处的模板（如图 5-19 中所示）。该项目以延长米计算，工程量为楼梯段的斜长。计算时通常先算出梯段的高度（即最高踏步的突沿至最低踏步突沿之间垂直距离）和梯段的水平长度（即最高踏步突沿至最低踏步突沿之间的水平距离）。然后按三角形勾股定理算出斜长即梯

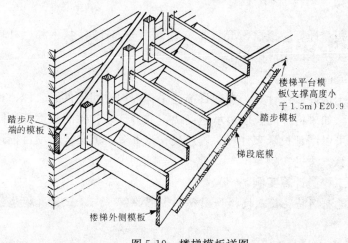

图 5-19　楼梯模板详图

段的斜长。在项目描述中应详细说明梯段的数量、宽度、踏步的高度和宽度、斜梁处最大、最小宽度等。

(2) 楼梯平台模板 根据SMM7 E20.9，楼梯平台模板应单独计算，项目单位为平方米。计算时按平台板的厚度和距地面或支撑面的高度分类。若楼梯平台正好与楼面连接，平台模板不用再单独计算而放在楼面模板中一起计算。

3. 钢筋

若楼梯图纸中有详细的配筋，应按图计算。直筋、弯筋都要分开计算，以吨为单位。水平钢筋大于12m、竖筋大于6m的都应在项目描述中说明。

4. 粉刷

楼梯的粉刷可以在楼梯部分中计算，也可以在粉刷部分中计算。根据SMM7 M10，楼梯各部分的粉刷都要分开计算。图5-20说明了楼梯粉刷的方法。

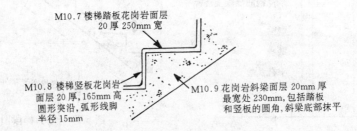

图5-20 楼梯粉刷示意图

(1) 楼梯踏步 按M10.7计算，以延长米计算，项目描述中说明踏板粉刷的宽度和厚度。

(2) 楼梯竖板 按M10.8计算，以延长米计算，项目描述中应说明楼梯竖板粉刷的高度和厚度。

(3) 楼梯斜梁 按M10.9计算，以延长米计算，项目描述中说明斜梁的形状。

楼梯平台粉刷的工程量不必单独计算并入楼面粉刷工程量。

5. 楼梯栏杆

楼梯栏杆的工程量计算应根据SMM7 L30和L31分部计算。扶手和栏杆均以延长米计算。如果采用独立式扶手，则应按SMM7 P20.7计算

(二) 预制钢筋混凝土楼梯

一般预制混凝土构件以件计算，在项目描述中详细地说明构件的名称、具体尺寸、形状，以及钢筋布置。如果构件的长度由承包商决定或者许多构件的长度都相同时，如窗台梁、过梁等，构件可以用延长米来计算。若以延长米计算，就必须在项目描述中说明构件的个数。具体的计算方法见实例5-6。

二、楼梯工程工程量计算实例

【案例5-6】 现浇钢筋混凝土楼梯如图5-21～图5-25所示，试计算现浇钢筋混凝土楼梯的工程量。

【解】 钢筋混凝土楼梯混凝土和钢筋工程量计算如表5-8和表5-9所示。

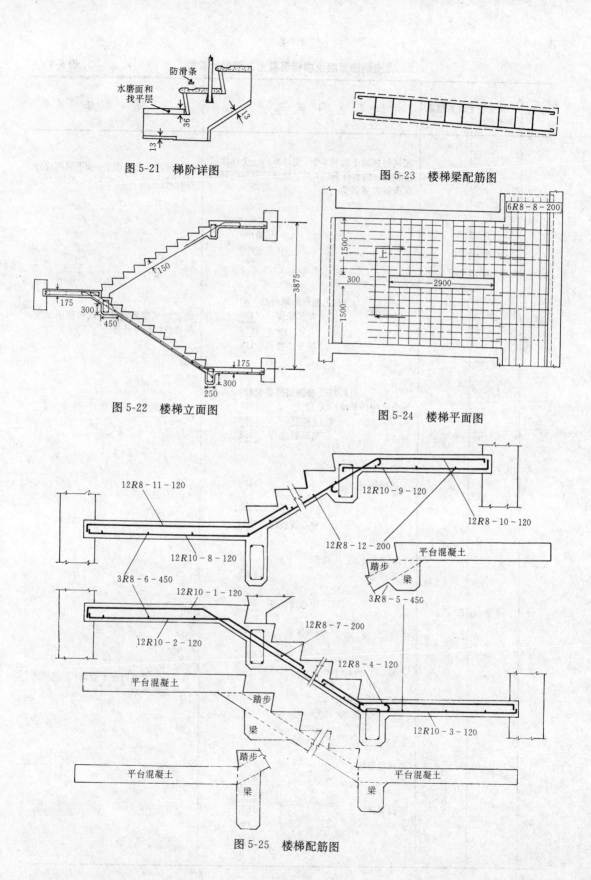

图 5-21 梯阶详图

图 5-23 楼梯梁配筋图

图 5-22 楼梯立面图

图 5-24 楼梯平面图

图 5-25 楼梯配筋图

现浇钢筋混凝土楼梯混凝土工程量计算表

表 5-8

倍数	尺寸	计算结果	项目描述	备注
			相同的梯段个数共 5 个,先计算出一个梯段的工程量,然后再乘以 5 倍。楼梯顶部和底部的工程量需要调整	相同梯段个数先说明,如不同则应分开计算
			[踏步] 10 ⌐ 2900 　　　290 加上踏步的倾斜处　30 踏步长度　　　　　320 22 ⌐ 3875 踏步高度　　　　　176	踏步的长度和高度可以按照图纸所示梯段的尺寸计算
			[楼梯板的最窄处] 平台之间的长度　　2900 2 ⌐ 3875　　　　1938 三角形斜边　　　　3488 上部梯段　　　　　3488 $\frac{100+200}{2}$　　　150 中心线长度　　　　3638 下部梯段　　　　　3488 　　　　　　　　　150 中心线长度　　　　3638	
			[梁] 上部　i) 200×200 　　　ii) 250×300 中间　iii) 250×500 　　　iv) 250×450	为了今后计算时便于查询,先把梁的尺寸先写下来
			楼梯段宽度　　　　 300 　　　　　　　　　1500 　　　　　　　　　1800 平台宽度　　　　　1500 　　　　　　　　　 100 　　　　　　　　　1600	

续表

倍数	尺寸	计算结果	项 目 描 述	备 注
20/$\frac{1}{2}$	0.32			
	0.18			
2	1.50			
	3.64			
	1.50			
	0.12		钢筋混凝土楼梯	
2	3.30		(21N/mm²—10mm 骨料)	F10.13.08
	1.60		踏步	
	1.80		上部/下部梯段	
	1.65		平台	
	1.60			
	0.18		$\frac{1}{2}$ 处上部/下部平台　　1500	
	1.90		100	
	0.25		1600	
	0.20			
	1.60		1800	
	0.25		100	
	0.30		1900	
	1.50		现浇钢筋混凝土梁	
	0.25		同上	
	0.45			
	1.90			
	0.25			
	0.50			
	1.50		模板	
	1.80		楼梯平台底模	
	1.35		高度 3～4.5m	平台的模板和楼板的模板一同计算
	1.50			
	1.50		楼梯梁模板	
			高度 3～4.5m 之间	E20.13.1.2
	1.80		同上	
	1.80		同上	
	1.50		同上	

113

续表

倍数	尺寸	计算结果	项目描述	备注
2	3.39		梯段的模板 梯段宽1.5m，斜梁最窄处 150mm，踏步高176mm，斜梁宽为300mm	E20.25Mb $\sqrt{2.9^2+(1.938-0.176)^2}=\underline{3.393}$
4	3.52		[低碳钢钢筋] 12mm 直径的钢筋，笔直	E30.1.1.1
12	1.55		⎫ ⎬ 10mm 直径的钢筋，同上 ⎭	
4	3.48			
12	5.21		⎫ 10mm 的弯起筋	
12	2.40		⎪ (1)	
2/12	1.74		⎬ (2) ⎪ (10)	钢筋工程量计算见钢筋计算表
12	5.71		⎭ (8)	
3	4.85		⎫ 8mm 直径的垂直钢筋	
3	3.45		⎬ (5) ⎪ (6)	
2/12	1.60		⎭ (7) (12)	
12	2.08		⎫ 8mm 直径的弯起筋同上	
12	2.12		⎬ (4) ⎭ (1)	
16	1.00		⎫ ⎬ 6mm 直径的箍筋 ⎭	
16	1.00			
20	1.50		[表面粉刷] 325mm 宽的踏步上做20厚的1:3水泥砂浆找平层 & 踏步上铺设16mm 厚、350mm 宽的水磨石板，包括：圆形突沿、踏步拱形部分，以及50mm 宽的防滑条	M10.7.1 M41.2 现浇的水磨石板按M10计算
2	1.50 3.30		楼梯平台部分做20厚1:3水泥砂浆 & 上述部分做水磨石板	M10.5
2	1.50		水磨石板处圆形突沿 （平台部分）	M10.16（M7）
22	1.50		踏步竖板铺设16mm 厚，176mm 高的水磨石板	M10.8.2.1

续表

倍数	尺寸	计算结果	项目描述	备注
	3.50 3.08		楼梯斜梁，宽度最大处为300mm 水磨石板铺设	M10.9
	1.58 1.80 1.35 1.50 1.25 1.80 1.25 1.50 3.10 1.50 2.84 1.50 0.32		楼梯部分混凝土底部抹二层约13mm 厚的石膏灰泥 平台 倾斜部分	M20.2（M3和M4）
2/	1.50 1.50			
2/	0.45 1.90 0.50		（3） （4）	
	1.90 0.65 1.60 0.85 1.50 0.25 1.90 0.25		二层石膏灰泥抹灰　同上 宽度不超过　300mm 　　　　　　2/200　＝400 　　　　　　　　　　250 　　　　　　　　　　650 　　　　　　2/300　＝600 　　　　　　　　　　250 　　　　　　　　　　850	M20.2.2 梁的侧边的宽度小于300mm
			全部计算完毕后工程量×5 并做一些少量的调整 结束	

现浇钢筋混凝土楼梯钢筋工程量计算表　　　　表 5-9

序号	直径	直的部分	锚	钩	共计	数量	备注
1	10mm	1170 3900 280	50	90	5210	12	弯起
2	10mm	1400 900	2/50	—	2400	12	弯起
3	10mm	1540 60	50	90	1740	12	弯起
4	8mm	1550 450	2/40	—	2080	12	弯起

续表

序号	直径	直的部分	锚	钩	共计	数量	备注
5	8mm	3300 2/700 （门处）	—	2/75	4850	3	垂直
6	8mm	3300		2/75	3450	3	垂直
7	8mm	1450	—	2/75	1600	12	垂直
8	10mm	1580 3988	50	90	5708	12	弯起
9	10mm	1450	2/50	—	1550	12	垂直
10	10mm	1070 530	50	90	1740	12	弯起
11	8mm	1620 420	2/40	—	2120	12	弯起
12	8mm	1450	—	2/75	1600	12	垂直
梁的上部筋	10mm	3300		2/90	3480	2+2	垂直
底部筋	12mm	3300	—	2/110	3520	2+2	垂直
箍筋	6mm				1000	16	上部梁
箍筋	6mm				1100	16	底部梁

【**案例 5-7**】 预制钢筋混凝土楼梯如图 5-26 所示，试计算预制钢筋混凝土楼梯工程量。

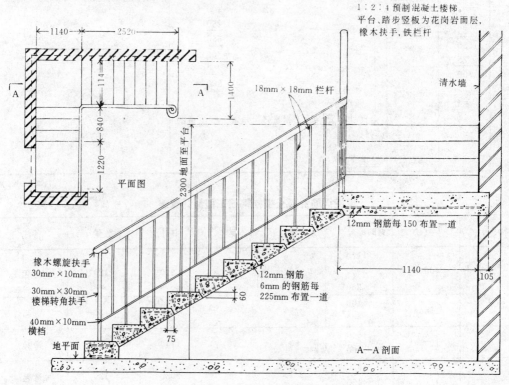

图 5-26 预制钢筋混凝土楼梯剖面图

【解】 预制钢筋混凝土楼梯工程量计算如表5-10所示。

预制钢筋混凝土楼梯工程量计算表   表5-10

倍数	尺寸	计算结果	项目描述	备注
			本例中的预制混凝土楼梯：踏步和平台，混凝土配合比为 1:2:4，骨料直径10mm，表面粉饰为 25mm 厚的花岗岩（$1:2\frac{1}{2}$），包括踏步竖板、踏板、外露部分。水平表面上撒金刚砂（$0.1 kg/m^2$）并刮平。所有的支撑底座用 1:3 水泥砂浆抹平打底	
			楼梯竖板 = $\dfrac{楼面高度}{竖板个数}$ = 14 $\underline{\mid 2.300m}$ 165mm	
			竖板搭接长度： 75	三角形企口接合处
			预制混凝土竖板全长 240mm	
			踏步宽度 = $\dfrac{楼梯平面长度}{踏步级数}$ = 9 $\underline{\mid 2.520m}$ 280mm	
			搭接长度 60	
			预制混凝土踏步宽度 340	
			楼梯净宽度 1.140 伸入墙内部分 0.105 预制混凝土楼梯宽度： 1.245m 底部踏步 1.400 伸入墙内部分 0.105 楼梯宽度： 1.505	
				F31.1.11
	1		混凝土踏步，截面尺寸为340mm×240mm，踏步长1505mm，钢筋布置为4根12mm直径的钢筋。每225mm布置一道6mm直径的箍筋	
3.8	1		楼梯斜梁下三角形部分： 340mm×240mm，长1245mm 钢筋配置：3根直径为12mm的钢筋。每225mm布置一道6mm的箍筋	

续表

倍数	尺寸	计算结果	项 目 描 述	备 注
3.8	1		直角转弯处的楼梯平台,厚度为225mm,平面尺寸为1245mm×1245mm,钢筋配置为直径12mm的钢筋每隔150mm布置一道 & 225mm厚的平台同上 尺寸为1325mm×1245mm 　　　　　　　　1220 　　　　　　　　 105 　　　　　　　　1325 对其中的一个踏步做受压测试,并提交给建筑师	F10.C1（C） 所有深入墙内的部分均要计算
	m		斜面栏杆,高×宽尺寸为30mm×10mm,由扁铁制成扶手每隔300mm做一根栏杆	L31.3
	1		额外项目 螺旋形扶手栏杆	L31.4.4
	1		同上，螺旋形扶手	
	m		同上 楼梯平台处笔直栏杆	
	1		楼梯扶手的弯曲部分	
4.3.8.1	1		预制混凝土踏步、平台处的榫眼50×50,75mm厚,包括浇入1:1的水泥砂浆	
	0.40 2.87 0.98 1.22		75mm×75mm的澳大利亚橡木扶手安装于200~225周长的扁铁栏杆上磨光 & 磨光、去色和上腊 周长不超过300mm	
	1		额外项目 直径为200mm的涡旋形扶手 结束	

第6节 门 工 程

一、门工程量计算有关规则

（一）分类

门的计算一般分为外门、内门和空洞（无需木工活）三类。

将门分为内、外门是因为内门和外门通常都采用不同类型的门，且装修差异亦很大。

（二）计算表

相同类型的门如果周围的墙体厚度也相同，可以归在一起计算。这些资料汇总在一起就是一张计算表。常用的计算表如表5-11所示：

表 5-11

位置	数量	类型	厚度	尺寸	门框	装修	门缘饰	玻璃
G/F	2	平开门	40mm	726mm×2040mm	115mm×32mm	KPS&3	75mm×25mm	—

门洞尺寸	墙体	内装修	外装修	过梁	踢脚线	五金	
790mm×2072mm	75mm 砖	抹灰加乳胶漆		75mm×100mm	19mm×125mm 软木	铰链、插销、门拉手	

（三）门的计算

门的计算是点个数，并配上尺寸图。如果是某些制造商生产的标准类型的门，只需详细写明门的类型、装饰材料等，而无需附图。不同类型、不同材料的门应分别计算。在描述中应尽可能详细说明门的尺寸形状、镶板面数、开启方式等特性。如果是防火门还应详细注明防火级数。

（四）门框

门框的长度是门的尺寸加上木框的厚度。

在工程量单清单中需注明每一种尺寸的门框有几套。门框的上槛和边框以延长米计算。尺寸相同的门框也可以归在一起，在描述部分详述，然后点个数即可。

（五）门缘饰

门缘饰按 SMM7 的规则 P20.2 以延长米计算。

（六）油漆

门的油漆按面积计算。计算时不可忽略门的两侧，最简单的方法是把门的厚度加在门的宽度里，再乘门高。这种方法是假定门的顶部与底部无需油漆，但计算外门时则不可忽略门顶部与底部的面积。

装有玻璃门的油漆按 SMM7 的规则 M60.4.2 计算，需注明玻璃的尺寸。

门框、门缘饰如果周长超过 300mm，油漆按面积计算，未超过 300mm 的，按延长米计算。

（七）计算顺序

门工程量的计算应按表 5-12 所示的内容和顺序进行。

表 5-12

计 算 内 容	SMM7 编号
门	L 20.1
门的装修	M 60.1
玻璃门的装修	M 60.4
五金	P 21.1
玻璃	L 40.1
玻璃的安装	L 40.11
门框	L 20.7
门框的安装	L 20.8/9/10
门缘饰	P 20.1
盖缝嵌条	P 20.2
门框等的装修	M 60.1
门洞的调整	
踢脚线的调整	
砖砌门槛	F 10.16
砖砌台阶	F 10.18
预制混凝土门槛	F 31.1

二、门工程量计算实例

【案例 5-8】 门的示意图如图 5-27 所示,试计算门的工程量。

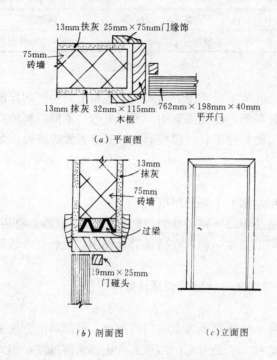

图 5-27 门工程量计算示意图

【解】 门的工程量计算如表 5-13 所示。

门 工 程 量 计 算 表　　　　　表 5-13

倍数	尺寸	计算结果	项 目 描 述	备　注
			<u>内门</u>	
	1		如图所示 40mm 厚 762mm×1981mm 平开门	L20.10.1
			762　　　　　　　1981 　40　　　　　　　　40 802　　　　　　　2021	
2	0.80 2.02		刷 3 层光泽漆	M60.1.0.1
			五金价格¥ 加利润	A52.1.1
			<u>将五金安装于软质木材平面门上</u>	P21.1.1 被安装部位的质地要注明
	1		一副 75mm 压制钢铰链	
	1		插销	

续表

倍数	尺寸	计算结果	项目描述	备注
			& 银色铝制搬把式门拉手	
			门框 上槛　　　762 2/32　　　 64 　　　　　826 边框 0.5/32　　1981 　　　　　 16 　　　　　1997	门碰头立面图 门框立面图
2	0.83 2.00		以下为1号门框的计算木制门框上槛，截面尺寸32mm×115mm 木制门框边框截面尺寸32mm×115mm，用螺丝固定于砖墙 　　　　　1981 　　　　－　19 　　　　　1962	L20.7
2	0.76 1.96		木制门碰头截面尺寸19mm×25mm	P20.2.1
			门缘饰 　　　　762 2/10　　 20 2/75　　150 　　　　932 　　　1981 　　　　10 　　　　75 2/2066 　　　　4132 　　　　5064	门缘饰立面图
2	5.06		木制门缘饰截面尺寸25mm×75mm	P20.1.1
			油漆 在现场未安装前，为周长不超过300mm的木制构件刷底漆	
	0.83			M60.1.0.2.4
2	2.00			
2	0.76 1.96			M60.1.0.2.4
2	5.06			

续表

倍数	尺寸	计算结果	项 目 描 述	备 注

			115
			2/19 38
			2/10 20
			2/75 150
			2/25 <u>50</u>
			      373
			      826
			2/1997 <u>3994</u>
			      4820
				构件周长的计算

	4.82 0.37		为周长超过 300mm 的木制构件刷三层光泽漆	M60.1.0.1

			门洞的调整
			    762 1981
			3/32 <u>64</u> <u>32</u>
			    826 2013
			
			扣除	

	0.83 2.01		75mm 厚砖墙面积 扣除	
2	0.83 2.01		2 层抹灰面积 & 扣除 2 层乳胶漆	

			过梁
			       826
			2/75 150
			       976
				过梁一般以 300mm 的长度递增，在这里注明的尺寸为 1200mm

	1		镀锌铁制过梁类型_____，1200mm 长，安置于砖墙内	F30.16.1.1

2	0.93		扣除
			10mm×125mm 木制踢脚线
			     &
			扣除
			周长不超过 300mm 的木制构件光泽漆三层
			     &
			扣除
			周长不超过 300mm 的木制构件底漆
			     &
			增加
			2 层乳胶漆
			×0.13＝ m²
				乳胶漆的面积被扣除了两次，一次是算踢脚线，一次是算门洞调整，故重新加回

第7节 窗 工 程

一、窗工程量计算有关规则

(一) 概述

窗工程量的计算可以分为两部分：
(1) 窗及其附属物如玻璃、五金、油漆等的工程量计算；
(2) 对墙体和装修等部分做有关窗洞面积的调整。

(二) 尺寸表

在计算窗户之前，一般得准备一份尺寸表，将相同类型的窗户归在一起。归类时，可以按照立面图，也可以按照平面图点数窗户的个数。这种尺寸表的目的在于避免重复计算，并且旨在表现有关窗户计算的所有数据，这样实际计算时就不用再回头翻图纸了。

尺寸表的形式见表 5-14。

表 5-14

位置	数量	类型	尺寸	玻璃	窗洞尺寸	外装修	内装修	墙	过梁	窗台
G/F	2	NCLLF	1073×1070	3mmcsg	1075×1080	Facgs	乳胶漆	半砖	255×255mm	面砖

(三) 调整

在通常的计算中，有一种方法是对相似的单项给出一个描述（Description），然后再对差别部分做一个调整。

以窗户为例，如果大部分窗都用透明玻璃，只有一小部分用压花玻璃，最简单的方法是先将它们都按透明玻璃来算，然后再列一项，反映出压花玻璃的额外附加费（Extra over）。

这种计算方法还有一个好处，当有可能出现漏项时，比如说忘了计算压花玻璃，至少你已将它按透明玻璃计算了，遗漏的仅仅是压花玻璃相对于透明玻璃的那部分差价。

(四) 窗的计算

木窗、铁窗和塑料窗一般以只数计算，且附上注明尺寸的图表。但如果有一份目录参考或标准说明书，可不必用图表。不同类型、不同材料的窗应分别计算。在描述中应尽可能详细说明窗的开启方式、材料要求等。如果对窗的安装有具体要求，也可在描述中写明。窗框的垫层和勾缝以延长米计算。木制窗台板和盖缝嵌条也以延长米计算，并应在描述中注明横截面尺寸和制作的工艺方法。

(五) 窗格玻璃

窗格玻璃的尺寸有时可以从制造商的目录里找到，不然就得用整个窗户的尺寸减去窗框，从而得出玻璃的用量。

标准的平玻璃，当厚度小于 10mm，并且面积不超过 $4m^2$ 时，以面积计算。具体做工程量清单时可以对玻璃的尺寸做如下描述：
(1) 面积不超过 $0.15m^2$（注明玻璃的块数）；
(2) 面积在 $0.15 \sim 4m^2$ 之间。

如果相同尺寸的玻璃块数超过 50 块,则具体的尺寸也必须给出。

非标准型玻璃,即厚度和尺寸超出以上范围的,要在描述中逐个点数并注明尺寸。

如果玻璃是双层玻璃,除要在描述中注明外,工程量也要乘 2。

(六) 五金

五金的计算,除了点数个数之外,还必须在描述中注明被安装部位的质地。描述部分可参照制造商的目录,写明尺寸、材料和饰面。

如果在准备工程量清单时,五金的用量尚未确定,可以在工程量清单中对五金的用量估算一个总额,并要加上承包商的合理利润。

(七) 油漆

对窗框等部分的油漆以面积计算。对窗格玻璃的尺寸可按如下分类描述:

(1) 不超过 $0.1m^2$;

(2) $0.1 \sim 0.5m^2$;

(3) $0.5 \sim 1m^2$;

(4) 超过 $1m^2$。

(八) 窗洞

窗洞的尺寸应在计算墙体和装修时扣除。

2m 左右的过梁一般都是预制的。预制混凝土过梁以根数计算,尺寸、形状和钢筋要在描述中注明,现浇混凝土过梁则按独立梁的算法计算混凝土、模板和钢筋的用量。钢制过梁除以根数计算外,还须给出制造商的名称。

门窗中外露墙侧面的抹灰,如果不超过 300mm 宽,按延长米计算。

预制混凝土窗台的计算方法与过梁的计算相同。

窗台的饰面如果注明了泄水斜度和尺寸,可按延米计算。

(九) 计算顺序

窗工程量的计算应按表 5-15 所示的内容和顺序进行。

窗工程量计算内容和顺序　　　　　表 5-15

计 算 内 容	SMM7 编号	计 算 内 容	SMM7 编号
1. 窗——木制、铁制、塑料 (包括安装)	L 10/11/12.1	窗口侧面装饰——抹灰	M20.1
窗框垫层和勾缝	L 10.8/9/10	饰面	M60.1
窗台板	P20.4	金属护角	M20.248
盖缝嵌条	P20.2		
五金	P21.1	(3) 窗口侧面	
玻璃	L40.1	空洞封口	F10.12
装饰	M60.2	防潮层	F30.2
2. 窗洞			
(1) 在墙体和装修等计算中		(4) 窗台	
扣除窗洞面积		混凝土和窗台板	F31.1/2
(2) 窗口顶端:		砖	F10.15
过梁	F31.1/F30.16	瓷砖	M40.7
拱顶	F10.6	防潮层	F30.2
空腔挡水板	F30.2	阻水栅栏	P21.1

二、窗工程量计算实例

【案例 5-9】 窗的示意图如图 5-28 所示,试计算窗的工程量。

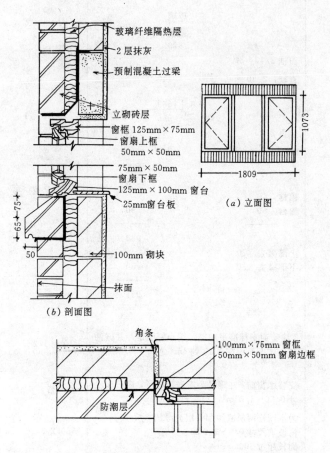

图 5-28 窗工程量计算示意图

【解】 窗的工程量计算如表 5-16 所示。

窗工程量计算表　　　　　　　　　　表 5-16

倍数	尺寸	计算结果	项 目 描 述	备　　注
			窗	
	1		1809mm×1073mm 木制窗,一个固定窗扇,两个可开启窗扇	L10.1.0.1
2	1.81		安装窗框时,使用速凝砂浆,一侧窗框用砂胶勾缝	L10.10
2	1.07			
2	1.81		木制窗台板 25mm×150mm	P20.4.1
2	1		一副 75mm 压制钢铰链	P2.1.1.1
			&	
			黄铜制窗风钩 黄铜制窗插销	

续表

倍数	尺寸	计算结果	项目描述	备注
			&	
			<u>玻璃</u>	
			<u>宽度</u>	
			1809	
			窗框 2/40=80	
			直梃 2/30=60　　　140	
			÷3 ⎿1669	
			556	
			侧页 2/20　　　　 40	
			516	
			<u>高度</u>	
			1073	
			窗框　40	
			窗台　50　　　　　90	
			983	
			上部减去　20	
			下部减去　30　　　50	
			933	
2 /	0.52			
	0.93		3块普通型标准平玻璃，用小钉固定，并嵌油灰，玻璃面积在0.15到4m²之间	L40.1.1.2
	0.56			
	0.98			
2 /	1.81		安装木窗前，在现场为窗扇打底子，窗玻璃尺寸0.50～1.00m²，周长超过300mm	M60.2.3.1.5
	1.07			
	1.81		为木窗刷两层底漆和一层光泽漆，窗玻璃尺寸0.5～1.00m²，周长超过300mm	M60.2.3.1
	1.07			
			&	
			同上，窗外侧	
			<u>窗台板</u>	
	1.81		安装前，在现场为窗台板打底子	M60.1.0.1.4
	0.35			
	1		为窗台板涂两层底漆并上一层光泽漆，窗台板面积不超过0.5m²	M60.1.0.3
			<u>窗洞的调整</u>	
	1.81		从墙的面砖面积中扣除窗洞尺寸	
	1.07			
			&	
			从空心墙空腔内的玻璃纤维保温层中扣除窗洞尺寸	
			&	
			从100mm厚墙体砌块中扣除窗洞尺寸	
			&	
			从墙面抹灰中扣除窗洞尺寸	
			&	

续表

倍数	尺寸	计算结果	项 目 描 述	备 注
			从墙面乳胶漆中扣除窗洞尺寸	
			窗口顶端	
			过梁	
			1809	
			2/150； 300	
			2109	
	1		预制混凝土过梁（27N/mm²−20agg），矩形截面 2100mm×100mm×210mm，内置一根直径为 16mm 的低碳钢筋并用 1：1：6 速凝砂浆砌入墙体。	F31.1.1
	1.81		窗顶立砌平拱 215mm 宽，采用半砖厚面砖和 1：1：6 速凝砂浆，底部暴露宽度 20mm，包括勾缝	F10.6.1
	2.11 0.21		从 100mm 墙体砌块中扣除过梁尺寸 & 从墙体抹灰中扣除过梁尺寸 &	
	2.11 1.81		过梁的暴露面宽度不超过 300mm，涂两层共 13mm 厚的抹灰	M20.1.2.1
	1.81		镀锌多孔金属角条，用抹灰固定于混凝土面	M20.24
	1.81 0.10		再在过梁暴露面的抹灰上涂两层乳胶漆	M60.1.0.1
	1.81 0.23		在墙体面砖中减去窗顶立砌平拱的面积	
			窗的侧面	
2	1.07		砖墙的 50mm 宽空腔	F10.12.1.1
2	0.10 1.07		防潮层，宽度不超过 225mm，纵向	F30.2.1.1
2	1.07		砌块墙面抹灰 2 层共 13mm 厚，墙体厚度不超过 300mm	M20.1.2.1
			镀锌多孔金属角条，用抹灰固定于混凝土面 & 在砌块墙面抹灰上再涂 2 层乳胶漆 ×0.10=	M20.24.8 M60.1.0.1
			窗台	
	1.81		窗台 65mm×150mm×140mm 的斜面砖加抹面，窗台突出于墙面 50mm，对暴露面勾缝	F10.1.5.1.3
	1.81 0.15		墙体面砖中减去窗台面积	
			1809	
			2/150 300	
			2109	
	2.11 0.25		防潮层，宽度不超过 225mm，水平方向	F30.2.2.3

127

第8节 装饰工程

一、装修工程量计算有关规则

（一）概述

各种装饰抹灰、镶贴面层除另有说明外，均按平方米计算。如果建筑物的层高、房间的设计和内装修变化很大，一般分层计算，并且楼地面与顶棚的面积大致相同。面积小于 $0.5m^2$ 的孔洞一般不扣除。

一般情况下，墙面、楼地面及顶棚的装饰材料分为底层和面层，如果几个房间的装饰材料相同，在描述部分可以把底层和面层的装饰材料综合起来写。如果底层是抹灰，表层有乳胶漆、墙纸等不同的装饰材料，则在工程量清单中把这些项分开计算更合适。然而，如果除了一两间房间选用墙纸，其他均使用乳胶漆时，一般的计算方法是，先将所有房间按乳胶漆计算，然后计算使用墙纸的面积，再将此面积从乳胶漆的面积中扣除。

对混凝土面的打毛处理按面积计算。对小部分面积的油漆，周长不超过300mm的按延长米计算，面积小于 $0.5m^2$ 的数点个数计算。计算中所涉及的尺寸应在图纸上注明，以便日后复查。

通常情况下，装饰工程的计算按如下分类进行：

(1) 楼地面；
(2) 顶棚（包括附梁）；
(3) 独立梁；
(4) 墙面（包括附柱）；
(5) 独立柱；
(6) 墙裙；
(7) 踢脚线；

（二）装修表

装修表一般都列出了每层房间的顶棚、墙面和楼地面的装饰材料。有时装修表里还注明了每个房间踢脚线和墙裙所用的材料。通常情况下，如果几种房间所用的装饰材料相同，一般在装修表内会被归在一起。有了装修表，在计算装饰工程的时候，就不再需要总是去查设计规范来了解各个房间所使用的装饰材料了。

下面是一个简单的装修表的例子（见表5-17）。

浴室装修表　　　　　表 5-17

位置	顶棚		墙面		楼地面		踢脚线	墙裙
	底层	面层	底层	面层	底层	面层		
浴室	石膏板条	乳胶漆	13mm 厚抹灰	乳胶漆	20mm 厚水泥砂浆	225mm×225mm×3mm 热塑塑料	25mm × 100mm 木制	1m 高磁砖

（三）楼地面饰面

各种面层均按实际覆盖面积计算，扣除墙、柱、电梯井、管道等所占的面积。凸出地面的构筑物、设备基础等不做面层部分的面积也应扣除。如果几个房间的楼地面选用的装饰材料相同，一般先计算这些房间的总体面积，再用内墙的长度乘上内墙的厚度，得出的内墙面积从总体面积中扣除。

（四）顶棚饰面

顶棚的面积按每个房间的结构尺寸计算，扣除墙、柱、电梯井、管道等所占的面积，附梁的装修需另外调整。层高超过 3.5m 时，天花板装修的描述部分应注明层高，并以 1.5m 递增分类。

（五）墙体饰面

墙面、墙裙的长度以主墙间的净长计算，墙面高度按室内地坪面至顶棚底净高计算，墙裙的高度按室内地坪面以上的图示高度计算，墙面抹灰面积应扣除墙裙和踢脚线的面积。

如果几个房间的层高及选用的装饰材料相同，一般先量出这些房间的周长再乘上层高。门窗洞的面积，一般先不扣除，而是在计算门、窗时再做调整。如果有些孔洞面积特别大，可以从墙面中扣除，但这时需要通知其他计算人员，以免重复扣减。总的来说，如果计算墙体时没有扣除孔洞尺寸，计算墙面装修亦不扣除，而是在最后做总调整。

（六）独立柱、墙裙、踢脚线

柱抹灰、镶贴块料按结构断面周长乘高度计算。墙裙、护墙板均按净长乘净高计算。踢脚线以延长米计算，并应在描述部分中注明尺寸、形状。

画镜线的计算方法与踢脚线类似。

（七）计算顺序

装饰工程量计算的内容和顺序如表 5-18 所示。

表 5-18

计 算 内 容	SMM7 编号
1. 顶棚装修	
混凝土顶棚（包括附梁）的抹灰	M 20.2
打毛混凝土面	E 41.4
灰泥板和抹灰	M 20.2
装饰	M 60.1
无需装修的板	K 10.2
灰墁钢网	M 30.3
松木板	K 20.3
2. 墙面装修	
砖墙（包括附柱）的抹灰	M 20.1
金属角条	M 20.24.8
墙面砖	M 40.1
墙面砖的找平层	M 10.1
混凝土墙面的抹灰	M 20.1
打光混凝土墙面	E 41.4
装饰	M 60.1
干衬料	K 10.2
檐板和顶角线	M 20.17/19
木制踢脚线	P 20.1
3. 楼地面装修	
地砖	M 40.5
	M 50.5
找平层	M 10.5
分隔条	M 40.16.4
	M 50.13.5

二、装修工程量计算实例

【**案例 5-10**】 内装修如图 5-29 所示,试计算其工程量。

【**解**】 内装修工程量计算如表 5-19 所示。

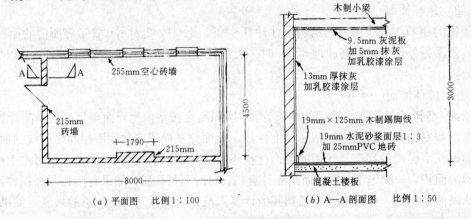

(a) 平面图 比例1:100   (b) A—A剖面图 比例1:50

图 5-29 内装修工程量计算示意图

内装修工程量计算表　　　　　　　　表 5-19

倍数	尺寸	计算结果	项目描述	备注
			内装修	
	8.00		9.5mm 厚石膏板用钉子固定在木制小梁上,	M20.2.1.2
	4.50		加 5mm 厚抹灰	顶棚装修
			&	
			在抹灰面上刷两层乳胶漆	M60.1.0.1
			&	
			225mm×225mm×2.5mmPVC 地砖,用沥青	M50.5.1.1
			胶粘剂胶在水泥找平层上	楼地面装修
			&	
			19mm 厚 1:3 水泥砂浆面层	M10.5.1
	1.79		扣除壁柱的面积	
	0.22		8000	
			4500	
			2/12500 = 25000	
			2/215 = 430	
			25430	
	25.00			
	3.00		刷两层共 13mm 厚墙面抹灰	M20.1.1.1
			壁柱两侧	
2/	3.00		同上,但宽度不超过 300mm	M20.1.2.1
	25.43			
	3.00		两层乳胶漆	M60.1.1.1
2/	3.00		镀锌多孔金属角条,用钉子垂直固定于砖墙	M20.24
			顶角线	
	25.43		Gyproc 顶角线周长 127mm 用胶粘剂固定	M20.17

续表

倍数	尺寸	计算结果	项 目 描 述	备 注
6	/1		内角	M20.23.2
2	/1		外角	M20.23.3
			踢脚线	
		25.43	19mm×125mm 木制踢脚线，用螺丝固定于砖墙	P20.1.1
			&	
			为周长不超过 300mm 的木制构件刷三层光亮漆	M60.1.0.2
		25.43	安装踢脚线前，在现场为踢脚线上底漆	M60.1.0.2.4
			&	
			在墙面的乳胶漆涂层中扣除踢脚线面积 ×0.13＝　　　m²	
			对门窗洞面积的调整另行计算	

思 考 题

1. 如附图 5-1 所示，试计算外墙和内隔墙的混凝土及模板工程量。

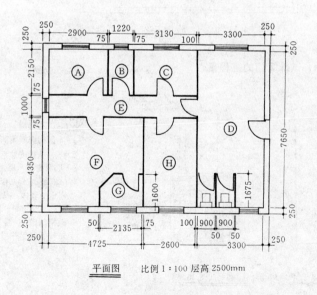

平面图　比例 1:100　层高 2500mm

附图 5-1

2. 如附图 5-2 所示，试计算内装修工程量。

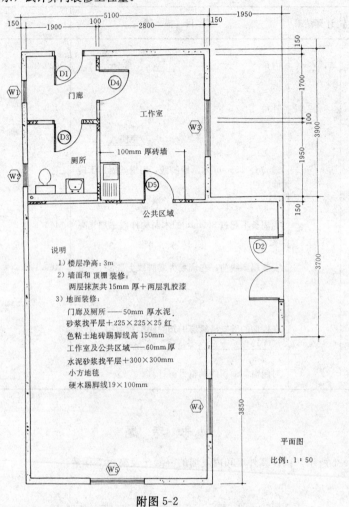

附图 5-2

3. 如附图 5-3 所示，试计算门的工程量。

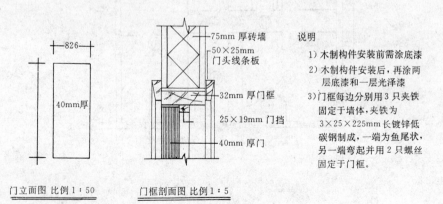

附图 5-3

4. 如附图 5-4 所示，试计算木制平开窗的工程量。

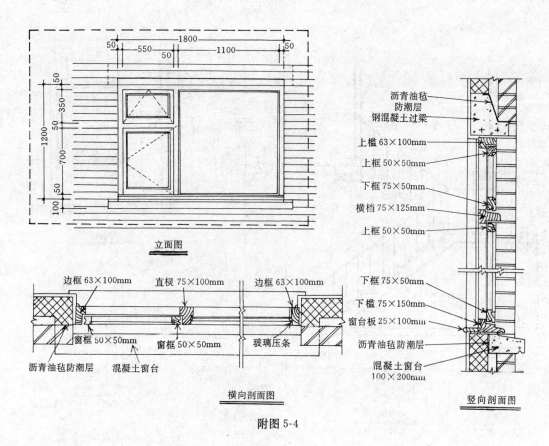

附图 5-4

5. 如附图 5-5 所示，试计算基础工程量。

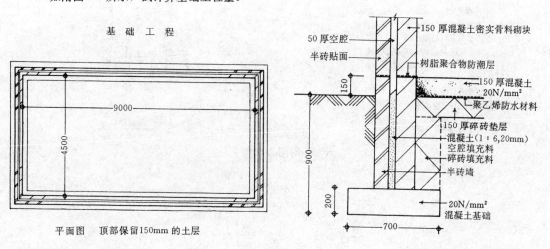

附图 5-5

6. 如附图 5-6A，5-6B 所示，试计算现浇钢筋混凝土楼梯工程量。

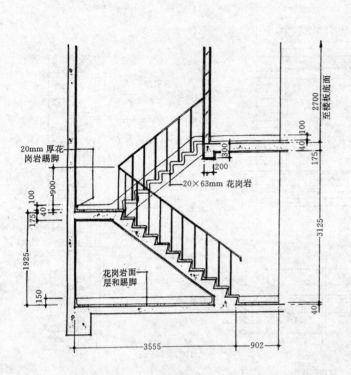

剖面图 B—B
比例 1：50

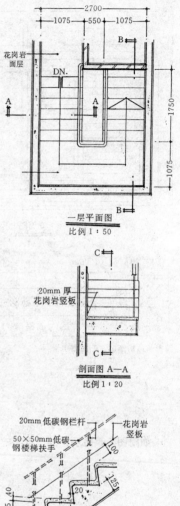

一层平面图
比例 1：50

剖面图 A—A
比例 1：20

1. 混凝土 25.5N/mm²，20mm 骨料
2. 花岗岩面层一份水泥，一份细骨料，二份粗骨料加硬化剂
   水平面用 1kg/m³ 的金钢砂抛光，
   阳角和阴角的弧度直径为 20mm
3. 抹灰二度，12mm 轻质骨料石灰砂浆
4. 二度乳胶漆
5. 扶手栏杆三度油漆

剖面图 C—C
比例 1：20

附图 5-4

第 6 章 国际工程估价的方法

本章主要介绍国际工程估价费用的组成及分项工程完全单价的估算方法。国际工程估价与国内工程概(预)算方法比较，最主要的区别在于：间接费和利润等是用一个估算的综合管理费率分摊到分项工程单价中，从而组成分项工程完全单价，某分项工程单价乘以工程量即为该分项工程的合价，所有分项工程合价汇总后即为该工程的总估价。此外，在国际工程估价中还应考虑一笔开办费用。为使读者更易掌握国际工程估价方法，本章还给出一个案例。

第 1 节 工程项目估价费用的组成

工程项目估价是为投标报价服务的。因此，在工程项目估价时，对哪些费用进行估算，应根据投标报价需要而定。工程项目投标报价的具体组成应随投标的工程项目内容和招标文件进行划分。一般由分部分项工程单价汇总的单项工程造价、开办费、分包工程造价、暂定金额和不可预见费等项组成。图6-1为我国在国际工程投标(报价)工程费用组成示意图。

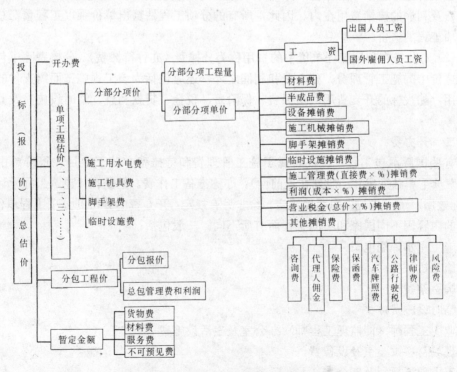

图 6-1 我国在国际工程投标（报价）工程费用组成示意图
注：图内未带方框者，既可作为分摊项目，也可独立列为报价项目。

一、分项工程单价

分项工程单价（亦称工程量单价）就是工程量清单上所列项目的单价，例如基槽开挖、钢筋混凝土梁、柱等。分项工程单价的估算是工程估价中最重要的基础工作。

（一）分项工程单价的组成

分项工程单价包括直接费、间接费（现场综合管理费等）和利润等。

1. 直接费

凡是直接用于工程的人工费、材料费、机械使用费以及周转材料费用等均称为直接费。

2. 间接费（分摊费）

主要是指组织和管理施工生产而产生的费用。它与直接费的区别是：这些费用的消耗并不是为直接施工某一分项工程。因此，不能直接计入分部分项工程中，而只能间接地分摊到所施工的建筑产品中。

3. 利润

指承包商的预期税前利润，不同的国家对帐面利润的多少均有规定。承包商应明确在该工程应收取的利润数目。也应分摊到分项工程单价中。

（二）确定分项工程单价应注意的问题

（1）在国外，分项工程单价一定要符合当地市场的实际情况，决不能按照国内价格折算成相应外币进行计算。

（2）国际工程估价中对分项工程单价的计算与国内的计算方法有所不同，国外每一分项工程单价除了包括人工工资、材料、机械费及其他直接费外，还包括工程所需的开办费、管理费及利润的摊销费用在内。因此，所有的分项工程估算出单价乘以工程量汇总后就是该单项工程的造价。

（3）对分摊在分项工程单价中的费用称为分摊费（亦称待摊费）。分摊费除了包括国内预算造价中的施工管理费、独立费和利润之外，还应包括为该工程施工而需支付的其他全部费用，如投标的开支费用、担保费、保险费、税金、贷款利息、临时设施费及其他杂项费用等。

二、开办费

有些国际承包工程，往往将属于施工管理费和待摊费中若干项目在报价单中的"开办"费项下单独列出（一般列在最前面），亦称准备工作费。但是在《建筑工程量计算原则（国际通用）》的"总则"中明确规定，除非另有规定，开办费应分摊到分项工程单价中。开办费的内容因不同国家和不同工程而有所不同。一般包括：

施工用水、用电；

施工机械费；

脚手架费；

临时设施费；

业主工程师（即监理工程师）办公室及生活设施费；

现场材料试验室及设备费；

工人现场福利及安全费；

职工交通费；

日常气象报表费；

现场道路及进出场通道修筑及维持费；

恶劣气候下的工程保护措施费；

现场保卫设施费，等等。

三、分包工程估价

（一）分包工程估价的组成

1. 分包工程合同价

对分包出去的工程项目，同样也要根据工程量清单分列出分项工程的单价，但这一部分的估价工作可由分包商去进行。通常总包的估价师一般对分包单价不作估算或仅作粗略估计。待收到来自各分包商的报价之后，对这些报价进行分析比较选出合适的分包报价。

2. 总包管理费及利润

对分包的工程应收取总包管理费、其他服务费和利润再加上分包合同价就构成分包工程的估算价格。

（二）确定分包时应注意的问题

1. 指定分包的情况

在某些国际承包工程中，业主或业主工程师指定分包商，或者要求承包商在指定的一些分包商中选择分包商。一般说来，这些分包商和业主都有较好的关系。因此，在确认其分包工程报价时必须慎重，而且在总承包合同中应明确规定对指定分包商的工程付款必须由总承包商支付，以加强对分包商的管理。

2. 总承包合同签订后选择分包的情况

由于总承包合同已签定，总承包商对自己能够得到的工程款也已十分明确。因此，总承包商可以将某些单价偏低或可能亏损的分部工程分包出去来降低成本并转移风险，以此弥补在估价时的失误。但是，在总合同业已生效后，开工的时间紧迫，要想在很短时间内找到资信条件好、报价又低的分包商比较困难。相反，某些分包商可能趁机抬高报价，与总承包商讨价还价，迫使总承包商作出重大让步。因此，总承包商原来转移风险的如意算盘就会落空，而且增加了风险。所以，应尽量避免在总合同签订后再选择分包商的做法。

四、暂定（项目）金额和指定单价

有的工程项目中还规定有"暂定金额"和"指定单价"的项目。

（一）暂定金额

"暂定金额"（Provisional sums）是包括在合同内和在承包清单内，以此名义标明用于工程施工，或供应货物与材料，或提供服务，或以应付意外情况的暂定数量的一笔金额，亦称特定金额或备用金。这些项目的费用将按业主工程师的指示与决定，或全部使用，或部分使用，或全部不予动用。暂定金额还应包括不可预见费用。不可预见费用（Contingencies）是指预期在施工期间材料价格、数量或人工工资率、消耗工时可能增长的影响所引起的全部费用。一般情况下，不可预见费不再计算利润，但对列入暂定金额项目而用于货物或材料者可计取管理费等。

（二）指定单价

"指定单价"可并列在工程量清单的任何一个分项工程内，由业主工程师自行决定使用。该指定单价仅包括运到施工现场的特殊项目的材料费用，其他一切费用均包括在清单项目中，包括辅助材料、人工、管理费和利润等。

第2节 分项工程单价计算

一、分项工程直接费估价方法

估算分项工程直接费单价除了要算出人工、材料等资源的直接费单价外,更重要的工作是对各分项工程所需人工、材料的消耗进行分析,亦称"工料分析"。国际承包工程没有统一的定额,估价时,可根据国内的有关定额或具体情况进行制定。

在国际承包工程中,有些与国内相同或类似的项目(如砌墙、混凝土等),可以套用国内定额,只需对用工量、材料的配合比等酌情加以适当的调整。国内没有的项目,则可根据定额测定的方法,对现场进行调查后自行制定;对有些属各项目的组合项目,亦可套用国内相应的综合预算定额进行调整。无论采用哪种方法,都必须根据当地的国情、习惯做法、施工验收标准和具体施工方法进行,切不可生搬硬套。

任何一个普通的建筑工程,往往出现上百项分项工程,甚至更多。据统计如果把这些分项工程按费用大小顺序排列可以看出,往往较少比例(约20%)的分项工程却包含了合同工程款的绝大部分(约80%)。因此,根据不同项目所占总费用比例的重要程度,采用不同的估价方法。常用的估价方法有定额估价法、作业估价法和框算法等。

(一)定额估价法

采用定额估价法应具备较正确的工效、材料、机械台班的消耗定额;人工、材料和机械台班的使用单价。一般有较可靠定额标准的企业,定额估价法应用得较为广泛。

【案例6-1】 1:2:4 混凝土现浇框架梁(仅计算混凝土),其消耗定额参照我国某省定额,对工人用量增加15%进行计算,其他材料均列入开办费中统一考虑。

人工费　　　：$15 \times 1.25 \times 1.15 = 21.6$ (美元/m^3)

混凝土运输车：$296.8 \times 0.129 = 38.29$ (美元/m^3)

混凝土搅拌机：$686.2 \times 0.063 = 43.23$ (美元/m^3)

混凝土振动器：$5.6 \times 0.125 = 0.7$ (美元/m^3)

塔吊：　　　　$700.3 \times 0.063 = 44.12$ (美元/m^3)

混凝土：　　　$50.13 \times 1.015 = 50.88$ (美元/m^3)

合计:每立方米1:2:4现浇框架混凝土直接费单价为198.8美元。

该分项工程中钢筋、模板等内容也可按照同样的方法进行估算后汇总得该分项工程的直接费单价。实际上采用不同的施工方法,不同的施工机械,其工效是不同的。因此,套用国内定额时,必须根据实际情况进行调整。

(二)作业估价法

应用定额估价法是以定额消耗标准为依据,并不考虑作业的持续时间,特别是当机械设备所占比重较大,使用的均衡性较差,机械设备搁置时间过长而使其费用增大,这种机械搁置又无法在定额估价中给予恰当的考虑,这时就应采用作业估价法进行计算。

作业估价法是先估算出总工作量、分项工程的作业时间和正常条件下劳动人员、施工机械的配备,然后计算出各项作业持续时间内的人工和机械费用。为保证估价的正确和合理性,作业估价法应包括:制定施工计划,计算各项作业的资源费用等。这种方法应用相当普遍,尤其是在那些广泛使用网络计划方法编制施工作业计划的企业中。

【案例6-2】 某工程从工程量清单汇总得全部混凝土量共6万m^3,设以18个月的平均速度进行作业。现确定用于浇筑混凝土的设备如表6-1所示。

表6-1

机械类型	数量(台)	单价(美元/台)	利用率(%)	总价(美元)
混凝土搅拌机($20m^3/h$)	1	411696	100	411696
混凝土输送车($6m^3$)	2	160280	100	320560
塔式起重机($Q=30t$)	1	441158	30	132347
振动器	6	3020	100	18120
合计				882723

【解】

(1) 浇筑每立方米混凝土的机械费

$$浇筑每立方米混凝土的机械费 = \frac{882723}{6\times 10^4} = 14.71 \text{ 美元}/m^3$$

(2) 浇筑混凝土人工费

设浇筑混凝土应配备10人,人工工资单价15美元,每天可完成$90m^3$,养护每天2人,需养护7d。

则人工费:$15\times(10+2\times 7)\div 90 = 4.0$ 美元/m^3

(3) 每立方米混凝土直接费单价

直接费单价=人工费+机械费+材料费=$4.0+14.71+50.13=68.84$ 美元/m^3。

(三) 框算估价法

对于某些分项工程的直接费单价的估算,估价师可以根据以往的实际经验或有关资料,直接估算出分项工程中人工、材料的消耗定额,从而估算出分项工程的直接费单价。采用这种方法,估价师的实际经验直接决定了估价的正确程度。因此,往往适用于工程量不大,所占费用比例较小的那些分项工程。

如果在估价时把机械使用费列入"开办费"中或按待摊费分摊到各项工程单价中,那么,上述估价方法中只需估计出分项工程中的人工费和材料费,不必再去考虑机械使用费,估价工作更为简单。

二、分项工程直接费单价的计算

(一) 人工工资单价的确定和计算

我国在国际承包中工人工资分出国人员工资和在国外雇用外籍和当地工人的工资两类。工资标准一般有月工资、日工资和小时工资之别,一般采用日工资形式较多。国际承包市场一般按技术条件分为普工、技工和高级技工三个等级。从目前情况看,只需一种标准即可(综合人工工资),当有要求分别计算时则应另行对待。

具体计算方法如下:

(1) 分别计算出上述两类工人的工资单价;

(2) 确定在总用工量中这两类工人完成工日数所占的比重(要考虑工效等有关因素);

(3) 用加权平均的方法计算平均工资单价。

平均工资单价＝国内派遣出国工人工资单价×出国工日占总工日的百分比＋当地雇用工人工资单价×当地雇佣工人工日占总工日的百分比

1. 出国工人工资单价

$$国内出国工人工资单价 = \frac{一个工人出国期间费用}{出国工作天数}$$

由我国《国营对外承包企业财务管理试行办法》的成本项目划分中规定一个出国人员费包括的内容和当前在国外实际发生的费用可见，工人工资一般由下列费用组成。

(1) 国内包干工资及中转费的摊销，国内包干工资是指对外承包公司给各人员派出单位的包干工资；中转费包括出国前的集训费，技术培训考核费，出国前体检、防疫、办理护照和签证等公杂费，回国后总结汇报事务处理费等。

(2) 置装费　置装费指出国人员服装及购置生活用品的费用。根据对外经贸部现行规定，按温带及热带、寒带等不同地区发放，一般按两年摊销。

(3) 差旅费　差旅费包括国内从出发地到海关的往返旅费和从海关到工程所在地的国际往返差旅费。往返一次一般按两年摊销，如规定享受一年一次探亲假者按一年摊销。

(4) 国外零用费　根据对外经贸部规定，承包工程项目出国人员国外零用费共分6级，1～4级适用于干部及技术人员，5～6级适用于工人。

(5) 人身保险费和税金　人身保险费是指承包公司对职工进行人身意外事故保险，一般同时还附加事故致伤的医疗保险，不同保险公司收取的费用不同，如业主没有规定投保公司时，应争取在国内办理保险。发生在个人身上的税收一般即个人所得税，按当地规定计算。

(6) 伙食费　是指工人在国外的主副食和水果饮料等费用。一般按规定的食品数量，以当地价格计算。

(7) 奖金　奖金包括超产奖、提前工期奖、优质奖等，视具体情况而定。

(8) 加班工资　我国在国外承包工程施工往往实行大礼拜休息制。星期天工作的工资一般可列入加班工资，其他如节假日和夜间加班等，则按具体情况而定。

(9) 劳保福利费　劳保福利费是指职工在国外的保健津贴费，如洗澡、理发、防暑、降温、医疗卫生、水电费等，按当地具体条件确定。

(10) 卧具费　卧具费是指工人在国外施工时所需的生活用具，如床、被、枕、蚊帐等费用，一般按两年摊销。

(11) 探亲及出国前后调迁期工资　探亲假一年享受1个月，调遣时间1～2个月，按出国时间摊销（一般为两年）。

(12) 预涨工资　对于工期较长的国际承包工程应考虑工资上涨的因素，每年的上涨率一般可按5%～10%估计。

除上述费用之外，有些国家还需包括按职工人数征收的费用（如居住手续费等）。

对于每一出国工人来看，以上所需费用大致差不多。因此，可执行一种工资标准而不必再分技工和普工。年工作日如执行大礼拜休息制可按300d计算，按正常休息制则可按275d计。

表6-2为在中东地区某一承包工程出国人员的工资计算表。

2. 国外雇佣工人工资单价

有些国家法律规定，外国承包商必须雇佣一定比例的当地工人。当地雇佣工人的工资应包括下列费用：

出国人员工资计算表（中东地区） 表 6-2

序号	费用名称	费用确定与计算	摊销时间（月）	合计（美元）	平均费用（美元/月）
1	国内包干工资	平均月工资 480元 中转费 600元	24	1455.24	60.64
2	服装费	国内：520元＋国外800元	24	158.46	6.60
3	差旅费	国内：出国时（含住宿） 480元 回国时（含住宿） 520元 探亲 200元 国外：机票等 16000元	24 24	144.06 1920.77	6.0 80.03
4	零用费	国外每人40美元/月	/	/	40.00
5	人身保险费	3000元/人·年×2×0.1	24	72.00	3.00
6	伙食费	国外每人按92美元/月	/	/	92.00
7	奖金	暂估每人30美元/月	/	/	30.00
8	加班工资	暂估每人10美元/月	/	/	10.00
9	劳保福利、水电费	暂估每人15美元/月	/	/	15.00
10	卧具、炊具费	暂估每人8美元/月	/	/	8.00
11	探亲费	480×4（月）	24	230.49	9.60
12	预涨工资	工期短，可不予以考虑	/	/	/
13	其它	国外居住手续费200美元/人	24	200.00	8.33
	合计：		/	/	369.20

折合每工日的工资 369.20÷25（工日）＝14.77（美元）＝15美元/工日

注：1美元折合人民币8.33元；有效工作天为300d（每月25d）

(1) 日基本工资；
(2) 带薪法定假日、带薪休假日工资；
(3) 夜间施工或加班应增加的工资；
(4) 按规定应由雇主支付的税金、保险费；
(5) 招募费及解雇时需支付的解雇费；
(6) 上下班交通费。

以上费用应按当地劳动部门的有关规定结合本企业的情况而定。工期在二年以上时，还应考虑工资上涨因素。在经济发达国家和地区当地雇佣工人工资，一般比我国出国人员工资水平高，而在第三世界的一些国家雇佣工人的工资要比较低，但两者劳动效率不相同。

(1) 雇佣工人实际工作时间

1) 全年工作的时间。全年工作时间按52周计，每周工作6d，每天8h 则

8×6×52＝2496h

2) 加班时间。加班时间平均每天按1.0h 计，加班时间的工资一般按正常工作时间的1.5～2.0倍计。则

1.0×6×52＝312h

3) 节假日休息时间。包括圣诞节、复活节及其他节假休息日，假设全年为3星期，休息日一般不付工资，但其中有1.5星期为规定的公众休息日应付工资。休息时间应在全年工作时间内扣除，同时也扣除加班时间。则

$$(8+1)\times 6\times 3=162h$$

4) 病假休息时间。按当地政府规定，病假头3d不给工资，3d以后每工作日按1.5美元付给。其病假定金全年为3星期，其中有一半时间要付薪，则应扣除时间也为162h。

5) 特殊天气影响时间。由于雨天、暴风等自然因素所引起的停工时间应付给工资。其影响的时间应按当地条件具体确定。经调查，预计全年为80h。

全年实际工作时间为：
$$2496+312-162-162-80=2404h$$

折合成：
$$2404/8=300.5\ 工日$$

（2）计算雇佣工人人工费单价

雇佣当地工人，除了按其工作时间付给规定工资以外，雇佣单位还需按当地规定支付其他附加费用。

1) 基本工资：

经询价得：普工：5.0美元/工日；一般技工：8.6美元/工日。

以技工为例：

则：基本工资为 $8.6\times 300.5=2584.30$ 美元

2) 特殊天气情况下应付的工资。则：

$$8.6\times 80\div 8=86\ 美元$$

应付的基本工资总额：$2584.3+86=2570.3$ 美元

3) 要保证的奖金最低额。设最低额奖金每周为2.7美元，按实际工作周发给。

实际工作周应扣除休息时间后实为46周，则：

$$2.7\times 46=124.2\ 美元$$

4) 非生产性加班所支付的费用。因加班时间所支出的工资要比正常工作时间的工资为高（设为1.5倍），而实际工作时间并没有增加。由此额外付出的费用为：

$$8.6\ 美元/工日\times \frac{3}{2}\times (6h/周\times 46周)\div 8h/工日=445.05\ 美元$$

5) 公众休假日所付的工资。按规定公众休假日（共1.5周）应支付工资。则：

$$8.6\times 6\times 1.5=77.40\ 美元$$

6) 病假工资。病休第三天后每天支付1.5美元，则：$1.5\times 3\times 6\times 0.5=13.5$ 美元

以上全年实际支付工资的总额为：

$$2570.3+124.2+445.05+77.4+13.5=3230.45\ 美元$$

7) 各种保险费。取实付工资总额的8%计，则为：$3230.45\times 8\%=258.44$ 美元

8) 小型工具附加费。如果实际施工中不发生则可不计。现取实付工资的2%，得：64.61美元。

9) 工地人工监理费，取实付工资总额的6%，得193.83美元。

10) 招募及解雇费。约取1.5个月的基本工资，则

$$8.6\times 25\ 工日/月\times 1.5=322.5\ 美元$$

全年工资费用总额为：4069.83 美元

当地雇佣一般技工工资单价 = $\frac{\text{全年工资费总额（美元）}}{\text{全年实际工作日（工日）}} = \frac{4069.83（美元）}{300.5（工日）} = 13.54$（取 14 美元/工日）

3. 综合人工工资单价

为方便起见，对分项工程直接费单价估价一般都取统一、不变的人工工资单价。而实际施工中工人的工资有国内派出人员的工资，有当地雇佣工人的工资，同时还有普通工、技工、高级技工以及领班的工资之分。这些不同工人的工资实际上都不相同。因此，实际估价时一般都采用综合人工工资单价。

（1）按技术等级工人工资单价进行综合

若某一承包单位工人的工资按技术等级分为高级技工、技工、普工以及辅助工和壮工等。这些等级技术工人的工资单价也可按前述方法进行估算得出。计算综合工资单价时可先选择本工程中的一个典型班组，配备一名班长，然后根据各级工人的人员组合来进行综合（见表6-3和表6-4）。

当地雇佣工人综合工资单价计算　　　　　　表6-3

	每月工资（美元）	每天工资（美元/工日）			班组的构成			所得税及保险金	
		基本工资	津贴	合计	非生产人员	生产人员	每日工资数（美元）	%	合计（美元）
领班	625.0	25.0	8.0	33.0	1		33.0	35	11.55
高级工	437.5	17.5	1.5	19.0		2	38.0	32	12.16
专业工	350.0	14.0	1.2	15.2		4	60.8	32	19.46
一般土建工人	250	10.0	0.8	10.8		6	64.8	32	20.74
辅助工	200	8.0	0.6	8.6		4	34.4	32	11.01
壮工	175	7.0	0.4	7.4		2	14.8	32	4.74
合计					1	18	245.8	32	79.61

每工日平均工资：245.8/19＝12.94 美元

加班费：12.94×0.10＝1.29 美元

所得税与保险金：$\frac{79.61}{19}$ ＝4.19 美元

综合工资单价＝12.94＋1.29＋4.19＝18.42 美元，取 19 美元/工日

国内工人综合工资单价计算　　　　　　表6-4

技术等级	每日工资（美元）	班组人员组合（人）		每日工资数（美元）
		生产人员	非生产人员	
班长	58		1	58
高级技工	18	3		54
一般技工	14	5		70
普通工	10	6		60
辅助工	7	4		28
壮工	5	2		10
		20	1	280

综合工资单价＝$\frac{280}{21}$＝13.3 美元/工日，取 14 美元/工日

（2）按国内派出工人和在当地雇佣工人的工资单价进行综合

在当地雇佣工人的数量应考虑以下因素：根据当地政府的规定；根据总包单位劳动力配备的实际需要；根据技术经济比较等。

如某工程所在国政府规定，国外承包商承包该国工程时，必须雇佣所需劳动力总量的20%的当地工人。则综合人工费单价为：

$$14.0 \times 0.8 + 19.0 \times 0.2 = 11.2 + 3.8 = 15.0 \text{ 美元/工日}$$

经计算，如果国内派出工人工资单价和当地雇佣工人工资单价相差太多，还应进行综合考虑和调整。当国内派出工人工资单价低于当地雇佣工人工资单价时，固然对参与竞争有利，但若采用比较低的工资单价，就会减少收益，从长远考虑更是不利。因此，应向上调整，调整后的工资单价以低于当地工人工资单价5%~10%为宜。当国内派出工人工资单价高于当地工人时，则需要具体分析。假如在考虑了当地工人的工效、技术水平等因素后，派出工人工资单价仍具有竞争力，就不需调整；反之，则应下调，调整的幅度可根据具体情况确定。但如果调整后，国内派出工人的工资单价仍不理想，就得考虑不派或基本不派国内工人。

总之，国际承包工程的人工费有时占到造价的20%~30%，大大高于国内工程的比率。确定一个合适的工资单价，对于今后在价格上竞争是十分重要的。

（二）材料、半成品和设备单价的计算

如前所述，估价师通过材料设备询价所得到的报价，仅是材料和设备供应商在出售这些材料的销售价格。在使用这些材料过程中，估价师还必须慎重地、准确地确定材料损耗、损坏、被窃及供货差错的影响；考虑用于卸料和贮料过程中的附加费。对于某些材料，这些因素的影响可能会达到较高的比例。因此，估价师必须对这些因素作出充分的估计并考虑如何反映在材料单价中去。

材料、半成品和设备的单价应按当地采购、国内供应和从第三国采购分别确定。

1. 在工程所在国采购

在工程所在国就地采购的材料、半成品和设备，其预算单价一般应按施工现场交货价格，通常按下式计算：

$$\text{材料或设备单价} = \text{市场单价} + \text{运杂费} + \text{运输保管损耗} \tag{6-1}$$

如果由当地材料供应商直接供货到现场，可直接用材料商的报价作为材料、设备的单价。

【案例6-3】 黄砂每车提货价55美元，每车装载8t，运费12美元，使用前需对黄砂进行过筛，每吨需花人工0.1工日，人工费为15美元/t，计损耗为15%，采购、保管和利润费率确定为5%。因需要量大，供货时间长，估计价格预涨率为5%，则：

现场每吨交货价：

$$[55 \times (1 + 0.05) + 12] \div 8 = 8.72 \text{ 美元/t}$$

黄砂单价：

$$[(8.72 + 15 \times 0.1) \div (1 - 0.15)] \times (1 + 0.05) = 12.62 \text{ 美元/t}$$

2. 由国内（或第三国）供应

国内或第三国供应的材料或设备的单价应为到岸价格（CIF）及卸货口岸到施工现场仓库运杂费以及海关、港口等费用，可用公式（6-2）计算：

$$\text{材料或设备单价}=\text{到岸价}+\text{海关税}+\text{港口费}+\text{运杂费}+\text{保管费}$$
$$+\text{运输保管损耗}+\text{其它费用} \quad (6\text{-}2)$$

具体内容如下:

(1) 材料原价,即出厂价;

(2) 物资供应部门管理费;

(3) 国内运杂费,即材料由供货单位仓库运抵出口港上船所发生的包装、运输、装卸、仓储和装船的全部费用;

(4) 海运及保险费,即货物从出口港运出,到达卸货口岸的海运费用和保险费,应根据远洋运输公司和中国人民保险公司的有关规定计算;

(5) 当地运杂费,即材料从卸货口岸运抵施工现场仓库所发生的运输、装卸及其他杂项费用,应根据当地运价和运距及有关规定计算。

【案例6-4】 由中国南京江南水泥厂提供425号波特兰水泥给某海外工程使用时,预算单价计算如表6-5所示。

水泥单价计算表　　　　　　　　　　　表6-5

材料名称	规格	生产厂家	供货地	单位
普通水泥	425#波特兰	中国江南水泥厂	中国南京	美元/t
FOB价	海运费	保险	港口费	税金	装卸费	运杂费	小计
44.0	8.40	0.56	0.01	免	1.50	1.65	56.12
管理(7%)		预涨(10%)		单价			
3.93		5.61		65.66			

【案例6-5】 某海外工程的钢筋从某第三国采购而来,预算单价计算如表6-6所示。

钢筋单价计算表　　　　　　　　　　　表6-6

材料名称	规格	到岸后运输方式	生产厂家	供货地
××钢筋	××/××级	汽车	××钢铁厂	AB港

	名　称	金额(美元/t)	附　注
1	C.I.F××价	316.7	××港到岸(固定价)
2	转运费	12.67	包括进口手续费等C.I.F价的4%
3	关税等	31.7	到岸价×10%
4	汽车运输费	25.0	运距125km,运价0.2美元/t
5	工地卸费	1.4	下料耗工0.1工日,单价14美元/工日
6	合　计	387.47	
7	管理及损耗费	38.75	管理费率5%,损耗率5%
	预算单价	426.22	

如果同一种材料来自不同的供应来源,则应按各自所占比重计算加权平均单价,作为统一的计算单价。

材料单价的计算相对而言则是较简单的,只要材料询价资料及估计准确就可以得到准确的材料预算单价,最后列表汇总(表 6-7)。

××工程材料单价汇总表　　　　　表 6-7

序号	材料名称及规格	单位	交货价(美元)	交货条件	预算价(美元)
1	普通水泥 425#	t	44	我国外贸 FOB 价	65.66
2	普通钢筋	t	230	××港口 FOB 价	426.22
3	柚木(装饰用)	m³	381	马来西亚×港 CIF 价	452.58
4	松木(模板用)	m³	256	当地市场采购	281.60
5	黄砂	t	6.88	当地市场采购	12.41
6	石子	t	4.73	当地市场采购	8.52
⋮	⋮		⋮		⋮

3. 半成品预算单价的计算

在建筑工程中经常使用一些由若干种原材料按一定的配合比混合组成的半成品材料,如混凝土、砂浆等。这些混合材料用量较大,配合比各异。因而可先算出在各种配合比下的混合材料的单价,然后根据各种材料所占总工程量的比例,加权计算出其综合单价,作为该工程中统一使用的单价。

【案例 6-6】　某工程中 1∶2∶4 混凝土,其配合比可参照国内某省预算定额中 C18 混凝土的配合比。并同时考虑混凝土在生产过程中的损耗。实际上生产单位体积混凝土所需的费用,还需考虑生产用水,电的费用和所需人工和机械的费用。一般情况下生产用水和电都统一在开办费中考虑;机械费也可列在开办费用,也可摊销在混凝土单价中;所需人工费则应根据在混凝土分项工程中考虑。

混凝土单价计算如表 6-8 所示。

每立方米混凝土单价计算　　　　　表 6-8

序	名称	单位	计算用量	运输损耗 %	运输损耗 数量	操作损耗 %	操作损耗 数量	实际用量	单价(美元/t)	合计费用(美元/m³)
1	黄砂	t	0.852	4	0.034	2	0.017	0.908	12.41	11.21
2	石子	t	1.158	3	0.035	2	0.023	1.216	8.52	10.36
3	水泥	t	0.315	2	0.06	2	0.06	0.435	65.66	28.56
4	合计	美元/m³								50.13

(三)施工机械台班使用费的计算

机械台班使用费由基本折旧费、运杂费、安装拆卸费、燃料动力费、机上人工费、维修保养费以及保险费等。其计算方法如下:

台班单价=(基本折旧费+安装、拆卸费+维修费+机械保险费)/总台班数+机上人工费+燃料、动力费　　　　　(6-3)

1. 基本折旧费（Depreciation charge）

施工机械的基本折旧费不能按国内规定的固定折旧率计算，而应结合具体情况按公式（6-4）计算：

$$基本折旧费 = (机械总值 - 残值) \times 折旧率 \qquad (6-4)$$

机械总值可根据施工方案提出的机械设备清单及其询价确定。

残值是工程结束后施工机械设备的残余价值，应按可用程度和可能的去向考虑确定。除可转移到其他工程上继续使用或运回国内的贵重机械设备外，一般可不计残值。

折旧率一般按折旧年限不超过5年计算，如果工程项目的工期为2年，则可从直线折旧法、递减余值折旧法、等值折旧法中任选一种计算。在工期较长（如2~3年以上）或工程量较大的工程上，机械设备可考虑一次折旧。

2. 运杂费

机械设备的运杂费的计算可参照材料运杂费的计算方法。如机械设备待工程结束后需运回国内或其他工地使用的，还应计算运回的运杂费等。

3. 安装拆卸费

安装拆卸费可根据施工方案的安排，分别计算各种需装卸的机械设备在施工期间的拆装次数和每次拆装费用的总和。

4. 燃料动力费

施工机械的燃料动力费一般应按实计算，也可按消耗定额和当地燃料、动力单价进行计算。

5. 机上人工费

机上人工费是指操作或驾驶机械的人工工资（如起重机、推土机等操作人员的工资），小型机械一般不计（如混凝土振动器）。其费用应按每台机械所配备的工人数和工资单价确定。

6. 维修保养费

施工机械的维修保养费是指日常维护保养和中小修理的费用。凡替换附件、工具附件、润滑油料等，一般都可按消耗定额和相应材料人工单价进行计算。

7. 保险费

保险费是指施工机械设备在使用期间为保证由于意外因素受到损失而向保险公司投保所支出的费用。其投保额一般为机械设备的价值；保险费率按投保的保险公司的规定计算。

施工机械台班使用费除上述这些费用外，有时还包括银行贷款利息、使用税和使用许可证手续费等。机械台班使用费计算如表6-9所示。

在国际承包工程中，机械台班使用费有三种表现形式：①即在"开办费"项目中列出一笔机械费总数，在工程量单价中不再考虑；②全部摊入工程量单价中，不再另计"开办费"；③部分列入开办费，部分摊入工程量单价。至于具体如何处理，则应视招标文件的要求有所不同。承包商采取某种形式必须与业主达成共识，否则会造成损失，或不中标。

建筑施工机械设备除自行采购外，有条件时可向专业机械公司租借施工机械设备，即使是本企业现有设备，也应考虑租赁费。租赁机械的基本费用是付给租赁公司的租金，另加一笔附加运营费。这些附加运营费包括：机上人员工资，燃料动力费以及各种消耗材料费用等。

机械台班使用费计算表 表6-9

编号	参数名称	单位	混凝土搅拌机（20m³/h）	混凝土搅拌车（6m³）	塔吊 θ=3t R=35m H=42m	混凝土振动器
1	CIF 到岸价	美元/台	274000	130000	337000	2000
2	关税 ①×10%	美元/台	27400	13000	33700	200
3	港口运至工地费用	美元/台	15400	240	11600	20
4	运回国内费用	美元/台	89000	15300	当地	卖出
5	运杂费（②+③+④）	美元/台	131800	28540	45300	220
6	机械总值（①+⑤）	美元/台	405800	158540	382300	2220
7	残值（①×5%）	美元/台	13700	6500	168500	0
8	折旧率 — 折旧期	月	48	48	30	30
9	折旧率 — 本工程使用期	月	30	30	30	30
10	折旧率 — 折旧率（⑨÷⑧）	/	0.625	0.625	1.0	1.0
11	基本折旧费（①-⑦）×⑩	美元/台	162700	77200	320000	2000
12	安装拆卸费（估计）	美元/台	37000	—	18600	—
13	本工程使用总台班（估计）	台班	600	540	630	540
14	燃料动力费单价	美元/台班	34	58	32	1.3
15	燃料动力总价⑬×⑭	美元/台	20400	31320	20160	700
16	机上人员工资（15美元/台人）	美元/台班	75	30	30	—
17	机上人员工资总值⑯×⑬	美元/台	45000	16200	18900	—
18	维修保养费①×5%	美元/台	13700	6500	16850	100
19	保险费①×0.4%（注）	美元/台	1096	520	1348	—
20	机械使用总值（⑤+⑪+⑫+⑮+⑰+⑱+⑲）	美元/台	411696	160280	441158	3020
21	台班使用单价（⑳÷⑬）	美元/台班	686.2	296.8	700.3	5.60

注：保险费一般以机械原价为准。

大多数租借的机械都提供机上操作人员，且在租金中包括了他们的工资，但估价师仍需考虑他们的一些基本奖金、加班费等附加费。燃料动力费等费用可参考有关消耗标准按一定的比例增加即可，根据实际情况进行调整。

第3节 分摊费用及开办费用的计算

在国际工程估价中，凡是在招标文件没有开列，而要编入估价项目的费用，均可列入分摊费用或开办费用中。现场综合管理费等可分摊到每个分项工程单价中，即为分摊费用。开办费用根据招标文件可单独列项收费者即可独立报价。

一、综合管理费的内容及其费率的确定

（一）综合管理费的内容

综合管理费包括施工管理费、施工机械费、临时设施费、保险费、税金、保函手续费、业务费、工程辅助费、贷款利息、利润和不可预见费等内容。

1. 施工管理费

我国在国际工程承包中的施工管理费，一般包括：工作人员费、生产工人辅助工资、工资附加费、办公费、差旅交通费、文件宣传费、固定资产使用费、国外生活设施使用费、工具用具使用费、检验试验费以及其他费用等内容，现分别加以介绍。

（1）工作人员费　包括行政、管理人员的国内工资、福利费、差旅费（国内往返车、船、飞机票等）、服装费、卧具费、国外伙食费、国外零用费、人身保险费、奖金、加班费、探亲及出国前后所需时间内调遣工资等。如雇佣外国雇员，则包括工资、加班费、津贴、招雇和解雇费、保险费等。

（2）生产工人辅助工资　包括非生产工人（如参加工程所在国的活动，因气候影响而停工、工伤或病事假、国外短距离调迁等）的工资、夜间施工津贴费等。

（3）工资附加费　在国内按工资总额提取的职工福利费及工会经费。在国外的福利费已包括在生产工人的工资和工作人员费开支中；如果其中未包括医疗卫生费、水电费等时，则可列入。国外一般没有工会经费，如有时也可列入。此外，国外往往发生的生活物资运杂费（如在国内或国外订货的生活物资，包括习惯性食物、佐料），这种费用也可列入。

（4）办公费　包括行政部门的文具、纸张、印刷、帐册、报表、邮电、会议、水电、烧水、取暖或空调费等。

（5）旅差交通费　包括国内外因公出差（其中包括病员及陪送人员回国机票等路费、临时出国、回国人员路费等）。交通工具使用费、养路费、牌照费等。

（6）文体宣教费　文体宣教费包括学习资料、报纸、期刊、图书、电影、电视、录象设备的购置摊销，影片及录相带的租赁费，放映开支（如租用场地、招待费等），体育设施及文件活动费等。

（7）固定资产使用费　包括行政部门使用的房屋、设备、仪器、机动交通车辆等的折旧摊销、维修、租赁费，房地税等。

（8）国外生活设施使用费　主要包括厨房设备（如电冰箱、电冰柜、灶具、炊具等），由个人保管的食具、食堂家具、洗碗用热水器、洗涤盆、职工日常生活用的洗衣机、缝纫机、电熨斗、理发用具、职工宿舍内的家具、开水、洗澡等设备的购置及摊销、维修等。

（9）工具用具使用费　该费用包括除中小型机械和模板以外的零星机具、工具、卡具、人力运输车辆、办公用的家具、器具、计算机、消防器材和办公环境的遮光、照明、计时、清洁等低值易耗品的购置、摊销、维修；生产工人自备工具的补助费和运杂费等。

（10）劳动保护费　包括安全技术设备、用具的购置、摊销、维修费；发给职工个人保管使用的劳动保护用品的购置费，防暑降温费，对有害健康作业者（如沥青等）发给的保健津贴、营养品等费用。

（11）检验试验费　包括材料、半成品的检验、鉴定、试压、技术革新研究、试验、定额测定等费用。

（12）其他费用　包括零星现场的图纸、摄影、现场材料保管等费用。如果国内规定有上级管理费的也可列入。

2. 临时设施工程费

临时设施工程费用包括生活用房、生产用房和室外工程等临时房屋的建设费（或租房费）、水、电、暖、卫及通讯设施费等。

（1）生活用房　包括宿舍、食堂、厨房、生活物资仓库、办公室、浴室、厕所以及其他生活用房等；

（2）生产用房　包括材料、工具库、工作棚、附属企业（如预制构件厂）等；

（3）室外工程　包括临时道路、停车场、围墙、给排水管道（沟）、输电线路等。

临时设施面积参考指标如图 6-2 所示。

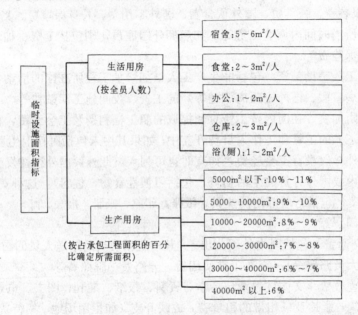

图 6-2　临时设施面积参考指标

如承包工程过大、过小或属于成片住宅区，大型土石方工程、特殊构筑物等，使用上述指标不合适时，可按实际需要计算。

如果该项费用过大，使分摊的费率太高，致使分项工程单价普遍增大。因此，应争取业主同意将该项费用列入开办费，独立报价。

3. 保险费

建设工程规模大、工期长，遇到风险的可能性大。从业主和承包商双方的利益出发，在工程承包合同中规定有关保险的条款已成为国际惯例。所有保险支出的费用在估价时都应考虑。

（1）工程一切险　工程一切险也称工程全险，即对工程在施工和保修期间，由于自然灾害、意外事故、操作疏忽或过失而可能造成的一切损失（包括第三者责任险）进行保险。保险范围包括合同规定的全部工程；到达工地的设备、材料和施工机具，临时设施及现场上的其他物资。

建筑工程一切险的保险金额，应为保险标的建筑完成时的总值。保险费则按不同项目的危险程度、工期长短等因素确定，约在1.8‰～5‰。

（2）施工机械保险　承包人为保障在工地的施工机械设备在遭受损失时得到补偿所投保的机械损坏险。其保险金额应以该机械设备的重置价值为准。其年保险费率为10.5‰～25‰不等。

（3）第三者责任险　建筑工程第三者责任险是分别附加在工程一切险中的。在工程保险期内，如发生意外事故造成在工地及邻近地区的第三者人身伤亡、疾病或财产损失，依当地法律应由被保险人负责时，以及被保险人因此而支付的诉讼费和经保险公司事先同意支付的其他费用，都将由保险公司负赔偿责任。第三者责任险的赔偿限额由双方商定，费率约为2.5‰～3.5‰之间。

（4）机动车辆保险　机动车辆包括汽车、拖拉机、摩托车以及各种特种车辆，它们是机械损坏险中所不包括的。机动车辆保险分为车辆损失险和第三者责任险两部分，两者可一起或分别投保。

保险金额按被保机动车辆原值确定，保险费按不同车辆规定的基本保费（一般为90～140元），加上按保险金额1%的附加费。对第三者责任险也按不同车辆收取（约150～250元）。

（5）人身意外险　为了使施工人员在遭受意外造成人身伤亡时得到经济补偿；减轻企业负担，可向保险公司投保团体人身意外伤害险。在国外承包工程时，施工人员人身意外险一般由中国人民保险公司承保，工人每人保险金额为人民币2万元，技术人员的保险金额较高（例如总工程师可达10万元），保险费率为每年1%。

国际承包工程中还有货物运输险。临时房屋保险等。为节约外汇，除工程所在国或业主有特别规定时，尽量由中国人民保险公司承保。

4. 税金

国际承包工程应按各国税收制度的不同，照章纳税。各国情况不同税种也不同。主要有合同税、营业税、产业税、印花税、所得税、人头税、社会福利税、社会安全税、车辆牌照税、及各种特种税等。上述税种中，以利润所得税和营业税的税率较高，有的国家分别达到30%和10%以上。

5. 保函手续费

（1）投标保函　国外工程投标时，投标者必须交出由有资格的银行出具的投标保证书。用于保证投标者在投标后不中途退标，并在中标后与业主签订工程承包合同，否则投标保证金将予以没收。一般规定投标保证金占投标金额的5%，或具体规定某一额度。保证期限到定标时为止（一般为3～6个月），中标者可将此保证书转为履约保证书，不中标者予以退还。办理投标保证书时应向银行缴纳一定比例的手续费，中东地区一般为保证金额的4‰～5‰。

（2）履约保函　投标人中标后与业主签订承包合同以前，需先交出履约保证书，用以确保合同的履行。其手续与办理投标保证书相同。保证金额一般为投标总价的10%，或具体规定某一额度。履约保证书的有效期至完工时止。如果承包人中途违约，则就被业主没收用以赔偿损失。

（3）预付款保函　承包商收受业主的预付工程款之前，必须交出与预付款金额相同的预付款保证书。该保证书同样也应由有资格的银行出具。

(4) 保修期保函 保修期是指工程完工后如果发现质量上的问题，在规定的保修期内由承包者负责修理。保修期一般为 0.5～1 年。保修金是指在保修期内为了确保承包者负责维修而保留的一部分承包额，直到保修期满为止。保修金一般占造价的 5%～10%。同样也可由银行出具保证书。

6. 经营业务费

业务经营费包括为业主工程师在现场支付的工作与生活支出的费用及有关的加班工资，为争取中标或加快收取工程款的代理人的佣金，法律顾问费、广告宣传费、考察联络费、业务资料费、咨询费，礼品、宴请及投标期间的有关费用。

7. 工程辅助费

工程辅助费包括成品的保护费，竣工清理费及工程维修费等。

8. 上级单位管理费

上级单位管理费（Over head）是指上级管理部门或公司总部对现场施工项目经理部收取的管理费，一般为工程总直接费的 3%～5%。

9. 贷款利息

贷款利息包括国内人民币的贷款利息和外汇贷款的利息，国际上贷款利率往往高达 10%～20%。

10. 利润（Profit）

国外承包商的利润一般在 10%～20% 之间，也有的管理费与利润合取直接费的 30% 左右。近几年来，由于国际承包市场竞争更加激烈，标价普遍压得很低，承包工程利润率明显下降。我国对外承包公司由于管理费通常较高，因而利润率相应下降，根据薄利多销的精神，一般定在 8%～15% 较为合适。

11. 不可预见费

不可预见费主要是考虑资源物资价格上涨及承包风险的不可预见性而致，并不是考虑工程量或有关计算差错而增加的不可预见费用，一般占总报价的 5%。

（二）测定综合管理费率的基本数据

国内管理费的项目划分和开支内容比较明确，但国外管理费的项目与国内大不相同，且无统一的规定，一切都以实际情况而定。

1. 全员编制人数

全员编制人数即为一个施工企业、一个核算单位或一个投标工程计划的全部编制人员数，包括企业领导、各级职能部门的行政管理、生产技术及服务人员，有时还需考虑施工基地的各项人员。国外承包工程一般按工程工期和工程总量需要而定。

2. 非生产人员数

非生产人员包括企业经理、副经理、生产、技术、材料与财务管理人员，以及翻译、司机、医务人员、炊事员等服务人员。非生产人员应严格控制，在满足生产需要的情况下越少越好。

3. 全员劳动生产率

全员劳动生产率包括生产人员和非生产人员的全部人员每人每年的平均产值。不同的企业每人每年平均产值可按下式进行计算：

全员劳动生产率＝全员平均日工资×年有效工作天数÷工资占造价的比重×工效调整

系数 (6-5a)

或　　全员劳动生产率＝全年应完成的产值÷（全年在编工人数＋非生产人数）　(6-5b)

4. 年计划完成产值和直接费产值

年计划完成产值可按企业年度利润计划的需要测定，也可按全员劳动生产率和在编人数来确定。国际承包工程一般按承包工程总造价和完成工期测算。

年直接费产值可按年计划完成产值和利润率、管理费率进行测算。

5. 年有效工作天数与非生产天数

年有效工作天数为全年日历天扣除法定假日，星期天及各项非生产天数后所得的净工作天数。各项非生产天数包括：参加当地国的活动、受气候影响而停工、平均病事假、国外短距离调迁，以及其他不可预计的影响。在确定法定假日时，应考虑所在国及我国的假日，如实行大礼拜休息制的，则星期日休假可折半计算。

6. 施工组织设计或施工方案

根据施工组织设计或施工方案，了解各分部分项工程的施工顺序、持续时间和进度安排，从而明确各工种工人数的进场时间，所需的管理人员及材料进场和堆放设施和地点，筹划临时设施的需要量及费用等。

7. 各种有关资料

各种资料数据包括临时设施的标准、单价及各种日常支出等。这些资料可根据企业积累的数据，结合本工程的实际情况酌情修正而定。

（三）综合管理费及其费率的计算

【案例6-7】　设某公司承建某国外工程，初步估计该工程的直接费为3.5千万美元，合同规定22个月完成。劳务人员全部由国内派往，根据本单位以往对外工程的施工资料可知：全员劳动产率平均为2.4万美元，对于该类工程预测非生产生员约占全体人员的12%。

1. 施工管理费

（1）工作人员费

$$应派出的全部人员 = \frac{3.5 \times 10^7 \div \frac{22}{12}}{2.4 \times 10^4} = 795 人$$

其中非生产人员为 $795 \times 12\% = 95$ 人，生产工人数为700人。

非生产工人的基本费用的计算内容、方法与生产工人的基本费用基本相同（参见表6-2）。但其中技术人员等的有关费用适当要高些，如国内基本工资、国外奖金、保险费等。现暂按工人工资的1.3倍估算得：

$$375 \times 1.3 \times 22 \times 95 = 1018875 \text{ 美元，占直接费的 } 2.75\%。$$

（2）生产工人辅助工资

①非生产性天气工人的工资支出　设由于恶劣天气影响10d，公休日7d，病假平均12d，共29d，工人日工资取15美元（参见表6-2），则：

$$15 \times 29 \times \left(\frac{22}{12}\right) \times 700 = 558250 \text{ 美元}$$

②夜间施工夜餐费　每人每月平均加班4d，每次夜餐费2.0美元，共

$$2.0 \times 4 \times 22 \times 700 = 123200 \text{ 美元}$$

生产工人辅助工资＝558250＋123200＝681450美元，占直接费的1.84%。

(3) 工资附加费　包括一般福利费和生活物资运杂费，按全员考虑，每人全年暂估180美元。则：
$$180 \times \frac{22}{12} \times 795 = 262350 \text{ 美元，占直接费比率为 } 0.71\%。$$

(4) 办公费　文具、纸张、印刷、帐册、书报等按非生产人员每人每月10美元计，邮电、会议费全年暂估1.0万美元，水电、开水费及空调费按每月3000美元，则全年办公费为：
$$10 \times 22 \times 95 + 10000 \times \frac{22}{12} + 3000 \times 22 = 105200 \text{ 美元，占直接费的 } 0.28\%。$$

(5) 旅差交通费　因公出差费预估每年250人次，每人次约200美元；临时出、回国人员，包括病员、陪送人员，每年暂估15人次，每人次往返2000美元；交通工具使用费，预计需轿车、面包车10辆，汽油费每辆每月120美元，牌照税及养路费每辆每年（按两年计）300美元；其他费用预估每年3000美元。则总计：
$$(200 \times 250 + 2000 \times 15 + 3000) \times \frac{22}{12} + 120 \times 10 \times 22 + 300 \times 10 \times 2 = 184600 \text{ 美元，占直接费的 } 0.50\%。$$

(6) 文体宣教费　学习资料、报刊、图书按每人每月1.5美元计；电影、电视、录相每月暂估1500美元；体育用品全年约4500美元。则总计为：
$$1.5 \times 795 \times 22 + 1500 \times 22 + 4500 \times \frac{22}{12} = 67485 \text{ 美元，占直接费的 } 0.18\%。$$

(7) 固定资产使用费　办公、住宿等房租预计全年50000美元；零修缮费，全年预计1.2万美元；汽车折旧费：汽车原值14万美元，年折旧率20%；仪器、汽车维修等全年暂估1.2万美元。则固定资产使用费为：
$$[50000 + 1.2 \times (140000 \times 0.2 + 12000)] \times \frac{22}{12} = 187000 \text{ 美元，占直接费的 } 0.51\%。$$

(8) 国外生活设施使用费　全员每人每月预计2.39美元。则总计为：
$$795 \times 22 \times 2.39 = 41081 \text{ 美元，占直接费 } 0.12\%。$$

(9) 工具使用费　全员每人每年为70美元，则总计为：
$$795 \times 22/12 \times 70 = 102025 \text{ 美元，占直接费 } 0.28\%。$$

(10) 劳动保护费、试验检验费及其他费用　劳动保护费按全员人数每人每月15.0美元计；试验检验费估计每年为12000美元；其他费用预估每年为80000美元。则总计为：
$$(795 \times 22 \times 15.0) + (12000 + 80000) \times \frac{22}{12} = 431017 \text{ 美元，占直接费 } 1.17\%。$$

(11) 现场材料保管费、现场材料整理费、零星搬运等　按每年估算为54500美元，则总计为：
$$54500 \times \frac{22}{12} = 99917 \text{ 美元，占直接费 } 0.27\%。$$

(12) 上级管理费　一般为总直接费的3%，则：
$$37000000 \times 0.03 = 1110000 \text{ 美元}$$

由此可得出施工管理费总计为4291000美元，占直接费的11.60%。

2. 临时设施工程费估算

临时设施工程费的估算不能采用国内按工程造价的一定百分比包干的办法，而应根据总标价、工期及当地具体情况进行估算。具体的估算方法是：首先估算出的工人和管理人员的总数，然后参考国内临时设施的面积定额，分别确定各生产、生活用房的建筑面积和室外工程等项目的工程量，再根据上述工程的单位造价，计算出各个临时设施的造价并汇总为全部临时设施的费用。

例如本工程的工地办公室，按图6-2可见，工地办公室按全员人数每人1.0m²计，则为795m²。单方造价取80美元/m²，则：

$$795 \times 80 = 63600 \text{ 美元}$$

本工程经计算全部临时设施工程费用为53.2万美元，占直接费1.52%。（计算过程略）

3. 施工机械费

一般情况下，对新购的机械，其价值总数不超过总价的10%，可作为一次摊销或列入开办费中，也有根据工期和总造价按若干年进行折旧摊销。

机械使用费在分项工程中摊销有两种计算方法：

（1）专用机械的摊销

专用机械的摊销是指为施工操作专项服务的机械，如混凝土施工机械，它们是专为混凝土工程服务的，那么这些专用机械的所有费用均摊销到混凝土的单价中去。如表6-9中，除塔式起重机外全部是混凝土专用机械。如按专用机械来摊销到混凝土的单价中，则摊销费为12.51美元/m³。

（2）共用机械的摊销

共用机械是指服务于现场各种工作需要的机械，如塔式起重机、汽车起重机。这些机械所有的费用不可能只摊入某一些分项工程的单价中，最简单的方法是平均分摊到每一个分项工程的单价中去。

本项工程运输机械列入开办费中，如塔式起重机、汽车等；混凝土机械按专用机械摊销；其他共用机械，如推土机、电焊机等平均分摊到各分项工程中去。

经计算得135万美元，占直接费3.86%。

4. 保险费

年保险率取工程一切险（包括第三者责任险）2‰（暂按直接费计）。

施工机械险按机械总值（暂按250万美元计的3.0%；机动车辆险按200美元/年·辆等。

全部保险费（二年）经计算得13.5万美元，占直接费的0.37%。

5. 其他摊销费（预估）。

（1）业务费：包括业务经营费和保函费等费用为94.5万美元，占直接费的2.56%。

（2）工程辅助费：49万美元，占直接费的1.32%。

（3）贷款利息：32万美元，占直接费的0.87%。

（4）不可预见费：175万美元，占直接费的4.73%。

上述其他摊销费合计为350.5万美元。

6. 利润及税金

（1）利润：取低限8%的直接费，$37000000 \times 0.08 = 2960000$ 美元

（2）税金：各种税金估计为直接费的4%，$37000000 \times 0.04 = 1480000$ 美元

本案例的综合管理费总计为：

429.1＋53.2＋135＋13.5＋350.5＋296＋148＝1425.3 万美元

$$综合管理费率 = \frac{1425.3}{3700} \times 100\% = 38.52\%$$

二、开办费的估算

列入施工管理费项目中的费用，最终都应按一定的比例纳入分项工程单价中。如果摊销费太大，势必使工程量单价提高，不利于投标竞争。因此，应有一部分费用可按规定列入开办费项目单独报价。

1. 施工用水、电费

如果工程用水、用电可利用原有的供水、供电系统，则可根据实际用量和工期另酌加损耗（5%～10%）和必要的线路设施即可算得所需费用。如工程无法利用现成的供水、供电系统（如中东地区），则施工用水的费用应考虑采水、运水，贮水的设施费、买水费等。一次性投资费并结合工期确定经常性的使用等。施工用电需考虑自行发电的所有费用。（包括折旧、安装与拆运，经常费应按施工期长短而定）。

2. 施工机械费

在开办费中单独列出的施工机械费，可视工期长短和投标策略的需要，采取一次性摊销或按适当折旧费加经常费的计算方法。国外承包工程机械费通常占总标价的5%～10%。具体计算参见本章第2节第二部分。

3. 脚手架费

脚手架费是指整个施工过程中使用的全部脚手架的费用，包括砌墙、浇筑混凝土、装饰工程所需的内、外脚手等。应按实际用量加以必要的调整（损耗及周转次数），逐项算出脚手架费用后进行汇总。如有以往测算的资料也可按占全部造价的比率（约0.5%～1%）作适当调整，这种方法较为简单。

4. 临时设施费

临时设施费的估算可参见本章第3节第一部分中综合管理费的估算。应该注意，生产用房应按施工组织要求来确定。临时设施费占工程总价的百分比不应超过国内的包干费率（2%），一般可用表6-10计算。

大型临时设施费用计算表　　　　　　　　　　　　　　表6-10

序号	项目名称	使用定额	数量及单位	单价（美元/m²）	复价（美元）	备注
1	生活用房	5m²/人	37500m²	90.0	33.75万	
2	仓库	2.2m²/人	1750m²	70.0	12.25万	
3	工作棚	1.5m²/人	1200m²	47.0	5.64万	
4	水				⋮	
5	电				⋮	
6	道路				⋮	简易路面
7	围墙				⋮	刺铁丝 混凝土柱
⋮	⋮				⋮	
	合　计				53.20万	

　　　　　　　　　　　工程项目　　　　　　　　平均人数　　　　　人

5. 业主工程师办公室及生活设施

一般在投标文件的工程说明书中有明确的面积、质量标准及所需的卫生设备、家具、仪器等。此外，还可能要求配备服务人员，这些费用都应计入。

6. 现场材料试验室及设备费

这些也有面积要求和设备清单及配备的工作人员数量，可据此计算。一般工期较长的工程，这笔费用也不少，不可忽视。

7. 工人现场福利及安全费

这些费用相当于国内的劳动保护费，如安全技术设备、用具的购置、摊销费；劳保用品费；防暑降温费；保健，营养津贴，以及医药卫生费等。可按工期长短及每个工人每月若干金额计算。

8. 职工交通费

国际上通常规定工人每天上下班路上往返时间不得超过1h，超过的时间可列为上班时间（实际上是不允许的）。因此住宿的地点离工地不会太远，一般采用汽车接送。中午休息时间很短，一般将午饭送至工地。由此产生的交通费用都应计入。

9. 日常气象报表费

包括观察、记录每天气象的仪器设备、文具纸张以及负责日常报表工作专职人员的工资等。

10. 现场道路及进出场通道维护费

包括场区内的道路和进出场必经的公共或私人道路的维护保养费，相当于国内养路费的性质。应按车辆及数量、工期和当地规定来估计。

11. 恶劣气候下工程保护措施费

该费用与国内冬雨季施工增加费相似，应结合当地气候条件考虑。实际上这笔费用难以估计正确，一般只能酌情估出一笔适当的金额。

12. 现场保卫设施和场地清理费

现场保卫设施费指现场围墙、出入口、警卫室及夜间照明设施等。可按施工组织设计要求所需的工料费，一次摊销不计残值。

场地清理费指施工期间保持场地整洁、处理垃圾及竣工清理场地费用，可按单位建筑面积或直接费的一定比率估计。

在估计开办费时，为避免与分项工程单价所含内容重复（如脚手架费、施工机械费等），必须明确分项工程单价、总包管理费和开办费中应包括的内容。

开办费所占总价的比率一般与工程规模大小有关，约占工程总价的10%～20%，有的甚至可达25%。开办费的确定往往涉及到施工组织和施工方法。需逐项分析计算，汇总后列出一项。

第4节 分项工程单价分析与计算

在国际承包工程中，分项工程单价不但包含分项工程的直接费，而且还应包括各项摊销费用，可用公式6-6计算。

分项工程单价＝分项工程直接费单价×（1+综合管理费率）   (6-6)

工程项目总估价＝Σ分项工程单价×工程量＋开办费 (6-7)

一、主要分项工程单价的分析方法

(一) 土方工程

在建筑工程中，土方工程通常在整个工程造价中占有一定的比重，而且具有机械化程度高、基本不需材料费的特点。如果机械费列入"开办费"或列入施工管理费中，则在土方工程中仅需考虑人工费。

【案例 6-8】 设某土方工程开挖深度在 3.0m 内，采用的机械和人工组合是：1 台 W501 型挖土机。每 20m³ 挖土需 2 名普工配合修理；运土采用 8t 自卸汽车，运距为 1km；汽车数量由计算确定；普工日工资 14 美元，挖土机台班使用费为 100 美元，自卸汽车台班费为 85 美元，综合管理费率取 38%。

1. 挖土机生产率和台班产量

根据 W501 型挖土机工作性能表查得铲斗的斗容量为 $q=0.5m^3$，另据实际情况测算得挖土斗充盈系数 $K_c=1.2$，每小时挖土次数 $n=60$ 次，时间利用系数 $K_B=0.8$，土壤可松性系数 $K_s=1.17$。

则挖土机生产能力为：

$$Q = q \cdot n \frac{K_c}{K_s} \cdot K_B = 0.5 \times 60 \times \frac{1.20}{1.17} \times 0.7 = 21.5 m^3/h$$

挖土机台班产量＝21.5×8＝172m³/台班

2. 自卸汽车需用量

采用 8t 自卸车，每次可运 4.0m³ 土方，若平均运速 18km/h，则：

装车时间＝(4.0÷21.5)×60＝11.2min

运土时间＝(1÷18)×60＝3.3min

倾卸时间＝1.0min

返回时间＝3.3min

整个作业时间＝11.2＋3.3＋1.0＋3.3＝18.8min

自卸汽车需要量＝$\frac{18.8}{11.2}$＝1.7 台

配备两台自卸汽车即可，如汽车发生故障时，则可临时调车。

3. 计算分项工程单价

每天应配备普通工人数＝172÷20≈9 人

人工费单价＝(14×9)÷172＝0.73 美元/m³

机械费单价＝(100＋85×2)÷172＝1.57 美元/m³

分项工程直接费单价中应考虑超挖的可能性约 20%，则分项工程直接费＝(0.73＋1.57)×1.2＝2.76 美元/m³。

综合管理费为 38%，分项工程单价＝2.76×(1＋0.38)＝3.81 美元/m³，则土方工程（挖土）单价为 3.81 美元/m³。

(二) 模板工程

设某混凝土墙采用 8 块标准胶合板模板作面板，板后竖向用 9 根 100mm×75mm 截面的木楞做加劲衬格，斜撑也用同截面楞木，其布置如图 6-3。

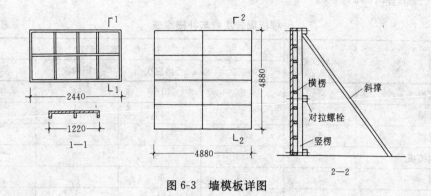

图 6-3 墙模板详图

1. 标准模板

标准模板规格为 244mm×122mm，内楞用 100mm×50mm 木（图 6-3）。

(1) 材料费

木材（方材）用量为：$(3×2.44+5×1.22)×0.1×0.05=0.07m^3$

19mm 厚胶木板面积为：$2.44×1.22=2.98m^2$，取 $3.0m^2$

材料价格：木材为 107 美元$/m^3$，胶合板为 4.68 美元$/m^2$，取综合损耗系数为 17.5%，则每块标准模板材料费：

$$(107×0.07+4.68×3.0)×1.175=25.30 \text{ 美元/块}$$

考虑铁钉费用每平方米取 1.0 美元，则每块标准模板材料费用为

$$(25.30+1×3)=28.3 \text{ 美元/块}$$

(2) 模板制作人工费

设每块标准模板需 3 人工作 1h，则人工费需

$$(14×3)÷8=5.25 \text{ 美元/块}$$

以上是制作标准模板的一次费用（不考虑所有机械费），应根据其周转次数摊销。

(3) 模板安装与拆卸的人工费用

设安装与拆卸每平方米标准模板需 1.5 个人工小时，则人工费为：

$$14.0×1.5÷8=2.63 \text{ 美元}/m^2$$

设用于临时支撑，螺栓及固定材料费约 1.6 美元$/m^2$

(4) 模板的修理、清洗和刷油的费用

标准模板每用一次都需进行修理、清洗和刷油后才能再次使用。设每平方米标准模板修理，清洗和刷油需用 0.36h，所用模板油脂每千克为 1.0 美元，每平方米标准模板需用 0.36kg 油脂，其他修理材料需 0.1 美元$/m^2$。则标准模板修理、清洗和刷油的费用为：

$$14.0×\frac{0.36}{8}+1×0.36+0.1=1.09 \text{ 美元}/m^2$$

(5) 标准模板的使用单价

对于周转材料的周转次数，应与结构类型和对应工程量的多少、模板的材料、施工方法、施工技术等方面有关。模板每周转一次需经整修或添加补损后就可使用。在一般工程中，模板周转次数及补损定额大致如表 6-11 所示。

标准模板的周转次数应比一般模板要多，本工程由施工方案决定周转 10 次，其补损率

按30%，残值率10%计。

模板周转次数与补损率表 表 6-11

名 称	周转次数	补 损 率 （%）			
		第二次	第三次	第四次	第五次
普通墙模	3	5	10	30	/
矩形柱模	3	5	15	20	/
一般梁模	3	5	15	30	/
楼板顶模板	4	5	15	30	40
楼梯模	2	30	40	/	/
异形构件模	1～2	50	/	/	/

模板的一次性费用应按周转次数摊销，其费用为：

$$\left[\left(\frac{28.3+5.25}{3}\right)\times 0.9\times 1.3\right]\div 10=1.31 \text{ 美元}/m^2$$

标准模板每使用一次的费用：

$$1.31+2.63+1.6+1.09=6.63 \text{ 美元}/m^2$$

2. 模板支撑（包括竖楞和斜撑）

(1) 材料费 模板支撑的材料费可按图6-3实用材料考虑损耗后计算为 $0.55m^3$（计算从略），其费用为：

$$107\times 0.55\times 1.175=69.15 \text{ 美元}$$

(2) 支撑的安装与拆卸费用 模板支撑的安装应包括选料。运输、安装及校准等工作内容。设每一面墙模板安装需3位工人工作1d，拆除需1位工人工作1d，则人工费为

$$14\times 4=56 \text{ 美元}$$

安装时所需其他材料费为 0.5 美元$/m^2$。

(3) 模板支撑的使用单价 模板支撑的周转次数也为10次，其补损率为10%；残值率为30%，则模板支撑一次性费用为：

$$69.15\times 0.7\times 1.1=53.25 \text{ 美元}$$

周转10次每次使用费为：

$$53.25\div 10=5.33 \text{ 美元}$$

模板支撑使用单价，应考虑每次安装模板支撑所占的面积，因此其费用为：

$$(5.33+56.0)\div(4.88)^2+0.5=3.08 \text{ 美元}/m^2$$

3. 混凝土墙模板的使用单价

混凝土墙模板的使用单价应包括标准模板的单价和模板支撑的单价。所以其使用单价：

$$6.63+3.08=9.71 \text{ 美元}/m^2 \text{（尚未考虑综合管理费等）}$$

国际承包工程中对混凝土模板的使用单价，可以按混凝土各分项工程项目单独报价，如混凝土墙模板、柱模板等，也可以按混凝土分部工程综合后以一项"模板"项目报价，甚至也可以与混凝土综合起来一起报价。

以模板的综合单价报价最为常用。计算时应考虑各分项工程的单价和工程量加权计算。

例如某工程混凝土工程有以下几项所组成,其工程量和单价如表6-12所示。

混凝土模板直接费综合单价　　　　　　　　表6-12

序	分项工程名称	单　位	工程量	单　价（美元）
1	混凝土基础模板	m²	20006	10.91
2	混凝土柱模板	m²	13671	12.66
3	混凝土板模板	m²	6122	11.98
4	混凝土墙模板	m²	45832	9.71

该工程混凝土模板的直接费综合单价为:

$$\frac{20006\times10.91+13671\times12.66+6122\times11.98+45832\times9.71}{20006+13671+6122+45832}=10.63\ \text{美元}/\text{m}^2$$

混凝土模板的综合单价为:

$$10.63\times(1+0.38)=14.67\ \text{美元}/\text{m}^2$$

（三）钢筋工程

国际承包工程中,钢筋一般都按重量单独计算。计算钢筋的单价应考虑下列因素:

1. 损耗系数

钢筋可按任意长度进货,也可以根据合同要求按切断长度或切弯长度进货。根据不同的供货形式,应采用不同的损耗系数,常取在2.5%～10%之间。

2. 其他材料费

包括焊接或切割所需的材料费;绑扎用的铁丝费用,其用量与钢筋直径成反比,常取5～18kg/t;钢筋定位垫块,常取钢筋价格的1.0%～2.0%。

3. 人工费

包括钢筋运到工地后的卸车人工,送到作业地点的人工以及调直、切断、割接、弯曲和绑扎的人工。

例如计算某工程中直径为12mm的单价:

人工:卸车每吨0.25工日,运输每吨0.5工日,绑扎人工每吨为3.5工日。则每吨钢筋人工费单价:

$$14\times(0.25+0.5+3.5)=59.5\ \text{美元}/\text{t}$$

材料:直径12mm的钢筋,供货时已按要求切断并弯曲的价格为每吨328美元。考虑2.5%的损耗率,1.0%的定位垫块,绑扎每吨钢筋需用11.0kg钢丝,铁丝每千克价格为1.0美元,财材料费为:

$$328\times(1+0.025+0.01)+1.0\times11=350.48\ \text{美元}/\text{t}$$

钢筋直接费单价为:

$$59.5+350.48=409.98\ \text{美元}/\text{t}$$

钢筋分项工程单价:

$$409.98\times(1+0.38)=565.77\ \text{美元}/\text{t}$$

一个工程中不同直径的钢筋单价也可按加权平均计算出钢筋综合单价。

(四) 混凝土工程

混凝土单价中必须包括混凝土的材料、搅拌、运输和浇筑养护等费用。工地使用的混凝土可以从当地混凝土厂购买商品混凝土，也可以在工地自行搅拌。对这两种供应方法的混凝土费用构成应分别估价。

各分项工程单价计算出以后，可立即填入分项工程估价单中表6-13。汇总各分项工程项目的估价费用后，再加上开办费即为该工程项目的全部估价。

分项工程估价单　　　　　　　　　　　　　　　表6-13

编号	分部分项名称	工程量	单位	单价（美元）	其中包括			合价（美元）
					材料费	人工费	综合管理费	
⋮	⋮	⋮	⋮	⋮	⋮	⋮	⋮	⋮
⋮	⋮	⋮	⋮	⋮	⋮	⋮	⋮	⋮
××	机械挖土方	×××	m³	3.81	—	2.76	1.05	⋮
××	各类模板	×××	m²	14.67	5.74	4.89	4.04	⋮
××	各类钢筋	×××	t	565.77	350.48	59.50	155.79	⋮
⋮	⋮	⋮	⋮	⋮	⋮	⋮	⋮	⋮
⋮	⋮	⋮	⋮	⋮	⋮	⋮	⋮	⋮
⋮	⋮	⋮	⋮	⋮	⋮	⋮	⋮	⋮
⋮	⋮	⋮	⋮	⋮	⋮	⋮	⋮	⋮

二、工程项目估价案例

某工程项目为中东某阿拉伯国家的一个高级住宅小区，有200幢二层独立式住宅（每幢307m²）和小区内配套等基础设施以及公共建筑工程，工期22个月，现要求只对住宅的土建部分进行报价，室内水电工程已列出具体数字，报价时列入总价即可。数字精确度要求，除估价单合计、每平方米造价和工资单价取整数外，其余一律取二位小数（以下四舍五入）。

该工程项目估价过程如下：

1. 确定该工程项目部的职工人数

根据全员劳动生产率24000美元左右，工期22个月，估算需生产工人700人，非生产人员约95人，总计795人。

2. 核对工程量清单

（过程略）。

3. 确定出国人员工资

见表6-2。

4. 确定综合管理费率

按本章第3节第一（三）中的分析方法，计算结果为38%。

5. 经询价与计算汇总于表6-14。

材料价格询价及其计算结果表 表 6-14

序号	材料名称及规格	单位	交货价（美元）	交货条件	预算价（美元）
1	普通水泥 325 号	t	65	我国外贸 CIF 价	153.20
2	预制美术水磨石 2.5cm 厚	m²	8	我国外贸 CIF 价	15.93
3	钢筋主钢	t	580	当地市场采购	638
4	松木（模板用）	m³	400	当地市场采购	440
5	硬木（装修用）	m³	700	当地市场采购	770
6	白水泥	t	400	当地市场采购	440
7	黑色手工凿面石 25cm×25cm	块	4.5	当地市场采购	4.95
8	深红色机制面石	m²	67	当地市场采购	73.70
9	砂子中细砂	车	70	当地砂石厂交货自运	17.60/t
10	石子机轧各种粒径	车	60	当地砂石厂交货自运	12.08/t
11	预制混凝土实心砌块 20cm×20cm×40cm	块	0.9	当地订货送到现场	0.92
12	预制混凝土实心砌块 10cm×9.5cm×19.5cm	块	0.3	当地订货送到现场	0.31
13	预制混凝土空心砌块 15cm×20cm×40cm	块	0.8	当地订货送到现场	0.82
14	大马赛克 20cm×20cm×0.8cm	块	0.8	当地零售自运	0.84
15	红缸砖 10cm×10cm×1cm	块	0.2	当地零售自运	0.21
16	色磁砖 15cm×15cm×0.6cm	块	0.25	当地零售自运	0.26
17	石膏彩色玻璃月牙花窗 $D=1.3m$	个	65	当地零售自运	68.25
18	沥青	kg	0.4	当地零售自运	0.42
19	油毡（20m²/卷）	卷	18	当地零售自运	0.95/m²
20	铁丁、铁丝	kg	1.5	当地零售自运	1.58
21	门锁执手（包括螺丝）	个	20	当地零售自运	21
22	合页 3～4（包括螺丝）	对	0.5	当地零售自运	0.53
23	乳胶漆	kg	1.8	当地零售自运	1.89
24	100 号塑料管	m	4.0	当地零售自运	4.20
25	胶合板（三合板）	m²	3.00	当地零售自运	3.15
26	综合胶	kg	3.00	当地零售自运	3.15
27	铝合金外门	m²	145	由制造商现场安装到位	145
28	铝合金隔断（代门）	m²	130	由制造商现场安装到位	130
29	铝合金一玻一窗	m²	110	由制造商现场安装到位	110
30	铝合金安全窗栅	m²	40	由制造商现场安装到位	40
31	铝合金楼梯等栏杆	m²	150	由制造商现场安装到位	150
32	铝合金吊顶	m²	60	由制造商现场安装到位	60
33	铝合金窗帘轨 3cm×1cm	m	10	由制造商现场安装到位	10

6. 确定分包工程单价

在分包报价的基础上，再加上总包管理费和利润，按 10% 计算。

7. 施工机械费

由于本工程只使用小型机械，其费用可按土建总价（1～40 项）的 2.5% 计算，以一笔总价列入总价。

8. 施工用水电费

按土建总价的1%计列。

9. 脚手架费

按土建总价的0.5%计列。

10. 工程单价分析

见表6-15。

有关说明如下：

(1) 土方工程

1) 平整场地、回填土、室内填土夯实均采用人工。

2) 挖基础土方采用当地专业承包商分包，其单价为2.5美元/m^3。

3) 缺土挖运采用当地专业承包商分包，其单价为5.0美元/m^3，送到现场，按竣工土量方。

(2) 钢筋混凝土工程

1) 混凝土体积配合比的材料用量可套用有关定额中接近强度等级计算（如1:4:8可套用C10混凝土等，地面、屋面用混凝土同样处理）。

2) 混凝土、模板、钢筋定额不分构件，综合考虑，现参照类似定额确定如下（工效差系数照加）：

a. 混凝土定额（m^3）：人工1.8工日，混凝土1.01m^3（配合比如"1"条），零星材料占主材的5%计算。

b. 模板定额（m^2）：人工0.25工日，木材0.02m^3，铁丁0.15kg，其他材料费占主材的3%计算。

c. 钢筋定额（t）、人工11.2工日，钢筋1.05t，铁丝7kg。

(3) 墙体工程

1) 砌体灰缝为1cm，砂浆配合比处理方法与混凝土同。

2) 31cm厚预制混凝土砌块外墙可采用20cm+10cm实心砌块平砌（即相当于1/2砖墙）组合，中间灰缝1cm。

3) 所有砌块均须编补充分析，人工可套用类似定额，用料计算公式如下（每m^2）：

$$砌块量=\frac{1}{（砌块长+灰缝）\times（砌块厚+灰缝）}$$

砂浆量=1m^2砌体（折成m^3）-砌块数（实）×砌块体积（31cm厚外墙分别算出20cm及10cm砌体用量后尚须另加中间灰缝1cm所需砂浆量。砌块与砂浆损耗率均按1%计算。

(4) 铝制品工程

均系由制造商供货到现场并安装到位（包括零件玻璃）可作为分包工程处理。

(5) 地面、墙面工程

面料凡以"块"计算者，其用量应根据具体规格进行换算（损耗另加），砂浆及用工量可套用类似定额计算（工效差系数照加）。

(6) 其他

1) 木门油漆。由专业承包商分包，其单价为4美元/m^2（单面面积）；

2) 散水。套用几个单项定额合并计算（如平整场地、夯实、垫层、一次抹光等）。

3) 屋面找平层。工料按厚度不同换算。

4) 预制水磨石踢脚线。材料由预制水磨石锯成，加工费按预制水磨石价增加10％后再折算成每米价计算。

5) 定额中的其它材料费（包括一些材料单价中缺项的零星材料可并入考虑）确定如下：

　　a. 一般按主材（不包括工资）合计的1％计算；

　　b. 第30、32、36、37项按主材合计的5％计算；

　　c. 第38项按主材合计的10％计算；

　　d. 第39项按主材合计的3％计算。

6) 磁砖损耗率为3％。

7) 木门安装不需钢护口板。

8) 沥青不掺掺合料，冷底子油按纯沥青计算。

9) 细石墙面：不需钢筋、铁件及白灰、细石不考虑损耗，也不扣灰缝。

分项工程单价分析表　　　　　　　　　　　表 6-15

工料名称及规格	单位	单价(美元)	1 人工平整场地(m^2)		2 挖基础土方(m^3)		3 人工回填土夯填(m^3)		4 室内回填土夯实(m^3)	
			数量	合计(美元)	数量	合计(美元)	数量	合计(美元)	数量	合计(美元)
工资	工日	15	0.049	0.74			0.24	3.60	0.30	4.50
分包工程	m^3				1	2.50				
合计				0.74		2.50		3.60		4.50
管理费及利润 31％(分包10％)				0.23		0.25		1.12		1.40
共计				0.97		2.75		4.72		5.90

工料名称及规格	单位	单价(美元)	5(分包) 缺土挖运15km(m^3)		6 1:4:8混凝土垫层(m^3)		7 1:4:8混凝土地面垫层(m^3)		8 1:2:4钢筋混凝土(m^3)	
			数量	合计(美元)	数量	合计(美元)	数量	合计(美元)	数量	合计(美元)
工资	工日	15			1.325	19.88	1.6307	24.46	2.07	31.05
水泥(普通)	t	153.2			0.20402	31.26	0.20402	31.26	0.3333	51.06
砂	t	17.60			0.805	14.17	0.805	14.17	0.6525	11.48
石子	t	12.08			1.39784	16.89	1.39784	16.89	1.3877	16.76
模板摊销	m^3	440					0.0145	6.38		
圆钉、铁丝	kg	1.58					0.069	0.11		
零星材料									(5％)	3.97
分包工程			1	5.00						
合计	m^3			5.00		82.20		93.27		114.32
管理费及利润 31％(分包10％)				0.50		25.48		28.91		35.44
共计				5.50		107.68		122.18		149.76

续表

工料名称及规格	单位	单价(美元)	9 模板(m²)		10 钢筋(t)		11 31cm厚实心混凝土外墙(m²)		12 20cm实心混凝土内墙、女儿墙(m²)	
			数量	合计(美元)	数量	合计(美元)	数量	合计(美元)	数量	合计(美元)
工资	工日	15	0.2875	4.31	12.88	193.20	0.381	5.72	0.246	3.69
模板摊销	m³	440	0.02	8.80						
圆钉	kg	1.58	0.15	0.24	7	11.06				
钢筋	t	638			1.05	669.90				
20cm×20cm×40cm预制实心混凝土砌块	块	0.92					12	11.04	12	11.04
10cm×9.5cm×19.5cm预制实心混凝土砌块	块	0.31					47	14.57		
水泥	t	153.20					0.008	1.23	0.003	0.46
砂	t	17.60					0.064	1.13	0.025	0.44
零星材料			(3%)	0.27			(1%)	0.28	(1%)	0.12
合计				13.62		874.16		33.97		15.75
管理费及利润31%(分包10%)				4.22		270.99		10.53		4.88
共计				17.84		1145.15		44.50		20.63

工料名称及规格	单位	单价(美元)	13 15cm厚空心混凝土墙(m²)		14(分包) 铝合金外门银色(m²)		15(分包) 铝合金隔断银色(m²)		16(分包) 铝合金一玻一纱窗银色(m²)	
			数量	合计(美元)	数量	合计(美元)	数量	合计(美元)	数量	合计(美元)
工资	工日	15	0.184	2.76						
15cm×20cm×40cmc预制空心混凝土砌块	块	0.82	12	9.84						
水泥	吨	153.20	0.003	0.46						
砂	吨	17.60	0.025	0.44						
零星材料费			(1%)	0.11						
分包工程						145.00		130.00		110.00
合计				13.61		145.00		130.00		110.00
管理费及利润31%(分包10%)				4.22		14.50		13.00		11.00
共计				17.83		159.50		143.00		121.00

工料名称及规格	单位	单价(美元)	17(分包) 铝合金安全窗栅(m²)		18(分包) 铝合金吊顶(m²)		19(分包) 铝合金楼梯、平台栏杆(m)		20(分包) 铝合金窗帘轨(m)	
			数量	合计(美元)	数量	合计(美元)	数量	合计(美元)	数量	合计(美元)
工资	工日									
分包工程				40.00		60.00		150.00		10.00
合计				40.00		60.00		150.00		10.00

续表

工料名称及规格	单位	单价(美元)	17(分包) 铝合金安全窗栅(m²)		18(分包) 铝合金吊顶(m²)		19(分包) 铝合金楼梯、平台栏杆(m)		20(分包) 铝合金窗帘轨(m)	
			数量	合计(美元)	数量	合计(美元)	数量	合计(美元)	数量	合计(美元)
管理费及利润31%(分包10%)				4.00		6.00		15.00		1.00
共计				44.00		66.00		165.00		11.00

工料名称及规格	单位	单价(美元)	21 彩色月牙玻璃窗 $D=1.3m$(个)		22 无亮胶合板内门制、安(m)		23 执手门锁(把)		24 预制水磨石地面、楼梯踏步(m²)	
			数量	合计(美元)	数量	合计(美元)	数量	合计(美元)	数量	合计(美元)
工资	工日	15	0.511	7.71	0.887	13.31	0.23	3.45	0.194	2.91
木材(硬木)	m³	770	0.0056	4.31	0.0334	25.72				
圆钉	kg	1.58	0.21	0.33	0.0743	0.12				
石膏彩色玻璃月牙窗($D=1.3m$)	个	68.25	1	68.25						
综合镖	kg	3.15			0.54	1.70				
胶合板	m	3.15			2.06	6.49				
合页	对	0.53			1	0.53				
水泥	t	153.20							0.014	2.14
砂	t	17.60							0.055	0.97
预制美术水磨石($\delta=2.5cm$)		15.93							1.03	16.41
其他材料费			(1%)	0.73	(1%)	0.35			(1%)	0.20
执手门锁	把	21					1	21		
合计				81.33		48.22		24.45		22.63
管理费及利润31%(分包10%)				25.21		14.95		7.58		7.02
共计				106.54		63.17		32.03		29.65

工料名称及规格	单位	单价(美元)	25 水磨石踢脚线(m)		26 卫生间大马赛克地面(m²)		27 台阶、平台、阳台缸砖地面(m²)		28 1:3:6 混凝土散水(m²)	
			数量	合计(美元)	数量	合计(美元)	数量	合计(美元)	数量	合计(美元)
工资	工日	15	0.081	1.22	0.366	5.49	0.27	4.05	0.271	4.07
砂子	t	17.60	0.003	0.05	0.055	0.97	0.037	0.65	0.064	1.13
预制美术水磨石 $\delta=2.5cm$	m	1.75	1.03	1.80						
普通水泥	t	153.20	0.0008	0.12	0.014	2.14	0.011	1.09	0.0241	3.69
石子	t	12.08							0.1104	1.33
大马赛克块 20cm×20cm×0.8cm	块	0.84			25.5	21.42				
红缸砖 10cm×10cm×10cm	块	0.21					102	21.42		

续表

工料名称及规格	单位	单价(美元)	25 水磨石踢脚线(m)		26 卫生间大马赛克地面(m²)		27 台阶、平台、阳台缸砖地面(m²)		28 1:3:6 混凝土散水(m²)	
			数量	合计(美元)	数量	合计(美元)	数量	合计(美元)	数量	合计(美元)
模板(松木)	m³	440							0.0009	0.40
圆钉	kg	1.58							0.039	0.06
其他材料费			(1%)	0.02	(1%)	0.25	(1%)	0.24	(1%)	0.07
合计				3.21		30.27		28.05		10.75
管理费及利润 31%(分包10%)				1.00		9.38		8.70		3.33
共计				4.21		39.65		36.75		14.08

工料名称及规格	单位	单价(美元)	29 屋面1:3水泥砂浆找平(m²)		30 二毡三油屋面防水层(m²)		31 40cm厚1:2:4细石混凝土屋面(m²)		32 散水及屋面沥青伸缩缝(m)	
			数量	合计(美元)	数量	合计(美元)	数量	合计(美元)	数量	合计(美元)
工资	工日	15	0.176	2.64	0.043	0.65	0.07	1.05	0.06	0.9
普通水泥	t	153.20	0.0232	3.55			0.01366	2.09		
砂子	t	17.60	0.0861	1.52			0.0285	0.50		
石子	t	12.08					0.0531	0.64		
石油沥青	kg	0.42			4.46	1.87			3.75	1.58
石油沥青油毡	m²	0.95			2.26	2.15				
冷底子油	kg	0.42			0.291	0.12				
零星材料费			(1%)	0.05	(5%)	0.21	(1%)	0.03	(5%)	0.08
合计				7.70		5.00		4.31		2.56
管理费及利润 31%(分包10%)				2.41		1.55		1.34		0.79
共计				10.17		6.55		5.65		3.35

工料名称及规格	单位	单价(美元)	33 φ100塑料出水口(m)		34 勒脚贴手工凿黑面石(m²)		35 外墙贴机制深红色面石(m²)		36 内墙1:3水泥砂浆粉刷(m²)	
			数量	合计(美元)	数量	合计(美元)	数量	合计(美元)	数量	合计(美元)
工资	工日	15	0.092	1.38	1.65	24.75	1.65	24.75	0.176	2.64
φ100塑料管	m	4.2	1.00	4.20						
普通水泥	t	153.20			0.0239	3.66	0.0239	3.66	0.0099	1.52
砂	t	17.60			0.1131	1.99	0.1131	1.99	0.0308	0.54
黑色手工凿面石 25cm×25cm	块	4.95			16	79.20				
深红色机制面石	m²	73.7								
其它材料费			(1%)	0.04	(1%)	0.85	(1%)	0.79	(5%)	0.10
合计				5.62		110.45		104.89		4.80
管理费及利润 31%(分包10%)				1.74		34.24		32.52		1.49
共计				7.36		144.69		137.41		6.29

续表

工料名称及规格	单位	单价(美元)	37 天棚1:3水泥砂浆粉刷(m²)		38 内墙天棚面刷乳胶漆2~3遍(m²)		39 卫生间、厨房贴磁砖台度(m²)		40 木门刷高级清漆2~3遍(m²)	
			数量	合计(美元)	数量	合计(美元)	数量	合计(美元)	数量	合计(美元)
工资	工日	15	0.151	2.27	0.167	2.51	0.7	10.50		
普通水泥	t	153.20	0.0066	1.01			0.006	0.92		
砂子	t	17.60	0.172	0.30			0.0244	0.43		
乳胶漆	kg	1.89			0.4	0.76				
白水泥	kg	0.44					0.15	0.07		
色磁砖 15cm×15cm×0.6cm	块	0.24					45.77	11.9		
其他材料费			(5%)	0.07	(10%)	0.08	(3%)	0.40		
分包工程									1	4.00
合计				3.65		3.35		24.22		4.00
管理费及利润31%(分包10%)				1.13		1.04		7.51		0.40
共计				4.78		4.39		31.73		4.10

11. 工程估价单的编制

估价师对全部分项工程项目的单价分析完成以后,即可编制估价单,供投标报价决策参考。估价单的第4栏(数量栏)内将已核实的工程量填入,并将单价分析表中计算出的单价填入各项目的第5栏(单价栏)内,然后逐项计算各分项工程的合价,并累计出全部工程的总价。该工程估价表如表6-16所示。

由6-16可知,每幢住宅估价为205156美元。

每平方米住宅估价为 $\frac{205156}{307}$ = 668 美元/m²

建筑面积:307m²(二层)　　××阿拉伯国家住宅小区单栋住宅估价表　　表6-16

序号	工程项目名称	单位	数量	单价(美元)	合计(美元)
1	2	3	4	5	6
1	人工平整场地	m²	281	0.97	273
2	挖基础土方、坚土	m³	95	2.75	261
3	人工回填土	m³	20	4.72	94
4	室内地面填土夯实	m³	157	5.90	926
5	缺土挖运(15km运距)	m³	82	5.50	451
6	1:4:8混凝土柱、墙基垫层	m³	23.06	107.68	2483
7	1:4:8混凝土地面、台阶垫层(有模板)	m³	17.71	122.18	2164
8	1:2:4钢筋混凝土柱基、柱、楼板、楼梯等	m³	68.3	149.76	10229
9	模板	m²	466	17.84	8313
10	钢筋	t	7.11	1145.15	8142
11	31cm厚实心混凝土砌块外墙,1:8水泥砂浆砌	m²	428.10	44.50	19050
12	20cm厚实心混凝土砌块内墙、女儿墙,1:8水泥砂浆砌	m²	217.0	20.63	4477

续表

序号	工程项目名称	单位	数量	单价(美元)	合计(美元)
1	2	3	4	5	6
13	15cm厚空心混凝土砌块内隔墙、1∶8水泥砂浆砌	m²	64.58	17.83	1151
14	铝合金外门（银色）	m²	7.14	159.50	1139
15	铝合金隔断（连门）（银色）	m²	32.32	143.00	4622
16	铝合金窗一玻一纱（银色）	m²	68.64	121.00	8305
17	铝合金安全窗栅（银色）	m²	68.64	44.00	3020
18	铝合金吊顶	m²	6.4	66.00	422
19	铝合金楼梯及室外平台栏杆	m	32.24	165.00	5320
20	铝合金窗帘轨	m	43.5	11.00	479
21	石膏彩色玻璃月牙花窗 $D=1.3m$	个	18	106.54	1918
22	无亮胶合板内门制作、安装	m²	27.7	63.17	1750
23	执手门锁	把	14	32.03	448
24	预制水磨石地面及楼梯踏步	m²	229.26	29.65	6798
25	预制水磨石踢脚板（10cm宽）	m	226	4.21	951
26	卫生间大赛克地面	m²	26.01	39.65	1031
27	台阶、平台、阳台缸砖地面（不勾缝）	m²	31	36.75	1139
28	8cm厚1∶3∶6混凝土散水，一次抹光	m²	40.62	14.08	572
29	屋面1∶3水泥砂浆找平层，平均5cm厚	m²	122.45	10.17	1245
30	二毡三油屋面防水层	m²	141.71	6.55	928
31	4cm厚1∶2∶4细石混凝土刚性屋面面层	m²	122.45	5.65	692
32	散水及屋面沥青伸缩缝	m	49.2	3.35	165
33	φ100塑料出水口（包括阳台处）	m	10.8	7.36	79
34	勒脚贴手工凿黑面石	m	69.85	144.69	10107
35	外墙贴机制深红色面石	m²	435.0	137.41	59773
36	内墙1∶3水泥砂浆粉刷	m²	700.92	6.29	4409
37	天棚1∶3水泥砂浆粉刷	m²	242.7	4.78	1160
38	内墙、天棚面刷乳胶漆2~3道	m²	943.62	4.39	4142
39	卫生间及厨房贴磁砖台度	m²	76.2	31.73	2418
40	木门刷高级清漆2~3遍（单面）	m²	69.3	4.40	305
41	室内卫生设备及管道工程				9210
42	室内电气工程				7370
43	施工机械费=（1~40项）总价×0.025=181353×0.025				4534
44	施工用水电费=（1~40项）总价×0.01=181353×0.01				1814
45	脚手架费=（1~40项）总价×0.005=181353×0.005				907
	总　计				205186

思 考 题

1. 国际工程估价方法和我国工程预算方法比较，有何不同？
2. 国际工程估价包括哪些费用项目？
3. 在国际工程估价中，为什么要突出分项工程单价的估价？
4. 分包工程估价应注意什么问题？
5. 什么是分摊费用？包括哪些费用项目？
6. 试述国际工程估价的步骤和确定综合管理费费率的方法？
7. 什么是开办费？设置开办费有什么意义？

第七章 国际工程标价评估与决策

本章在估价师获得了分部分项工程单价和拟建项目初步标价的基础上,通过对标价的评估、审核以及标价盈亏和风险分析,分析影响工程项目价格的影响因素,从总体上把握拟建项目的价格水平。此外本章还介绍了国际工程报价中常用的报价技巧和报价决策中最优利润率和机会成本分析两种报价模型,以实现承包商既能中标又能盈利的竞标目的。

第1节 标价评估及分析

一、标价评估

在计算出分部分项工程完全单价、编出单价汇总表以后,即可结合工程量清单进行标价试算,经过初步检查,可能需对某些项目的单价作必要的调整,然后形成基础标价,再经盈亏分析,提出可能的低标价和可能的高标价,供决策人选择。

国际工程标价计算与我国体制下施工预算计算相比,在内容、难度、工作量等方面都有较大的区别,标价的非标准性与竞争性是产生这些区别的原因,而标价的计算、评估、调整则可反映投标、承包公司的经营水平。

评估就是对盈亏进行预测,目的是使投标班子对标价心中有数,以便作出报价决策。虽然这种预测由于国际工程标价计算的非标准性而不可能十分准确,但毕竟要比凭个人主观愿望而盲目压价或层层加码有些科学根据。

标价的基本组成为工程直接成本、间接费和利润。

其中,间接费和利润是以工程直接成本为基数,以百分率表达的数值,因而工程直接成本是基本数据,它们的精确度影响着整个工程标价,努力保证直接成本计算的精确性,是估价师的基本职责,也是标价评估、盈亏预测的重点。

为了提高工程标价计算和评估的精度及速度,目前各国际承包工程公司均采取如下措施:

(1) 采用电子计算机进行标价计算或评估;

(2) 在直接费计算中,各工序的单价及费用不套用经验定额,而是根据工程图纸及工艺流程首先进行工时、材料消耗分析,逐项测算,力求符合实际;

(3) 间接费计算尽量采用分析法逐项实算,不用或少用经验性百分率计算。

二、标价的宏观审核

(一) 标价与客观对象的关系

1. 业主及其工程师

根据国内外承包商的经验数据表明,业主及其工程师对承包商经济效益的影响范围大致在10%~15%。因此估价师必须分析下述两种情况:

(1) 业主资金来源和信誉情况。一般认为,如果项目是世界银行贷款或政府拨款以及一些有影响的金融组织贷款的，业主资金来源比较可靠，风险较小，标价适当降低；如果是私人出资，应慎重分析其资金情况，标价宜高一些。

(2) 业主及其工程师履历情况。了解他们是否有丰富的施工经验，工程项目管理水平如何，是否有过不合理刁难承包商的历史等。

2. 代理商

世界上一些大中型生产厂家，在各地大都委托一个当地商家作为其代理商。按照惯例，承包商如直接向厂家询价可能会遭到拒绝，或被介绍与其代理商洽谈。因此在承包商经营过程中，寻找真正的代理商，与其长期合作，并取得合理或优惠的价格，对承包商的报价水平将有很大的影响。

3. 竞争对手

竞争对手情况是影响承包商报价的重要因素之一，根据一些资料可以预测对手的报价水平及报价策略，表7-1提供了一些经验数据，供参考。

4. 分包商

在国际工程承包实践中，承包商很少将全部的项目自己单独完成，总承包商更是如此，通常将某些分部或分项工程分包给其他分包商，以取得更大的经济效益，减少和避免风险。但在选择分包商时，必须对其进行严格的资格审查，并对其报价作全面分析，以免因工程分包而带来其他风险，影响工程项目的正常开展和总包商的经济效益。

表 7-1

序 号	信 息 资 料	报 价 水 平 及 策 略
1	(1) 本年度有项目 (2) 本年度无项目	·不急于投标，采用低标可能性较小 ·急于承揽任务，采用低标甚至保本投标
2	(1) 年内项目已近尾声，但经济效益不好 (2) 年内项目已近尾声，但经济效益较好，并拥有机具、模板、脚手架等剩余生产工具	·其报价水平偏上，不想冒风险，以免"雪上加霜" ·往往采用低标或保本水平，在实施中求效益
3	(1) 实力较弱，规模较小 (2) 实力雄厚，规模较大	·复杂工程一般不投标 ·简单工程，造价在200~300万美元的小工程力求中标 ·对大型、复杂工程中标心切 ·对300万美元以下的小工程兴趣不大
4	进入本地区第一次投标	·低价中标，树立信誉，以后求发展 ·高价试标，摸清当地报价水平

(二) 标价的动态分析

标价的动态分析是假定某些因素的变化，测算标价的变化幅度，特别是这些变化对工程目标利润的影响。该项分析类似于项目投资的敏感性分析，主要考虑延误工期、物价和工资上涨以及其他可变因素的影响，对各种价格构成因素的浮动幅度进行综合分析，从而为选定标书报价的浮动方向和浮动幅度提供一个科学的、符合客观实际的范围，并为盈亏分析提供量化依据，明确投标项目预期利润的受影响水平。

1. 延误工期的影响

由于承包商自身原因，如材料设备交货拖延、管理失误造成工程中断、质量问题导致返工等，所造成项目的工期延误，不但不能向业主索赔，而且还要导致违约拖期罚款。而且由于工期延长，承包商可能会增大管理费用、工资及劳务费、机械设备使用费以及资金成本。一般情况下，可以测算工期延长某一段时间，上述各项费用增大的数额及其占总标价的比率。这种增大的开支部分且能用利润来弥补。因此可以通过多次测算，得知工期拖延多久，利润将会全部丧失，这实则上是投标项目关于工期的灵敏度分析。

2. 物价和工资上涨的影响

通过调整标价计算中的材料设备和工资上涨系数，测算其对工程利润的影响。同时切实调查当地工程物资和工资的升降趋势和幅度，以便作出恰当判断。通过这一分析，可以得知投标利润对物价和工资上涨的承受能力。

3. 其他可变因素的影响

影响标价的可变因素很多，而有些是投标人所无法控制的，如汇率、贷款利率的变动，政策法规的变化等。通过分析这些可变因素的变化，可以了解投标项目预期利润的受影响水平。

（三）标价的宏观审核

估价师在长期工程实践中积累了许多有价值的专家知识和经验数据，这些数据可以帮助估价师从宏观上审核标价水平的高低和合理性，并在进行盈亏分析时作为有效的参考。表7-2 列出了一些指标，供参考。

标价宏观审核指标 表7-2

序号	指标名称	指标含义
1	单位工程造价	各种工程项目单位的工程造价，如：房屋工程按平米造价（美元/m^2），铁路公路按KM造价（美元/km）
2	全员劳动生产率	全体人员每年（每月、日）的生产价值，这是一项有效的综合性指标，但要分清项目的类型
3	分部工程价值比	各主要分部工程占工程总造价的百分比，对比时必须分清项目的类型
4	各类费用百分比	组成造价的各类费用（例：人工费、材料费、机械使用费、综合管理费等）占整个工程总造价的百分比
5	单位工程用工用料指标	各种类型的项目每单位工程量所需的工日和各种材料的用量标准

三、标价盈亏分析

（一）标价盈余分析

盈余分析可从下列几个方面进行（图7-1）：

(1) 定额和效率，即工料、机械台班（时）消耗量定额与人工、机械效率的分析；

(2) 价格分析，即对劳动力不同来源的工资价格、材料设备价格、机械台班（时）价格三方面进行分析；

(3) 费用分析，即对管理费、临时设施费、开办费等方面逐项分析，重新核实，找出有无潜力可以挖掘；

(4) 其他方面，如保证金、保险费、贷款利息、维修费、外汇作价以及利用外汇资金进行多种经营等方面均可一一复核，找出其有潜可挖之处。

经过上述分析，最后得出总的估计盈余总额，但要考虑实际不能百分之百地实现，尚需乘以一定的修正系数（一般取 0.5～0.7），据以测出可能的低标价，即

$$低标价 = 基础标价 - (估计盈利 \times 修正系数)$$

（二）标价亏损分析

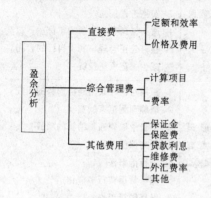

图 7-1 盈余分析的内容　　　图 7-2 亏损分析的内容

亏损分析即对作价时因考虑不周，可能少估或低估，以及施工中可能出现质量问题和施工延期等因素可能带来的损失预测。主要有以下几个方面：（图 7-2）

(1) 工资方面；
(2) 材料、设备价格方面；
(3) 质量问题；
(4) 做价失误；
(5) 业主或监理工程师方面的问题；
(6) 不熟悉当地法规、手续所发生的罚款等；
(7) 自然条件方面；
(8) 施工管理不善造成损失；
(9) 管理费失控等。

以上亏损估计总额，同样也要乘以修正系数 0.5～0.7，并据此求出可能的高标价，即

$$高标价 = 基础标价 + (估计亏损 \times 修正系数)$$

必须注意，在亏损（风险）预测中，有若干因素有时可能不易与不可预见费（意外费）分析中某些因素划分清楚，考虑时切勿重复或漏项，以免影响标价的高低。

（三）标价风险分析

从投标到竣工直至维修期满的整个过程中，由于政治、经济、社会、市场的变化及工程实施中的不可预见事件，会直接或间接影响工程项目的正常实施，会给承包商带来减少利润甚至亏损的风险。标价风险分析就是要对影响标价的风险因素进行评价，对风险的危害程度和发生概率作出合理的估计，并采取有效对策与措施来避免或减少风险。表 7-3 列出了部分主要风险的来源、种类和对策，供参考。

表 7-3 所列内容是国内外一些承包商的经验总结。对待风险，承包商不应"谈虎色变"，

而应正确对待。风险不等于"危险",风险也不一定会发生,风险大才会带来高报价、高额利润,风险小的项目利润率也必然低。图 7-3 给出了标价风险分析和评价的思维方式。

风 险 及 其 对 策　　　　　　　　　　表 7-3

风 险 来 源	种　类	风 险 对 策
1. 工期长、规模大、投资多、技术复杂等方面 2. 施工条件、现场地质、地理环境等方面	有形风险	1. 做好可行性研究,慎重选择项目 2. 规模较大的项目实行联合投标 3. 实施工程保险 4. 适当提高有关分项的单价 5. 签订公正合理、利于自己的合同 6. 减少固定资产投资
3. 当地社会政局、经济秩序等方面 4. 承包市场、金融市场等方面 5. 延期付款、实物兑换等结算条件方面 6. 承包商实力、经营状况等内在方面	无形风险或商业风险	1. 重视对世界政治经济形势的研究 2. 准确预测汇率的变动 3. 尽量争取硬通货结算的项目 4. 增列保值条款 5. 进行汇率保险 6. 储备货币实行多样化 7. 做好结算工作

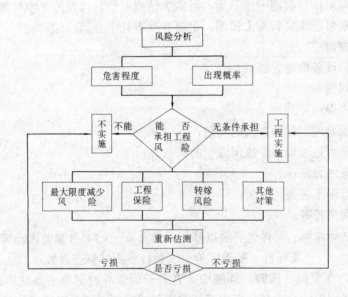

图 7-3　风险评价的思维方式

第 2 节　报价技巧和决策

一、报价技巧

具体做价时,虽然要贯彻总的报价策略意图,如整个投标工程采用"低利政策",则利润率要定得较低或很低,甚至管理费率也要定得较低,但是作价还有它自己的技巧,两者必须相辅相成,互相补充。

(一)不平衡单价的运用

采用不平衡单价是国际投标报价常见的一种手法。所谓不平衡单价,就是在不影响总标价水平的前提下,某些项目的单价可定得比正常水平高些,而另外一些项目的单价则可以比正常水平低些,其目的是承包商可尽早收回垫支于工程中的资金,加快资金周转,另一方面是为了隐蔽报价规律。但又要注意避免显而易见的畸高畸低,以免导致降低中标机会或成为废标。国际上通常采用的"不平衡单价法"有下列几种:

(1) 对能先拿到钱的项目(如开办费、建筑工程中的土方、基础等前期工程费用)的单价可以定高一些,有利于资金周转,存款也有较多利息可得,对后期的项目单价可适当降低。

(2) 估计到以后会增加工程量的项目,其单价可提高;工程量会减少的项目,单价可降低。

(3) 图纸不明确或有错误的,估计今后会修改的项目,单价可提高;工程内容说明不清的单价可降低,这样做有利于以后的索赔。

(4) 没有工程量,只填单价的项目(如土方工程中的挖淤泥、岩石等备用单价)其单价宜高,这样做既不影响投标标价,以后发生时又可多获利。

(5) 对于暂定数额(或工程),分析它会做的可能性大,价格可定高些;估计不一定发生的,价格可定低些。

(6) 零星用工(计日工作)一般可稍高于工程单价中的工资单价,因它不属于承包总价的范围,发生时实报实销,也可多获利。

例如某内部报价单包括五个分项工程,其单价及工程量见表7-4。

某内部报价单　　　　　　　　　　表7-4

编号	项目名称	单位	工程量	单价	合价
900001	粉刷面层	m²	8.00	16.23	129.84
900002	20厚石灰砂浆底	m²	28.39	273.27	7758.13
200001	挖　土	m³	40.00	6.77	270.80
300001	素混凝土垫层	m³	20.00	80.86	1617.20
900003	水磨石面层	m²	30.3	17.50	530.25

合计:10306.22

现根据信息数据,承包商决定提高"素混凝土垫层"的单价,幅度20%,则此项费用调整为:

$$单价 = 80.86 \times (1 + 20\%) = 97.03 \text{元}$$
$$合价 = 97.03 \times 20 = 1940.64 \text{元}$$

调整后,总标价上升了:1940.64−1617.02=323.44元

为了使总价在调整前后保持不变,不平衡报价要求将增加的部分(如本例中的323.44)平均分摊给其余四项分项工程。则其余分项工程的下降系数和调值系数分别为:

$$下降系数 = \frac{\Sigma 分项工程的调整额}{其余分项工程合价之和} = \frac{323.44}{1036.22 - 1617.20} = 0.0373$$

调值系数＝1－下降系数＝0.9627

调整后单价＝单价×调值系数

根据调值系数，可得到调整后的报价单，见表7-5。

调整后的报价单　　　　　　　　　　　表7-5

编　号	项目名称	单　位	工程量	单　价	合　价
900001	粉刷面层	m²	8.00	15.62	124.96
900002	20厚石灰砂浆底	m²	28.39	263.17	7471.38
200001	挖　土	m³	40.00	6.52	260.80
300001	素混凝土垫层	m³	20.00	97.03	1940.60
900003	水磨石面层	m²	30.30	16.80	509.04

合计：10306.22

（二）扩大标价法

这种方法也比较常用，即除了按正常的已知条件编制价格外，对工程中变化较大或没有把握的工作，采用扩大单价、增加"不可预见费"的方法来减少风险，但这种作标方法，往往因为总价过高而不易中标。

（三）开口升级报价法

这种方法是将报价看成是协商的开始。首先对图纸和说明书进行分析，把工程中的一些难题，如特殊的建筑工程基础等造价最多的部分抛开作为活口，将标价降到其他人无法与之竞争的数额（在报价单中应加以说明）。利用这种"最低标价"来吸引业主，从而取得与业主商谈的机会，利用活口进行升级加价，以达到最后承接到工程，并且可以赢利的目的。

（四）多方案报价法

这是利用工程说明书或合同条款不够明确之处，以争取达到修改工程说明书和合同为目的的一种报价方法。当工程说明书或合同条款有些不够明确之处时，往往使承包商要承担较大风险，为了减少风险就必须扩大工程单价，增加"不可预见费"，但这样做又会因报价过高而增加了被淘汰的可能性，多方案报价法就是为对付这种两难局面而出现的。其具体做法是在标书上报两个单价，一是按原工程说明书合同条款报一个价；二是加以注解，"如工程说明书或合同条款可作某些改变时"，则可降低多少的费用，使报价成为最低，以吸引业主修改说明书和合同条款。

还有一种方法是对工程中一部分没有把握的工作，注明按成本加若干酬金结算的办法。

但是，如果有些国家规定政府工程合同的文字是不准改动的，经过改动的报价单即为无效时，这个方法就不能使用。

（五）突然袭击法

这是一种迷惑对手的竞争手段，在整个报价过程中，仍然按一般情况进行，甚至故意宣扬自己对该工程兴趣不大（或甚大），等快到投标截止的时候，来一个突然降价（或加价），使竞争对手措手不及。之所以要采用这种方法，因为竞争对手之间总是随时互相探听对方的报价情况，绝对保密是很难做到的，如果不搞突然袭击，则自己的报价很可能被竞争对手所了解，并将他的报价压到稍低于你的价格，从而提高了他的中标机会。

（六）拼命法

拼命法即先亏后盈法。采用这种方法必须有十分雄厚的实力或有国家或大财团作后盾，即为了想占领某一市场或想在某一地区打开局面，而采用的一种不惜代价，只求中标的手段。这种方法虽然是标价低到其他承包商无法与之竞争的地步，但是还要看他的工程质量和信誉如何，如果以往的工程质量和信誉不好，则业主也不一定选他中标，而第二、三低标反而有中标机会。此外，这种方法即使一时奏效，但这次中标承包的结果必然亏本，而以后能否赚回来并盈利还难说，因此，这种方法实际上是一种"冒险法"。

（七）联合保标法

联合保标法即在竞争对手众多的情况下，由几家实力雄厚的承包商联合起来控制标价，大家保一家先中标，随后在第二次、第三次招标中，再用同样办法保第二家、第三家中标，也可由中标者将部分工程转让给参加联合的其它承包商施工，不过这种做法往往在招标文件中明文规定禁止使用，如被发现将取消投标资格。

二、报价决策

所谓报价决策，就是标价经过上述一系列的计算、评估和分析后，由决策人应用有关决策理论和方法，根据自己的经验和判断，从既有利于中标又能盈利这一基本目标出发，最后决定投标的具体报价。

由于标价计算的非标准法和随机性，最终报价必然具有一定的风险性。因此重要的报价决策常使决策人颇费心机。报价过低是亏损的征兆，过高则会名列榜末，不但不能中标，而且将影响公司的经营信誉，二者都是报价决策中应尽量避免的结果。

随着现代科技的发展，特别是概率论和统计学等应用数学的发展，使得现代数学手段在报价实践中得到了科学运用。科学的报价决策并非主观地抬高或降低标价总额，也不是简单地运用不平衡报价法来调整报价项目的单价，而是通过系统地组织、分析和整理过去的经验数据，来制订一种以相对低标价中标并由此带来利润的标价和中标概率的最优组合，从而使承包商在其中标的项目中获得最大的预期利润。以下将介绍最优利润率的直接求法和机会成本两种报价模型和方法。

（一）最优利润率的直接求法

最优利润率的直接求法有数值表法和图解法，数值表是根据图解法计算产生的。该模型的原理是根据历史同种类型的投标数据，产生出每次投标的最小标价与承包商估算成本的比值LBC，求出LBC的平均值$\overline{LBC}$。基于统计学理论得出LBC的标准值$\overline{LBCS}$（$=\overline{LBC}-1/\sigma$），然后运用数值表和公式即可求出本次投标的最优利润率及其预期中标利润。

1. 投标的预期利润

承包商可以预测超过工程成本的利益，即

$$E(V/W) = (FBC-1) \cdot C \tag{7-1}$$

式中　$E(V/W)$——承包商预期利润；

　　　FBC——承包商标价与其估算成本的比值；

　　　$FBC-1$——承包商的利润率；

　　　C——承包商投标项目的估算成本。

显然，承包商且有到开标后才能知道自己是否中标。在开标之前，承包商往往根据其信息和经验数据估测一个中标概率，该概率与FBC有密切关系，并可表示为$P(W/FBC)$

$=P(W)$，则承包商在利润率决策时可估测到一个预期的中标概率，其表达式为：

$$E(V)=P(W)E(V/W)=P(W)\cdot(FBC-1)\cdot C \quad (7-2)$$

式中　$E(V)$——为承包商预期的中标利润；

　　　$P(W)$——为承包商中标概率。

在不同的中标概率情况下，中标利润、利润率与中标概率的关系可用图 7-4 描述。

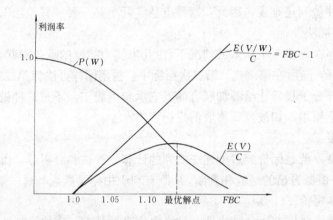

图 7-4　利润率、中标概率、预期中标利润的关系

2. 最大预期中标利润的求法

运用导数理论，对式（7-2）两边关于 FBC 求导，并赋值为 0，即得：

$$\frac{dE(V)}{d(FBC)}=\frac{dP(W)}{d(FBC)}\cdot(FBC-1)\cdot C+P(W)\cdot\frac{d[(FBC-1)\cdot C]}{d(FBC)}=0$$

$$(7-3)$$

所以可得：

$$FBC-1=\frac{P(W)}{-\frac{dP(W)}{d(FBC)}} \quad (7-4)$$

我们知道，$P(W)$ 之值可通过 LBC 分布函数计算出来。LBC 的分布函数可以通过它的累积分布函数（CDF）来描述，即 $F(x)=P(LBC<x)$

如果承包商的投标报价（$FBC\cdot C$）小于最低的标价（$LBC\cdot C$），那么承包商可能中标，用下列表示：

$$\begin{aligned}P(W)&=P[(FBC)\cdot C<(LBC)\cdot C]\\&=P(FBC<LBC)\\&=1-P(LBC<FBC)\\&=1-F(FBC)\\&=1-\int_{-\infty}^{FBC}+f(x)dx\end{aligned} \quad (7-5)$$

式中　$f(x)$——LBC 的概率密度函数，简称为概率密度（PDF）。

对式（7-5）两边关于 FBC 求导，可得：

$$\frac{dP(W)}{d(FBC)}=\frac{d[1-F(FBC)]}{d(FBC)}=\frac{d[1-\int_{-\infty}^{FBC}+f(x)dx]}{d(FBC)}=-f(FBC) \quad (7-6)$$

将式 (7-5)、(7-6) 代入式 (7-4)，可得：

$$FBC - 1 = \frac{P(W)}{-\frac{dP(W)}{d(FBC)}} = \frac{1 - F(FBC)}{f(FBC)} \quad (7-7)$$

式 (7-7) 所得的 (FBC-1) 即为本次投标的最优利润率，代入式 (7-2) 即可求得最大的预期中标利润。

图 7-5 表示了 $P(W)$、$f(FBC)$、$F(FBC)$ 之间的关系。

3. 标准值

由式 (7-7) 可知，PDF 和 CDF 的分布是最大预期中标利润的两个影响因素。一个 LBC 的分布可以存多种计算方法，其中统计分析法是一种常见的方法。

应用统计学原理，分别对 $\overline{LBC}$ 和 FBC 标准化得：

$$\overline{LBCS} = \frac{\overline{LBC} - 1}{\sigma_L} \quad (7-8)$$

$$FBCS_L = \frac{FBC - \overline{LBC}}{\sigma_L} = \frac{FBC - 1}{\sigma_L} - \overline{LBCS} \quad (7-9)$$

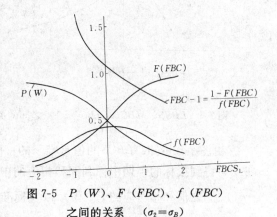

图 7-5　$P(W)$、$F(FBC)$、$f(FBC)$ 之间的关系　($\sigma_2 = \sigma_B$)

式中　$\overline{LBC}$——LBC 分布函数的平均值；

σ_L——LBC 分布函数的标准差；

$\overline{LBCS}$——LBC 分布函数的标准平均值；

$FBCS_L$——对应于 LBC 分布函数的 FBC 的标准差。

如果 LBC 的分布函数是正态分布，则 $f(FBC)$ 的值为：

$$f(FBC) = \frac{e^{-\frac{FBCS_L^2}{2}}}{\sigma_L \cdot \sqrt{2\pi}} \quad (7-10)$$

在许多统计学资料中都可以看出，对于正态分布，有 $F(FBC) = F(FBCS_L)$。因此图 7-5 中显示的值可以很容易地计算出来。例如当 $FBCS_L = 1.0$ 时，从一些标准正态分布的表格中可以查出 $f(1.0) = 0.2420$，$F(1.0) = 0.8413$，故图 7-5 中曲线的值为：

利润率：$FBC - 1 = \frac{1 - 0.8413}{0.2420} = 0.656$

同样当 $FBCS_L = 0$ 时，$F(0) = 0.3989$，$F(0) = 0.5$，

$FBC - 1 = (1 - 0.5)/0.3989 = 1.253$

4. 图解法说明

式 (7-7) 关于 LBC 正态分布的图形描述如图 7-6 所示。$\overline{LBCS} = \frac{\overline{LBC} - 1}{\sigma}$ 的长度被设置在从原点开始的水平轴上，在 a 点，$FBC - 1 = 0$，该点 $FBCS_L = -\overline{LBCS}$，由 a 点引一条 45° 斜线，即为当 FBC 为任意值时，距 a 点水平距离和垂直距离均为 $(FBC-1)/\sigma$ 的点的轨迹。经斜线交曲线于 b 点，该点满足式 (7-7)。从 a 到 b 的水平（和垂直）距离即为 $(FBC^* - 1)/\sigma$ 的值。FBC^* 的标准值 $FBCS^*$ 即为图 7-6 中原点到 b 点的水平距离。

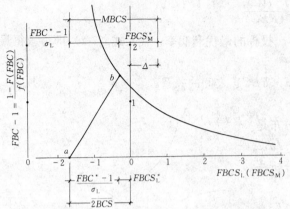
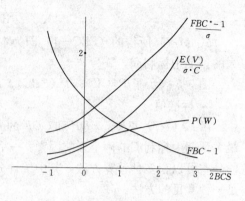

图 7-6　$\overline{LBCS}$、MBC、(FBC^*-1) 之间的关系

图 7-7　不同的 $\overline{LBCS}$ 情况下，投标的利润率、中标概率、中标利润的关系

由图 7-6 可知：$\overline{LBCS}$ 的值是唯一的，把 $\overline{LBCS}$ 和与其相对应的 $(FBC^*-1)/\sigma$ 结合起来，可得到投标的预期中标利润和相应的中标概率。对于正态分布的 LBC 函数，其 $(FBC^*-1)/\sigma$ 之值和相对应的 $P(W)$ 以及标准的 $\dfrac{E(V)}{C\cdot\sigma}$ 值三者相互关系见图 7-7。

为了简化计算，根据图 7-6，7-7 的变化规律，可计算数值表（见表 7-6），它是对 $\overline{LBCS}$ 每增加 0.1 计算出来的。

例：某承包商记录了过去投标的 50 个同类项目的估计成本和最低标价。将每一个最低标价除以自己排应的估计成本得到 LBC_i（$i=1,2,\cdots,50$）。然后计算出 LBC 的平均值和标准差分别为 $\overline{LBC}=1.10$，$\sigma_L=0.05$，由式 7-8 可得：

$$\overline{LBCS}=\frac{1.10-1}{0.05}=2$$

这表明最低标价的平均值较其估计成本高两倍的标准差，从表 7-6 可查出：

$$\frac{FBC^*-1}{\sigma}=1.6683$$

则最优利润率为：$FBC^*-1=1.6683\times0.05=0.083=8.3\%$。

表 7-6 还显示出每次投标的中标概率为 $0.63=63\%$，期望值 $E(V)=1.0509\times\sigma_L\cdot C=0.0525C$。

如果承包商使用图 7-6 的曲线进行计算，首先在原点左侧量出 $\overline{LBCS}=2$（此处 $FBCS_L=0$），定下 a 点，从 a 点引一条 45°斜线到 b 点，量出 a、b 之间的水平距离，从而获得与上述相同的结果。

（二）机会成本研究

以上介绍的最优利润率的直接求法，仅将工程项目作为孤立的因素进行优化，而不考虑可替代方案或其他机会成本。而机会成本研究则将资源限制和机会成本纳入竞争性投标分析中，以便使承包商有关整个公司或单独项目的决策，可以较深入地反映出公司在竞争市场中的地位。

1. 带有机会成本的预期中标利润

表 7-6

$\overline{LBCS}$	$\dfrac{FBC^*-1}{\sigma}$	$P\ (W)$	$\dfrac{E\ (V)}{\sigma \cdot C}$
−3.0	0.2820	0.0005	0.0001
−2.9	0.2891	0.0007	0.0002
−2.8	0.2965	0.0010	0.0003
−2.7	0.3042	0.0013	0.0004
−2.6	0.3123	0.0018	0.0006
−2.5	0.3208	0.0024	0.0008
−2.4	0.3297	0.0032	0.0010
−2.3	0.3390	0.0042	0.0014
−2.2	0.3488	0.0054	0.0019
−2.1	0.3590	0.0070	0.0025
−2.0	0.3698	0.0089	0.0033
−1.9	0.3810	0.0113	0.0043
−1.8	0.3929	0.0142	0.0056
−1.7	0.4054	0.0176	0.0071
−1.6	0.4185	0.0218	0.0091
−1.5	0.4323	0.0267	0.0115
−1.4	0.4468	0.0324	0.0145
−1.3	0.4621	0.0390	0.0180
−1.2	0.4781	0.0467	0.0223
−1.1	0.4951	0.0553	0.0274
−1.0	0.5129	0.0651	0.0334
−0.9	0.5317	0.0761	0.0405
−0.8	0.5515	0.0883	0.0487
−0.7	0.5723	0.1016	0.0582
−0.6	0.5942	0.1162	0.0690
−0.5	0.6173	0.1319	0.0814
−0.4	0.6416	0.1488	0.0955
−0.3	0.6671	0.1667	0.1112
−0.2	0.6940	0.1856	0.1288
−0.1	0.7222	0.2055	0.1484
0.0	0.7518	0.2261	0.1700
0.1	0.7828	0.2473	0.1936
0.2	0.8153	0.2692	0.2194
0.3	0.8493	0.2914	0.2475
0.4	0.8849	0.3139	0.2777

续表

$\overline{LBCS}$	$\dfrac{FBC^*-1}{\sigma}$	$P(W)$	$\dfrac{E(V)}{\sigma \cdot C}$
0.5	0.9220	0.3365	0.3102
0.6	0.9607	0.3591	0.3450
0.7	1.0011	0.3817	0.3821
0.8	1.0430	0.4040	0.4214
0.9	1.0865	0.4260	0.4629
1.0	1.1317	0.4476	0.5065
1.1	1.1785	0.4687	0.5524
1.2	1.2269	0.4893	0.6003
1.3	1.2768	0.5092	0.6502
1.4	1.3283	0.5286	0.7021
1.5	1.3813	0.5472	0.7559
1.6	1.4359	0.5652	0.8115
1.7	1.4919	0.5824	0.8689
1.8	1.5493	0.5990	0.9280
1.9	1.6081	0.6148	0.9887
2.0	1.6683	0.6299	1.0509
2.1	1.7298	0.6444	1.1146
2.2	1.7925	0.6582	1.1798
2.3	1.8565	0.6713	1.2462
2.4	1.9217	0.6838	1.3140
2.5	1.9880	0.6957	1.3830
2.6	2.0554	0.7070	1.4531
2.7	2.1238	0.7177	1.5243
2.8	2.1933	0.7280	1.5966
2.6	2.2638	0.7377	1.6699
3.0	2.3352	0.7469	1.7441

一个工程项目不能看作为承包商经营之外的孤立事物，如果得到的项目太多而不能盈利，那么承包商就蒙受损失。一般认为，承包商除了想从正在投标的项目得到可能的利润，而且还想从今后的经营机会中得到利润。当承包商赢得一个工程时，他就必须消耗自己的资源来实施工程。在工程实施中，承包商放弃了可以利用其资源的其他方案，以致从这些机会中就无法得到收益。

用式子表达承包商赢得一个工程的预期中标利润为：

$$E(V) = P(W)〔(FBC-1) \cdot C + E(F/W)〕+〔(1-P(W))〕\cdot E(F/L)$$
$$= E(F/L) + P(W)〔(FBC-1) \cdot C + E(F/W) - E(F/L)〕$$

$$= E(F/L) + P(W)\left[FBC - 1 - \frac{E(F/L) - E(F/W)}{C}\right] \cdot C \qquad (7-11)$$

式中 $P(W)$——赢得工程的概率；

$E(F/W)$——如果本次投标中标，将从以后投标（或其他）机会中得到的预期利润；

$E(F/L)$——如果本次投标不中标（或没有投标），从以后的机会中取得的预期利润。

并定义：
$$\Delta_0 = \frac{E(F/L) - E(F/W)}{C} \qquad (7-12)$$

将 7-12 式代入 7-11 式得到：
$$E(V) = E(F/L) + P(W) \cdot (FBC - 1 - \Delta_0) \cdot C \qquad (7-13)$$

式中 Δ_0——标准的机会成本。

如果项目是独立的，即没有机会成本，则式 7-13 变成
$$E(V) = P(W) \cdot (FBC - 1) \cdot C \qquad (7-14)$$

这与"最优利润率的直接求法"式 7-2 相同，这表明上节的模型是本模型的特例。

2. 最大预期中标利润

与上一节的思路相同，对式 7-13 两边关于 FBC 求导

$$\frac{dE(V)}{d(FBC)} = \frac{dP(W)}{d(FBC)} \cdot (FBC - 1 - \Delta_0) + P(W) \cdot \frac{d[(FDC - 1 - \Delta_0 \cdot C]}{d(FBC)}$$

$$= \frac{dP(W)}{d(FBC)} \cdot (FBC - 1 - \Delta_0) \cdot C + P(W) \cdot C$$

赋值为 0 得：
$$\frac{dP(W)}{d(FBC)}(FBC - 1 - \Delta_0) + P(W) \cdot C = 0 \qquad (7-15)$$

$$FBC - 1 - \Delta_0 = \frac{P(W)}{-\frac{dP(W)}{d(FBC)}} = \frac{1 - F(FBC)}{f(FBC)} \qquad (7-16)$$

注：本模型等式中除注明外，其他符号含义与"最优利润率直接求法"模型一致。

3. 标准成本的变化

承包商的估算成本有两种方法可计算出：（1）标准方法；（2）最优方法。两种方法得出的估算成本是不一样的，其差值可表达为：

$$\Delta_c = \frac{C_c - C}{C}$$

式中 Δ_c——C_c 和 C 的标准差异；

C_c——采用最优方法得出的估算成本；

C——采用标准方法得出的估算成本。

由于成本的差异，式 7-13 变为：

$$E(V) = E(F/L) + P(W)\left[FBC - 1 - \Delta_0 + \frac{C - C_c}{C}\right] \cdot C$$

$$= E(F/L) + P(W)(FBC - 1 - \Delta_0 - \Delta_c) \cdot C \qquad (7-18)$$

式 7-16 变为：
$$FBC - 1 - \Delta_0 - \Delta_c = \frac{1 - F(FBC)}{f(FBC)} \qquad (7-19)$$

4. 对手标价的变化

对手报价的预期利润可以通过$\overline{LBC}$或同类项目竞争对手标价与承包商估算成本的比值(MBC)描述出来，$\overline{LBC}$和MBC的值决定于项目的特点市场的变化、竞争对手人数的变化等。为了更加准确地计算利润率及预期中标利润，应该调整$\overline{LBC}$和MBC，如下列等式表示：

$$\Delta_b = LBC_e - \overline{LBC}$$
$$\Delta_b = MBC_e - MBC \tag{7-20}$$

式中 Δ_b——预期的LBC（MBC）与历史$\overline{LBC}$（MBC）的差异；

LBC_e——预计的LBC；

MBC_e——预计的MBC。

由于$\overline{LBC}$（MBC）的调整，中标概率$P(W)$将产生变化，据上节式7-5的原理得：

$$\begin{aligned}P(W) &= P(FBC < LBC + \Delta_b)\\ &= P[(FBC - \Delta_b) < LBC]\\ &= 1 - P(LBC < FBC - \Delta_b)\\ &= 1 - F(FBC - \Delta_b)\end{aligned} \tag{7-21}$$

由于$P(W)$的变化，将引起其他相关等式的调整：

$$FBC - 1 - \Delta_0 - \Delta_c = \frac{1 - F(FBC - \Delta_b)}{f(FBC - \Delta_b)} \tag{7-22}$$

图7-8描述的数值和曲线表明了通过Δ_0、Δ_b、Δ_c的调整对利润率的影响。

$$FBC^* = FBC' + \Delta_0 + \Delta_c \tag{7-23}$$

式中 FBC'——基于$\overline{LBCS'}$或$MBCS'$得到的FBC。

$$\begin{aligned}\overline{LBCS'} &= \frac{\overline{LBC} - 1}{\sigma_L} + \frac{\Delta_b - \Delta_0 - \Delta_c}{\sigma_L}\\ &= \overline{LBCS} + \frac{\Delta_b - \Delta_0 - \Delta_c}{\sigma_L}\end{aligned} \tag{7-24}$$

$$\begin{aligned}MBCS' &= \frac{MBC - 1}{\sigma_M} + \frac{\Delta_b - \Delta_0 - \Delta_c}{\sigma_M}\\ &= MBCS + \frac{\Delta_b - \Delta_0 - \Delta_c}{\sigma_M}\end{aligned} \tag{7-25}$$

式中 $\overline{LBCS'}$——经过Δ_b，Δ_c，Δ_0调整后的$\overline{LBCS}$之值；

$MBCS'$——经过Δ_b，Δ_c，Δ_0调整后的$MBCS$之值；

σ_M——MBC分布的标准差。

$$FBCS_L = \frac{FBC - \overline{LBC}}{\sigma_L} \tag{7-26}$$

$$FBCS_M = \frac{FBC - MBC}{\sigma_M} \tag{7-27}$$

综合上述的公式可得：

$$\begin{aligned}E(V) &= E(F/L) + P(W)[FBC' - 1] \cdot C\\ &= E(F/L) + P(W) \cdot (FBC^* - 1 - \Delta_0 - \Delta_c) \cdot C\\ &= E(F/L) + [P(W) \cdot \frac{FBC' - 1}{\sigma}] \cdot \sigma_c\\ &= E(F/L) + E(VS') \sigma_c\end{aligned} \tag{7-28}$$

式中 $E(VS')$——据 $(FBC'-1)$ 而得到的标准预期中标利润。

由于:
$$FBCS_M^* = \frac{FBC^*-1}{\sigma_M} - \overline{MBCS}$$
$$= \frac{FBC'-1}{\sigma_M} - \overline{MBCS'}$$
$$FBCS_L^* = \frac{FBC^*-1}{\sigma_L} - \overline{MBCS}$$
$$= \frac{FBC'-1}{\sigma_L} - \overline{LBCS'}$$

又由于:

$P(W/FBC^*)$ 是通过 $FBCS^*$ 计算出来的,根据图7-8得 $P(W/FBC^*) = P(W/FBC')$。

综合上述,FBC^*,$P(W)$,$E(V)$ 的计算步骤如下:

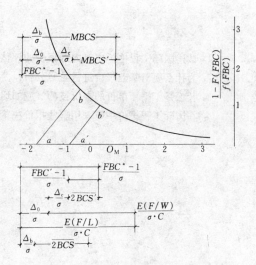

图7-8 $\sigma_2 = \sigma_M$ 时标准的 $\overline{LBC}$、$\overline{MBC}$ 与最优利润率的关系

(1) 运用式7-12、7-17、7-20计算出 Δ_0、Δ_c、Δ_b;

(2) 利用式7-24或7-25计算出 $\overline{LBCS'}$ 或 $\overline{MBCS'}$;

(3) 利用图7-8计算出 $\frac{FBC'-1}{\sigma}$、$P(W)$、$E(VS')/\sigma \cdot c$;

(4) 利用式7-23计算出 FBC^*;

(5) 利用式7-28计算出 $E(V)$;

(6) 另外,公司以最优成本 (C_c) 计算,可得到:

$$FBC_c^* = \frac{FBC^* \cdot C}{C_c} \tag{7-29}$$

承包商的资源可供 l 个项目的情况下,计算其预期利润的方法是运用动态规划。对所有的项目 ($i \leq m$,$j \leq l$),求得预期中标利润。

第一个被计算的值为 $E(V)_{1,l}$,其意指:一个项目可供投标,资源也供应之。接下来是 $E(V)_{1,2}$ 或 $E(V)_{2,1}$,类推得:$E(V)_{i-1,j-1}$ 或 $E(V)_{i-1,j}$ 先于 $E(V)_{i,j}$ 计算得到。

这样,承包商也可决定赢得 x 个项目的概率。如果有 m 个项目可以投标,而其资源仅能供 l 个项目 ($l \leq m$),那么有 x 个项目赢得的概率为:

$$P(x|i,j) = P(W)[P(x-1)|(i-1),(j-1)] + P(L)P(x|i-1,j)$$
$$= P(W)P[(x-1)|(i-1),(j-1)] + [1-P(W)]P(x|i-1,j)$$

式中 $P(x|i,j)$——有 i 个项目可供投标,资源可提供 j 个项目的承包商赢得 x 个项目的概率。

本节介绍的两种报价模型是建立在对竞争对手过去投标历史资料十分熟悉基础上的中标概率理论,而且假定对手的投标模式稳定不变。但事实上,竞争对手的投标策略是根据市场及其自身条件变化而变化的。因此上述两种方法的应用还需我国承包商在实践中不断认识和完善,并逐步创造运用的环境和条件。

思 考 题

1. 试述国际工程估价中对内部报价的评估与决策程序？
2. 为什么要对基础报价进行盈亏分析？
3. 什么是不平衡单价的报价技巧？应如何操作？
4. 在国际工程报价中可采用哪些报价决策方法？这些方法的应用，要求投标者做好哪些基础工作？

第8章 电子计算机在工程估价中的应用

本章主要介绍电子计算机在工程估价中应用概况和它的功能；对定额库的建立和工程估价程序设计思路作了简明扼要的叙述并给出每一模块的框图。最后对一个国外软件的主要功能和特点加以介绍，以加深对本章内容的理解。

第1节 概 述

一、工程估价中电子计算机应用概况

国际工程估介处理的数据量比较大，计算过程中原始数据修改又比较多，如果单纯靠人工计算和调整，费时费力，应用计算机进行辅助处理受到各国承包商的一致认可。近年来，计算机硬件与软件技术飞速发展，解决了过去由于客观条件限制致使估价软件存在不少的缺点，尤其是奔腾系列微机比以往速度提高了近5倍，一般工程估算在2min内即可完成计算全过程。另外，适用于估价的数据库语言系统推出了不少优秀的软件，例如：Foxpro语言，它是在原有Doase和Foxbase基础上开发的新型系统，速度快，编程方便，界面灵活；另一种语言是Access，它是微软公司开发的Windows状态下的处理表技术的优秀软件，该语言把数据库转化为不同的二维表格，数据输入方便，编程容易，界面美观，扩充性强。

因此，计算机技术的进步大大提高了工程估价软件的设计水平，尤其在如下三个方面，计算机有着无可比拟的优越性。

1. 数据管理

国际工程市场竞争激烈，承包商的标价如果没有竞争力，中标的机会较小。因此，某些基础数据需要经常调整，另外，资源的价格是由市场供求关系决定的，每次报价数据都不一样，人工维护这些原始数据费工费时，采用计算机辅助则简便、经济。

例如，工程估价过程中经常要对原有定额进行修改、补充、形成新的定额以适用于当前的分项工程组成内容，这些定额的修改是依据承包商当前的施工水平、管理水平及技术水平，运用计算机辅助处理可长期保存，经过多次的实践积累有利于提高标价的竞争力。

另一方面，材料价格是经常变动的，而材料费用占工程直接费的60％左右，影响较大，采用计算机管理一方面存贮方便，修改快捷；另一方面利于材料价格的预测。

2. 计算与调整

工程估价通过采用定额估算法，计算机可以对原始数据进行处理，快速得出标价，这一点显现出最大的优越性。在估价过程中，投标人根据市场信息及有关的有价值的信息采取某些策略，常对某些分项工程的价格进行调整，例如，采用不平衡策略将某些分项工程的价格降低，而总价保持不变，如人工调整，非常繁琐，如运用计算机则方便、迅速。

3. 成果分析

计算机对原始数据处理后，不仅能计算出标价，而且根据需要生成多项有价值的成果。

例如，工料分析报告、标价组成报告等。

工料分析报告可以得出如下数据：①整个工程项目所需的总工日；②整个工程项目所需的全部材料；③整个工程所需的机械设备；④各个分部工程所需的人工、材料、机械等。

标价组成报告是从不同的角度来分析标价。例如，从项目组成来分析各个分部工程费用是多少？从生产资料角度来分析人、材、机各占多少？以及从其他角度的分析报告，这样为报价决策提供分析数据。

但是，计算机毕竟是工具，不能代替报价主体地位，目前，在以下两个方面需要进一步提高和努力：

1. 工程量核对

目前，大多数工程估算软件仍是用户输入工程量，即工程量的计算是人工完成的。虽然在固定单价合同中工程量不必太精确，但在总价合同中对工程量的要求是严格的。因此，对工程量清单进行核对是工程估算不可缺少的环节。理想的工程量自动计算软件为：计算机通过扫描设备自动识别图纸信息，再根据计算规则自动生成工程量清单。因此，这有待于计算机图形技术与扫描技术的进步。

2. 辅助决策

近年来，人工智能技术进步较快，尤其是专家系统的诞生使其从实验阶段过渡到实用阶段。工程估价并非单纯的数学计算，报价决策还需要实际经验的支持，如何将这些对报价决策有价值的经验数据收集起来形成专家系统的知识库，目前尚无成熟的方法。

二、工程估算软件的一般功能

系统功能设计是软件开发的目的，优秀的软件功能全面，操作方便，人机界面友善。而系统功能设计的基础是系统的业务流程图及其数据流程图。

系统业务流程图也称事务流程图，它是描述业务中各种信息流动及处理的全过程，反映各个环节信息来源及流动去向，在此基础上，进一步抽象和概括，把具有相同处理功能的过程进行合并，形成各自相对独立的模块，便于计算机处理，这就是数据流程图。图8-1是某单位的业务流程图。

图8-1是某一具体实例的业务流程图，该图是在调查研究、深入分析该单位具体报价业务的基础上形成的，以后所有的工作都是围绕该图展开的。它仅仅是概念模式，与用户不发生任何关系，与用户接触的是系统的功能结构图。工程估算软件一般具有如下的基本功能：

（一）计算功能

这是工程估算软件的基本功能。只有通过该功能才能完成套用定额、工料分析等一系列数据处理，在这个功能设计方面一定要寻找出数据最优传输路径，因为需要调用的记录上万条，大多数数据又以库方式存贮，数据传输的路径有若干条，如果不进行优化，计算速度明显减慢。

（二）初始数据处理功能

由于建筑产品具有单一性，因此，各个工程项目的信息数据千差万别，承包商的原始库中数据将随着工程的变化而调整。例如，资源定额的补充，资源价格的调整与补充等。而且这部分工作量最大，操作时间也较长，所以该功能模块的优劣将影响整个系统的可操作性。

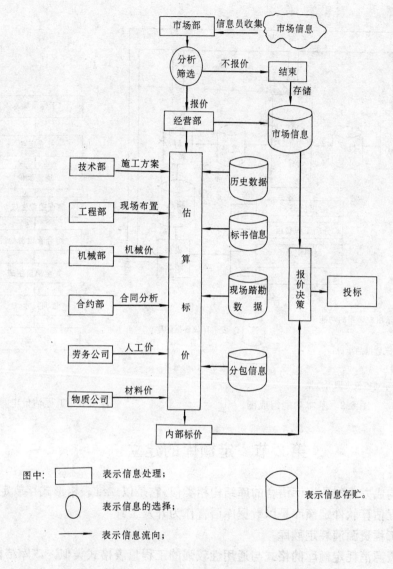

图 8-1 国际工程估价系统业务流程图

（三）查询与修改功能

优秀的软件界面一定是友善的，用户不一定知道软件计算的具体环节，也不必了解，可通过查询这一功能，把计算生成的结果与用户进行对话，用户也只有通过这一功能才能了解计算的具体情况。经过查询，如发现结果有误，或承包商通过某些策略要对某些分项工程进行价格调整，可通过修改功能来实现，只到满意为止。

（四）成果输出功能

通过输出设备输出承包商需要的成果。

形象描述四项基本功能如图 8-2 所示

三、工程估价电算步骤

工程估价电算步骤大致与估价业务步骤相同，具体如图 8-3 所示。

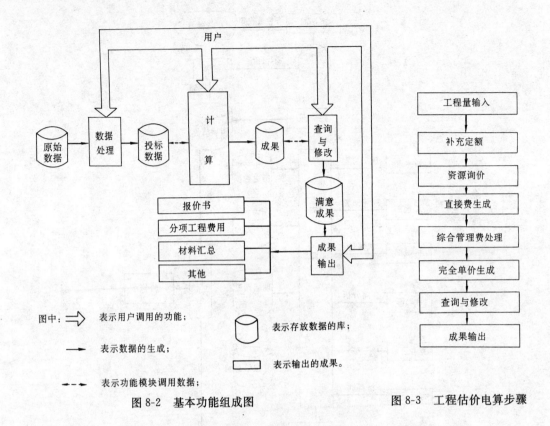

图中：⇒ 表示用户调用的功能；
　　　→ 表示数据的生成；
　　　⇢ 表示功能模块调用数据；
　　　（圆柱）表示存放数据的库；
　　　（矩形）表示输出的成果。

图 8-2　基本功能组成图　　　　图 8-3　工程估价电算步骤

第 2 节　定额库的建立

定额库的构成方式与数据库语言的库结构相类似。它是以二维表格形式存放定额的，目前大多数的工程估算软件定额库是以数据库语言作为开发工具。

一、分项工程资源消耗定额库

分项工程资源消耗定额库的格式与通用性较强的工程量表格式类似。该库结构设计水平的高低影响系统的功能，具体的库结构如下：

分项工程代号	单位1	组成项代号	单位2	消耗量	标记

其中："分项工程代号"是指套用的定额编号，该代号的设计通常用五位数字表示，前两位表示分部工程编码，后三位表示分项工程的编码，即如下图所示。

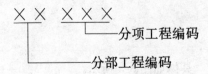

如果是补充定额,把分项工程编码的第一位数字改写成B,如图所示。

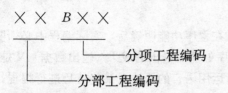

"单位1"是指定额的单位,在套用定额时要特别注意该单位是否与标书中工程量表中的相应分项工程的单位一致。

"单位2"是指组成定额的组成项的单位。该单位一定要与资源价格库相应的单位一致。

"组成项代号"是指组成定额的人工、材料、机械的编号,设计代号目的是数据处理标准化,调用快速,而且在建立补充定额时避免出现汉字输入,大大提高资料信息的输入速度。

"消耗量"是指组成项的定额消耗系数。

"标记"是用来辩识组成项代号的,通过该标记可以清楚了解组成项是人工、材料还是机械。

二、资源价格库

与分项工程资源消耗定额库不同的是该库的内容经常变动,资源价格随市场供求关系决定,而消耗定额库基本不变化,除了承包商有重大的技术进步、重大的专利技术突破使正常的消耗量发生变动外,该库一般不调整。相对来说是静态的。价格库是动态的,其库结构如下所示:

组成项代号	组成项名称	单 位	市场价格	日 期

其中:"组成项代号"见分项工程资源消耗定额库。

"组成项名称"是指相对应于组成项代号的中文名称。

"单位"是指组成项的单位。

"市场价格"是指组成项的市场价格。

"日期"是指市场价格的确定日期。设定该项字段的目的是便于长期统计、整理、分析、查询,掌握价格的变动情况,便于进行预测。

第3节 工程估价程序设计

一、程序设计的基本思路

工程估算系统程序文件很多,调用的数据也很庞大,如果不对系统进行优化处理,那么计算机系统就会有潜在的隐患。例如,"在计算机执行过程突然中断",因此,好的设计思想如何实现,这关系到程序设计的具体问题,一般在具体的程序设计时应该遵循以下两个原则:

1. 满足功能模块的要求

单个程序的功能必须满足功能模块的要求。一般一个模块由多个程序有机组合而成的,并非简单的拼凑就是一个模块。因此,先有模块的总体要求,后有程序实体,不能颠倒。在开发过程中,如果程序功能模糊,那么该程序非长亦短,程序长功能多则形成重叠和计算时间长，程序短功能缺则不能实现模块的功能。所以，程序的长短是由它的功能决定的。

2. 明确输入和输出

在单个程序时必须清楚输入和输出数据。在程序功能明确后，实际编程中必须明确进入程序的数据（输入数据）是什么？经过该程序处理后输出的成果（输出数据）又是什么？这两个数据明确后，再结合编程语言的特点，运用语言的语法及某些技巧进行编程。

有关编程的技巧，各个计算机语言技巧又不一样，最重要和实用的原则是实践，只有经过反复实际操作，达到熟练的程度，编程才能游刃有余。

二、工程量计算

工程量计算比较繁琐，在国际上其计算主要依据一般是《建筑工程计算工程量标准方法》或《建筑工程量计算原则（国际通用）》，上述两个依据对工程项目划分比较细，又与我国国内规则相比项目划分区别较大。

一般来说，标书中都附有工程量表，但承包商要对其进行核对，目前开发的估价软件在工程量处理环节上功能较弱，即如何对图纸通过程序处理快速得出工程量，这不仅涉及到编程，更大程度上依赖图形处理及扫描技术，如果按照"输入图纸数据得出工程量"的思路，则该程序的框图如图 8-4 所示。

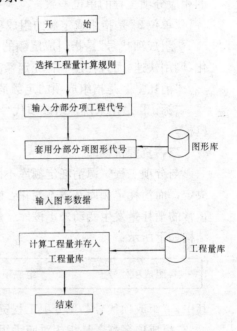

图 8-4 工程量计算程序框图

三、套用定额和工料分析

该程序是系统的核心程序，通过该程序才能把输入的数据进行处理得到标价。该程序调用的数据比较大（库记录万条以上），而且一旦发生错误那么整个系统就瘫痪。

在该程序编写过程中大量使用子程序和过程，这样编程及调试比较方便，数据之间的流向清晰，运行比较平稳。具体的框图如图 8-5。

该程序将计算结果分三个库存放，其目的是为了工料分析方便，库存储的数据少，运行速度快，并且三个费用库都通过代号与工程量库逻辑关联，就象一个库一样。

四、分项工程直接费计算

分项工程直接费的计算比较简单，对于某一分部分项工程，其直接费＝人工费＋材料费＋机械费，程序框图如图 8-6 所示：

五、管理费率的测定

管理费的组成内容随工程不同而发生变化，在测定前必须明确哪些费用包含在管理费中，哪些费用包含在开办费中。在这些组成内容中又有不同的计算方法，一般的思路如图 8-7 所示：

六、完全单价及汇总计算

分部分项工程直接费与管理费率计算完成后，完全单价形成较容易，因在直接费处理时，在直接费库中预设了完全单价及完全费用两个字段，这样用 replace au 命令在库中可得到结果。程序框图如图 8-8 所示。

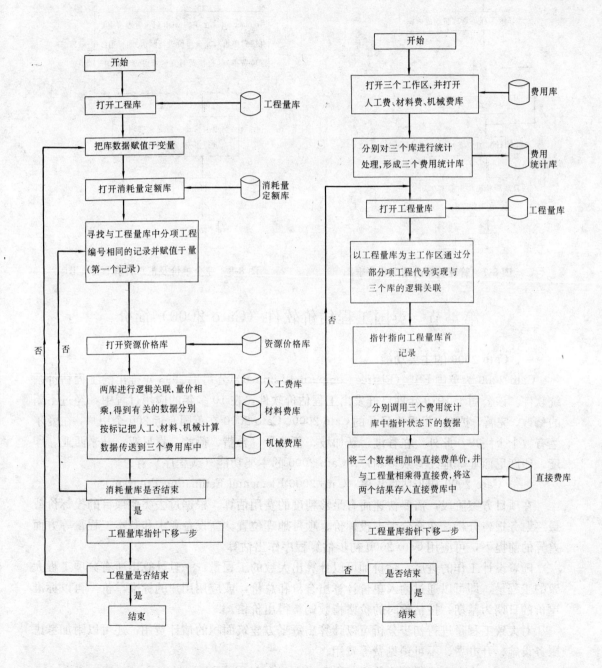

图 8-5 套用定额和工料分析程序框图　　图 8-6 分项工程直接费计算程序框图

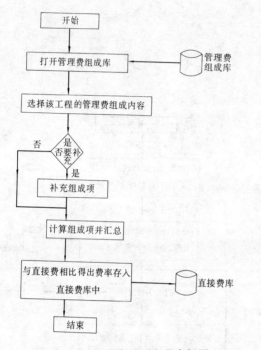
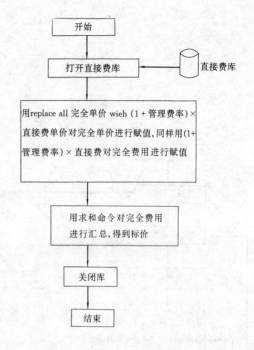

图 8-7 管理费率的测定程序框图　　　图 8-8 完全单价及汇总计算程序框图

第 4 节　英国工程估价软件（Cato 2000）简介

一、Cato 2000 的主要功能

Cato 2000 为英国 ESL（Elstree Computing Limited）公司于 1993 年推出的工程估价系统软件。该公司于 1979 年即已开发出工程估价软件，在 10 多年的应用过程中，经过不断的修改、完善、扩充，发展为目前的 Cato 2000。Cato 2000 在英国有近 200 个用户，在爱尔兰有数十个用户，此外，在香港、新加坡、葡萄牙、希腊、荷兰、肯尼亚、马来西亚、印度、印度尼西亚等地还有众多用户。Cato 2000 的主要功能（或程序）有：

（一）Cato 2000 初步估算程序（Cato 2000 Elemental Estimating Program）

在项目方案阶段，需要快速而有足够精度的费用估算。根据过去类似项目的投标价或最终财务报告分析，在充分考虑投标价、项目地理位置、新设备要求和基本工程量等方面差异的前提下，可应用 Cato 2000 初步估算程序作出估算。

随着设计工作的进展，估价师可以计算出大致的工程量，一旦计算出所有分项工程大致的工程量，即可以通过输入单价计算出合价和总价，或应用用户的标准单价，再以标准单价的日期为基期，按估价时的价格指数调整得出价格。

对大致工程量进行初步分析可以计算出每平方建筑面积的估计费用，还可以附加考虑服务设施、开办费、不可预见费等费用。

（二）Cato 2000 工程量清单生成程序（Cato 2000 Bill Production Program）

该程序 1979 即已开发成功，可以认为是 Cato 2000 的母本，经过不断修改，已日趋完善。由于该程序具有适用范围广和应用灵活的特点，受到广大用户的欢迎。

该程序实际是直接计算工程量的程序,只需简单地输入二维或三维尺寸即可。在计算工程量时,需要对分项工程进行必要的描述。应用该程序,项目描述可从屏幕上选择标准描述;非标准描述可以应用文字处理方法通过对原有标准描述的复制或编辑生成,或由内存的短语词汇库生成新的描述。标准描述库的选择范围很广,包括SMM7、SMM6、短清单(Shorter Bills)、CESMM2、CESMM3、MMHW和MMRB等。

此外,该程序还允许按用户自己定义的组合项形式自动生成工程量清单。

当工作繁忙时,或在办公室以外的地方进行工程量计算时,或用户喜爱用手工方式准备尺寸时,可以应用Cato 2000批输入程序(Cato 2000 Batch Input Program),以便快速并精确地输入数据。

上述程序还有若干辅助程序,如合成处理、分类、定价、预描述处理等程序;还有一些支持程序,包括QMea-sure(与CAD连接)。

(三)Cato 2000以资源为基础的估价程序

(Cato 2000 Resource Based Estimating Program)

在工程量计算过程中以及计算完毕之后,可以用用户所定义的资源和价格进行估价。由工程量计算文件可以确定资源需求量和相应的费用,这些数据均可以用于进一步的处理,如资源平衡等。该程序既可用于以详细工程量清单为基础的估价,亦可用于以大致工程量清单为基础的估价。

(四)Cato 2000费用分析程序

(Cato 2000 Cost Analysis Program)

在报价书形成之后,该程序可以迅速地进行投标分析,这种分析与报价书(或工程量清单)的类型无关。该程序以BCIS和SFB费用要素(Cost Elements)为基础,并需要有过去投标项目的报价书(最好是中标项目报价书)资料。可以根据用户的经验和需要适当提高或调整。

(五)Cato 2000最终财务报告/评价程序

(Cato 2000 Final Account/Valuation Program)

承包商中标后,按Cato 2000计算的报价书就可以转入Cato 2000最终财务报告/评价程序。评价工作针对已完工程结算单(表)进行,既可以在现场用便携式计算机处理,亦可带回办公室处理。实践表明,应用这两种方式均可使Cato用户节约大量的时间。

一旦接到结算单,就可以发现实际结算结果与报价书有所不同。这种变化可以发生在工程进展的任何阶段,其原因可能在于工程变更、暂定金额、计日工、索赔等。任何分项工程的变更都可能分别导致整体的变更。

NEDO指数可以纪录下来,因而可很容易地自动计算出已完工程的最新价值量。

(六)Cato 2000费用控制和报告程序

(Cato 2000 Cost Control and Reporting Program)

该程序可用来自动生成财务报表或费用报告。当需要财务报表时,该程序自动生成正确编号的费用综合报告或详细报告。所有的报告可以根据用户的要求编制,以满足不同层次和不同方面管理人员的需要。

二、Cato 2000软件组成结构

Cato 2000系统软件包括若干功能相对独立的软件以及辅助软件和支持软件,其软件组成结构如图 8-9 和图 8-10 所示。

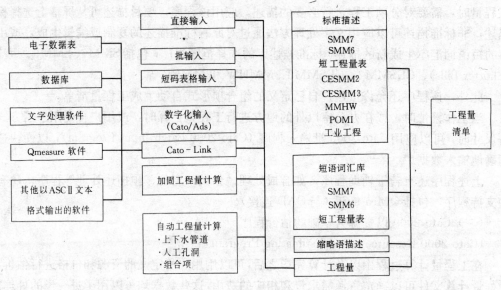

图 8-9　Cato 2000 数据输入技术方案

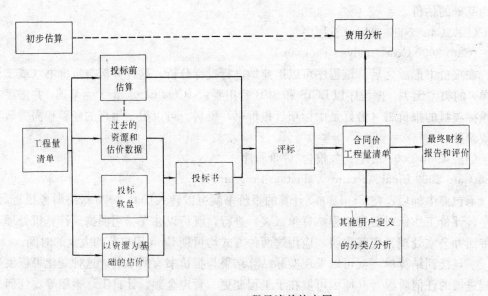

图 8-10　Cato 2000 工程量清单的应用

三、Cato 2000 系统环境选择

1. 单机用户系统

该系统可在 IBM 或其他在 PC-DOS 或 MS-DOS 条件下运行的可兼容的计算机上运行。

2. 网络用户系统

该系统可应用 Novell Netware 或 Microsoft MS-Net 操作系统。

3. 多用户系统

该系统可应用 xenix 或 unix 操作系统。

四、Cato 2000 的特点

Cato 2000 的特点主要表现在以下几方面：

1. 输入方式多样而灵活

由图 8-9 可以看出，Cato 2000 可采用的输入方式很多，除了直接输入之外，还可以采用批输入、短码表格输入、数字化输入等方式；另外，还可以通过 Cato-Link 将电子数据表、数据库、文字处理软件、QMeasure 软件等与工程量计算软件联结起来，其中 QMeasure 软件与 CAD 连接，使一些工程量可直接由设计图纸得出。由于可采用的输入方式多，应用起来十分灵活，可大大减少重复劳动，从而也节约了时间。

2. 工程量计算方式多

工程量计算是 Cato 2000 的基本和核心功能，所需要的输入量和计算量均较大，因而提高工程量计算的效率对于改善系统功能显得至关重要。为此，Cato 2000 不仅可按常规方式计算工程量，而且允许用户自己定义的组合项进行工程量计算；Cato 2000 不仅可生成详细的工程量清单，而且可生成大致的工程量清单。这使 Cato 2000 可以用于项目建设的不同阶段或设计深度不同的阶段，既可以为承包商所用，亦可以为工程咨询单位或业主所用。

3. 标准库内容丰富、广泛

在计算工程量时，需要对分项工程进行必要的描述。为了使项目描述标准化和规范化，避免或减少随意性，便于计算机识别和处理，Cato 2000 设置了内容丰富而广泛的工程量计算规则库，用户可从屏幕上按菜单方式选择。此外，Cato 2000 还设置了短语词汇库。Cato 2000 也允许采用非标准描述，但通常应当是通过对标准描述的复制或编辑，或由短语词汇库生成新的描述。在特殊情况下，Cato 2000 还允许用户自己定义项目描述内容，但应尽可能简明扼要，可采用缩略语形式，但不得与标准描述混淆和矛盾。

4. 辅助软件和支持软件多

Cato 2000 系统软件不仅是指其主要功能软件，还包括许多辅助软件和支持软件。这些辅助和支持软件使得 Cato 2000 应用起来更为方便而灵活，在一定程度上加强了其主要功能软件的功能。

5. 分析能力强

Cato 2000 的基本功能可概括为工程量计算、报价（或估价）、财务或费用报告、分析或评价四个方面。其中，分析和评价就占了 1/3（六个主要功能中有二个是分析和评价），足见其重要性。分析和评价分两阶段进行：一是在报价书形成之后、投标书送出之前，其目的在于分析报价书的合理性、中标的可能性，因而需要过去投标或中标项目的报价书资料（可存储在数据库内）。通过分析可指导最终的报价决策，有利于提高报价的竞争力。二是在施工过程中，其目的在于将实际结算费用与报价书或合同价进行比较，并对比较结果或差异进行分析和评价。如果说第一种分析和评价是一次性的话，那么第二种分析和评价则是经常性的，是估价师重要的工作内容。

6. 系统环境选择适应性强

为了满足不同用户的需要，Cato 2000 的系统环境选择具有很强的适应性，既可用于单机用户系统，亦可用于网络用户系统和多用户系统。

此外，Cato 2000 还有一些特点，如弹出式计算器、查询和数据读取注释等。

Cato 2000 的这些特点，使其满足了估价师工作的需要，并且充分发挥了计算机辅助估价工作的能力，使估价工作更为快速、准确、可靠。

思 考 题

1. 将计算机应用于工程项目估价中，应满足估价中哪些要求？目前有哪些要求不能满足？
2. 编制工程估价软件，对定额库建立有什么要求？
3. 试述编制工程估价软件的基本步骤？
4. Cato 2000 有哪些特点？您如果编制工程项目估价软件，有哪些设想？

参考文献

1. Aqua Group. Pre-contract Practice for the Building Team. Oxford Blackwell Scientific Publications, 1992
2. Brook M. Estimating and Tendering for construction work. Butterworth-Heinemann Limited, 1993
3. The College of Estate Management. Measurement and Valuation, 1992
4. Murdoch J. Hughs W. Construction Contracts. E & FN Spon, 1992
5. Pilcher R. Project Cost Control in Construction. Oxford Blackwell Scientific Publications, 1994
6. Ramus JW. Contract Practice for Quantity Surveyors. Heinemann Newnes, 1989
7. Rowlinson SM, Walker A. The construction Industry in Hong Kong. Longman Asia Limited, 1995
8. The Royal Institute of Chartered Surveyor. Standard Method of Measurement 7 for Building Works, 1988
9. Turner A. Building Procurement. Macmillan Education, 1990
10. Smith RC. Estimating and Tendering for Building Work. Ronald C. Smith, 1986
11. Wills CJ. Newman D. Elements of Quantity Sureying. BSP Professional Book, 1989
12. Wills CJ. Ashworth A. Practice and Procedure for the Quantity Surveyor. BSP Professional Book, 1987
13. Journal of construction Engineering & Management ASCE
14. 李启明，杜训．国际工程承包与项目管理．南京：江苏科技出版社，1994
15. 何伯森．国际工程招标与投标．北京：水利电力出版社，1994
16. 梁镒．国际工程施工经营管理．北京：水利电力出版社，1994
17. 吴际坤等．国际招标与投标实务．北京：中国对外经济贸易出版社，1991
18. 卢谦等．建筑工程招标投标工作手册．北京：中国建筑工业出版社，1987

跋

中国国际经济合作学会会长 王西陶

"国际工程管理教学丛书"是适用于大学的教科书，也适用于在职干部的继续教育。今年出版一部分，争取1997年出齐。它的出版和使用，能适应当今世界和平与发展的大趋势，能迎接21世纪我国对外工程咨询、承包和劳务合作事业大发展。

国际工程事业是比较能发挥我国优势的产业，也是改革开放后我国在国际经济活动中新崛起的重要产业，定会随着改革开放的不断扩大，在新世纪获得更大发展。同时，这套丛书不仅对国际工程咨询和承包有重要意义，对我国援外工程项目的实施，以及外国在华投资工程与贷款工程的实施，均有实际意义。期望已久的、我国各大学培养的外向性复合型人才将于本世纪末开始诞生，将会更加得力地参与国际经济合作与竞争。

我们所说的外向性复合型人才是：具有建设项目工程技术理论基础，掌握现代化管理手段，精通一门外语，掌握与国际工程有关的法律、合同与经营策略，能满足国际工程管理多方面需要的人才。当然首先必须是热爱祖国、热爱社会主义、勇于献身于国际经济建设的人才，才能真正发挥作用。

这套丛书是由有关部委的单位、中国国际经济合作学会、中国对外承包商会、有关高校和一些对外公司组成的国际工程管理教学丛书编写委员会组织编写的。初定出版20分册。编委会组织了国内有经验的专家和知名学者担任各分册的主编，曾召开过多次会议，讨论和审定各主编拟定的编写大纲，力求既能将各位专家学者多年来在创造性劳动中的研究成果纳入丛书，又能使这套丛书系统、完整、准确、实用。同时也邀请国外学者参与丛书的编著，这些均会给国际工程管理专业的建设打下良好的基础。以前，我们也曾编撰过一些教材与专著，在当时均起了很好的作用，有些作品在今后长时期内仍会发挥好的作用。所不同的是：这套丛书论述得更加详尽，内容更加充实，问题探讨得更加深入，又补充了过去从未论述过的一些内容，填补了空白，大大提高了可操作性，对实际工作定会大有好处。

最后，我代表编委会感谢国家教委、外经贸部、建设部等各级领导的支持与帮助。感谢中国水利电力对外公司、中国建筑工程总公司、中国国际工程咨询公司、中国土木工程公司、中国公路桥梁建设总公司、中国建筑业协会工程项目管理专业委员会、中国建筑工业出版社等单位，在这套丛书编辑出版过程中给我们大力协助并予以资助。还要感谢各分册主编以及参与编书的专家教授们的辛勤劳动，以及以何伯森教授为首的编委会秘书组作了大量的、有益的组织联络工作。

这套丛书，鉴于我们是初次组织编写，经验不足，会有许多缺点与不妥之处，希望批评指正，以便再版时修正。

1996年7月30日